재벌 4세의
소유 · 경영 승계

구광모와
박정원

재벌 4세의
소유 · 경영 승계

구광모와
박정원

김동운 지음

지은이의 말

2019년 5월 발표된 공정거래위원회 지정 59개 대규모기업집단 명단에는 2명의 '4세대 동일인(同一人)'이 처음으로 포함되었다. 2위 집단 LG의 '구광모'와 15위 집단 두산의 '박정원'이다. 1987년 대규모집단이 지정되기 시작한 이후 32년 만에 처음 등장한 '4세대 오너(owner)'이다.

2019년의 59개 집단 중 동일인이 자연인인 집단 즉 재벌(財閥)은 52개이며, 상위 30개 재벌 동일인의 세대 분포는 '4세대 2명, 3세대 7명, 2세대 16명, 1세대 5명'이다. 1세대(5명)보다 2·3·4세대(25명)가 5배 많다. 한국재벌의 연륜이 쌓이면서 후세대로의 대물림 또한 빠른 속도로 진행되고 있으며, 그 선두에 4세대 구광모와 박정원이 서 있다.

이 책은 유이(唯二)한 4세대 재벌인 LG와 두산에서 오너 일가 구성원들이 소유와 경영에 어느 정도로 참여했는지 그리고 이 과정에서 4세대 구광모와 박정원에로의 소유·경영권 승계가 어떻게 진행되었는지를 비교 분석한다. LG와 두산의 경험은 다른 재벌들에서의 가족 소유·경영 및 승계를 이해하고 연구하는데 유익한 참고자료가 될 것으로 생각된다.

3편의 논문을 수정·보완·재구성하고 논문에 미처 담지 못한 내용과 자료를 추가하여 한 권의 책으로 묶었다: ‘두산그룹과 4세 경영: 승계 과정 및 의의’, <경영사연구> 34-4 (2019년 11월); ‘LG그룹과 4세 경영’, <전문경영인연구> 22-4 (2019년 12월); ‘한국재벌과 소유·경영 승계: LG와 두산의 비교’, <경영사연구> 35-1 (2020년 2월). 이 자리를 빌려 학술지 관계자들과 심사위원들께 깊은 감사의 말씀을 드린다.

항상 그랬듯이 이번에도 ‘탈고(脫稿) 울릉증’이 가시질 않는다. 보다 나은 내용을 보다 나은 그릇에 담아내지 못한 아쉬움 그리고 두려움이 강하게 남아 있다. 더욱 노력하겠다는 약속을 드린다.

2020년 3월 29일

동의대학교 상경대학 401호 연구실에서

김 동 운

목차

지은이의 말 · 4

제 1 부 한국재벌과 소유·경영 승계 · 19

1. 한국재벌 '4인방(四人幇)' / 21
2. 30대 재벌의 동일인(同一人), 2019년 / 23
3. LG와 두산: '유이(唯二)' 한 4세대 재벌 / 28
    3.1 연구의 범위와 의의 / 28
    3.2 4세대 구광모와 박정원 / 29
    3.3 LG와 두산의 소유 · 경영구조, 2019년 6월 / 31

제 2 부 LG그룹과 4세대 구광모의 소유 · 경영 승계 · 37

1. 머리말 / 39
2. LG그룹의 성장 / 41
3. LG그룹의 소유 · 경영구조, 2019년 6월 / 44
4. LG그룹과 소유권 승계 / 51
    4.1 지주회사 ㈜LG의 친족 및 특수관계인 지분, 2000–2019년 / 51
        4.1.1 지주회사 ㈜LG / 51
        4.1.2 친족 및 특수관계인 지분 / 52
    4.2 ㈜LG의 친족 지분 / 55
        4.2.1 구본무 일가 vs. 기타 친족 / 55
        4.2.2 기타 친족의 분가 / 56

4.3 ㈜LG의 구본무 일가 지분:
(1) 세대별 · 일가별 지분 / 60
4.3.1 세대별 지분 / 60
4.3.2 일가별 지분 / 63
4.4 ㈜LG의 구본무 일가 지분: (2) 개인별 지분 / 64
4.4.1 개관 / 64
4.4.2 4세대 구광모의 소유권 승계 / 70
5. LG그룹과 경영권 승계 / 72
5.1 친족 임원: (1) 5개 상장회사 / 72
5.2 친족 임원: (2) 그룹에서 분리된 5개 회사 / 79
5.3 구본무 일가 임원 및
4세대 구광모의 경영권 승계 / 84
6. 맺음말 / 89

제 3 부 두산그룹과 4세대 박정원의 소유 · 경영 승계 · 91

1. 머리말 / 93
2. 두산그룹의 성장 / 95
3. 두산그룹의 소유 · 경영구조, 2019년 6월 / 98
4. 두산그룹과 소유권 승계 / 104
4.1 지주회사 ㈜두산의 친족 및 특수관계인 지분,
2000–2019년 / 104
4.1.1 지주회사 ㈜두산 / 104
4.1.2 친족 및 특수관계인 지분 / 105

4.2 ㈜두산의 박용곤 일가 지분:
(1) 세대별 · 일가별 지분 / 108
4.2.1 세대별 지분 / 108
4.2.2 일가별 지분 / 112
4.3 ㈜두산의 박용곤 일가 지분: (2) 개인별 지분 / 112
4.3.1 개관 / 112
4.3.2 4세대 박정원의 소유권 승계 / 113
5. 두산그룹과 경영권 승계 / 121
5.1 박용곤 일가 임원 / 121
5.1.1 개관 / 121
5.1.2 4세대 박정원의 경영권 승계 / 122
5.2 박용곤 일가의 회사별 임원 / 128
5.2.1 ㈜두산, 두산중공업 / 128
5.2.2 두산건설, 두산인프라코어, 오리콤 / 133
6. 맺음말 / 138

제 4 부 LG 구광모와 두산 박정원: 4세대의 승계 비교 · 141

1. 머리말 / 143
2. LG그룹과 두산그룹의 소유권 승계 / 145
2.1 지주회사 ㈜LG와 ㈜두산의 친족 지분 / 145
2.2 3세대와 4세대의 지분 / 149
2.3 4세대 구광모와 박정원의 소유권 승계 / 153
2.3.1 개관 / 153
2.3.2 박정원의 소유권 승계 / 158
2.3.3 구광모의 소유권 승계 / 158

3. LG그룹과 두산그룹의 경영권 승계 / 159
3.1 친족 임원: 지주회사 포함 5개 상장회사 / 159
3.1.1 개관 / 159
3.1.2 LG그룹 / 160
3.1.3 두산그룹 / 163
3.2 4세대 구광모와 박정원의 경영권 승계 / 165
3.2.1 개관 / 165
3.2.2 구광모의 경영권 승계 / 166
3.2.3 박정원의 경영권 승계 / 174
4. 맺음말 / 176

[부록 1] LG그룹과 두산그룹의 소유지분도, 2012-2019년 · 183

[부록 2] ㈜LG의 친족 및 특수관계인 지분, 2000-2019년 · 203

[부록 3] ㈜두산의 친족 및 특수관계인 지분, 2000-2019년 · 269

참고문헌 · 322

표 목차

<표 1.1> 30대 재벌의 동일인, 2019년 5월 / 25
<표 1.2> LG그룹과 두산그룹의 소유·경영구조, 2019년 6월 / 33

<표 2.1> LG그룹의 성장, 1987-2019년:
순위, 계열회사, 자산총액, 매출액, 당기순이익 / 43
<표 2.2> LG그룹의 소유·경영구조, 2019년 6월 / 45
<표 2.3> 지주회사 ㈜LG의 친족 및 특수관계인 지분,
2000-2019년 (%) / 53
<표 2.4> ㈜LG의 친족 지분, 2000-2019년:
구본무 일가 vs. 기타 친족 (%) / 57
<표 2.5> LG그룹 가계도 / 58
<표 2.6> ㈜LG의 구본무 일가 지분, 2000-2019년:
(1) 세대별·일가별 지분 (%) / 61
<표 2.7> ㈜LG의 구본무 일가 지분, 2000-2019년:
(2) 개인별 지분 (%) / 66
<표 2.8> 친족의 임원직 보유 연도:
(1) 5개 상장회사, 1998-2019년 / 73
<표 2.9> 친족 임원의 직책: (1) 5개 상장회사, 1998-2019년 / 74
<표 2.10> 친족의 임원직 보유 연도:
(2) 그룹에서 분리된 5개 회사, 1998-2004년 / 80
<표 2.11> 친족 임원의 직책: (2) 그룹에서 분리된 5개 회사,
1998-2004년 / 81
<표 2.12> 구본무 일가 임원: 5개 상장회사, 1998-2019년 / 85

<표 3.1> 두산그룹의 성장, 1987-2019년:
순위, 계열회사, 자산총액, 매출액, 당기순이익 / 97
<표 3.2> 두산그룹의 소유·경영구조, 2019년 6월 / 99
<표 3.3> 지주회사 ㈜두산의 친족 및 특수관계인 지분,
2000-2019년 (%) / 106
<표 3.4> 두산그룹 가계도 / 109
<표 3.5> ㈜두산의 박용곤 일가 지분, 2000-2019년:
(1) 세대별·일가별 지분 (%) / 110
<표 3.6> ㈜두산의 박용곤 일가 지분, 2000-2019년:
(2) 개인별 지분 (%) / 115
<표 3.7> 친족 임원: 5개 상장회사, 2000-2019년 / 123
<표 3.8> 주요 4세대 친족 임원, 2000-2019년 / 125
<표 3.9> 박용곤 일가 임원, 2000-2019년: (1) ㈜두산 / 129
<표 3.10> 박용곤 일가 임원, 2000-2019년: (2) 두산중공업 / 131
<표 3.11> 박용곤 일가 임원, 2004-2019년: (3) 두산건설 / 135
<표 3.12> 박용곤 일가 임원, 2005-2019년: (4) 두산인프라코어 / 136
<표 3.13> 박용곤 일가 임원, 2000-2019년: (5) 오리콤 / 137

<표 4.1> 지주회사 ㈜LG와 ㈜두산의 친족 및 특수관계인 지분,
2000-2019년 (%) / 146
<표 4.2> ㈜LG와 ㈜두산의 친족 지분, 2000-2019년:
(1) 세대별 지분 (%) / 151
<표 4.3> ㈜LG와 ㈜두산의 친족 지분, 2000-2019년:
(2) 주요 개인별 지분 (%) / 154
<표 4.4> 친족 임원, 2000-2019년: (1) 5개 상장회사 / 161
<표 4.5> 친족 임원, 2000-2019년: (2) ㈜LG와 ㈜두산 / 167
<표 4.6> 주요 4세대 친족 임원, 2000-2019년 / 172

그림 목차

<그림 1.1> LG그룹 소유지분도, 2019년 5월 / 34
<그림 1.2> 두산그룹 소유지분도, 2019년 5월 / 35

<그림 2.1> LG그룹 소유지분도, 2017년 5월 / 49
<그림 2.2> LG그룹 소유지분도, 2019년 5월 / 50

<그림 3.1> 두산그룹 소유지분도, 2014년 4월 / 102
<그림 3.2> 두산그룹 소유지분도, 2019년 5월 / 103

부록 그림 · 표 목차

<부록 그림 1.1> LG그룹 소유지분도, 2012년 4월 / 187
<부록 그림 1.2> LG그룹 소유지분도, 2013년 4월 / 188
<부록 그림 1.3> LG그룹 소유지분도, 2014년 4월 / 189
<부록 그림 1.4> LG그룹 소유지분도, 2015년 4월 / 190
<부록 그림 1.5> LG그룹 소유지분도, 2016년 4월 / 191
<부록 그림 1.6> LG그룹 소유지분도, 2017년 5월 / 192
<부록 그림 1.7> LG그룹 소유지분도, 2018년 5월 / 193
<부록 그림 1.8> LG그룹 소유지분도, 2019년 5월 / 194
<부록 그림 1.9> 두산그룹 소유지분도, 2012년 4월 / 195
<부록 그림 1.10> 두산그룹 소유지분도, 2013년 4월 / 196
<부록 그림 1.11> 두산그룹 소유지분도, 2014년 4월 / 197
<부록 그림 1.12> 두산그룹 소유지분도, 2015년 4월 / 198
<부록 그림 1.13> 두산그룹 소유지분도, 2016년 4월 / 199
<부록 그림 1.14> 두산그룹 소유지분도, 2017년 5월 / 200
<부록 그림 1.15> 두산그룹 소유지분도, 2018년 5월 / 201
<부록 그림 1.16> 두산그룹 소유지분도, 2019년 5월 / 202

<부록 표 1.1> LG그룹과 두산그룹의 성장, 2012-2019년 / 185

<부록 표 2.1> ㈜LG의 친족 및 특수관계인 지분, 2000-2019년 (%) / 205
<부록 표 2.2> ㈜LG: 최대주주 및 특수관계인 주식 소유 현황, 2001년 3월 / 210

<부록 표 2.3> ㈜LG: 최대주주 및 특수관계인 주식 소유 현황, 2002년 3월 / 216
<부록 표 2.4> ㈜LG: 최대주주 및 특수관계인 주식 소유 현황, 2002년 12월 / 222
<부록 표 2.5> ㈜LG: 최대주주 및 특수관계인 주식 소유 현황, 2003년 12월 / 228
<부록 표 2.6> ㈜LG: 최대주주 및 특수관계인 주식 소유 현황, 2004년 12월 / 234
<부록 표 2.7> ㈜LG: 최대주주 및 특수관계인 주식 소유 현황, 2005년 12월 / 238
<부록 표 2.8> ㈜LG: 최대주주 및 특수관계인 주식 소유 현황, 2006년 12월 / 240
<부록 표 2.9> ㈜LG: 최대주주 및 특수관계인 주식 소유 현황, 2007년 12월 / 242
<부록 표 2.10> ㈜LG: 최대주주 및 특수관계인 주식 소유 현황, 2008년 12월 / 244
<부록 표 2.11> ㈜LG: 최대주주 및 특수관계인 주식 소유 현황, 2009년 12월 / 246
<부록 표 2.12> ㈜LG: 최대주주 및 특수관계인 주식 소유 현황, 2010년 12월 / 248
<부록 표 2.13> ㈜LG: 최대주주 및 특수관계인 주식 소유 현황, 2011년 12월 / 250
<부록 표 2.14> ㈜LG: 최대주주 및 특수관계인 주식 소유 현황, 2012년 12월 / 252

<부록 표 2.15> ㈜LG: 최대주주 및 특수관계인 주식 소유 현황, 2013년 12월 / 254
<부록 표 2.16> ㈜LG: 최대주주 및 특수관계인 주식 소유 현황, 2014년 12월 / 256
<부록 표 2.17> ㈜LG: 최대주주 및 특수관계인 주식 소유 현황, 2015년 12월 / 258
<부록 표 2.18> ㈜LG: 최대주주 및 특수관계인 주식 소유 현황, 2016년 12월 / 260
<부록 표 2.19> ㈜LG: 최대주주 및 특수관계인 주식 소유 현황, 2017년 12월 / 262
<부록 표 2.20> ㈜LG: 최대주주 및 특수관계인 주식 소유 현황, 2018년 12월 / 264
<부록 표 2.21> ㈜LG: 최대주주 및 특수관계인 주식 소유 현황, 2019년 6월 / 266

<부록 표 3.1> ㈜두산의 친족 및 특수관계인 지분, 2000-2019년 (%) / 271
<부록 표 3.2> ㈜두산: 최대주주 및 특수관계인 주식 소유 현황, 2000년 12월 / 276
<부록 표 3.3> ㈜두산: 최대주주 및 특수관계인 주식 소유 현황, 2001년 12월 / 280
<부록 표 3.4> ㈜두산: 최대주주 및 특수관계인 주식 소유 현황, 2002년 12월 / 284
<부록 표 3.5> ㈜두산: 최대주주 및 특수관계인 주식 소유 현황, 2003년 12월 / 288

<부록 표 3.6> ㈜두산: 최대주주 및 특수관계인 주식 소유 현황, 2004년 12월 / 290
<부록 표 3.7> ㈜두산: 최대주주 및 특수관계인 주식 소유 현황, 2006년 3월 / 292
<부록 표 3.8> ㈜두산: 최대주주 및 특수관계인 주식 소유 현황, 2006년 12월 / 294
<부록 표 3.9> ㈜두산: 최대주주 및 특수관계인 주식 소유 현황, 2007년 12월 / 296
<부록 표 3.10> ㈜두산: 최대주주 및 특수관계인 주식 소유 현황, 2008년 12월 / 298
<부록 표 3.11> ㈜두산: 최대주주 및 특수관계인 주식 소유 현황, 2009년 12월 / 300
<부록 표 3.12> ㈜두산: 최대주주 및 특수관계인 주식 소유 현황, 2011년 3월 / 302
<부록 표 3.13> ㈜두산: 최대주주 및 특수관계인 주식 소유 현황, 2012년 3월 / 304
<부록 표 3.14> ㈜두산: 최대주주 및 특수관계인 주식 소유 현황, 2012년 12월 / 306
<부록 표 3.15> ㈜두산: 최대주주 및 특수관계인 주식 소유 현황, 2013년 12월 / 308
<부록 표 3.16> ㈜두산: 최대주주 및 특수관계인 주식 소유 현황, 2014년 12월 / 310
<부록 표 3.17> ㈜두산: 최대주주 및 특수관계인 주식 소유 현황, 2015년 12월 / 312

<부록 표 3.18> ㈜두산: 최대주주 및 특수관계인 주식 소유 현황, 2016년 12월 / 314
<부록 표 3.19> ㈜두산: 최대주주 및 특수관계인 주식 소유 현황, 2017년 12월 / 316
<부록 표 3.20> ㈜두산: 최대주주 및 특수관계인 주식 소유 현황, 2018년 12월 / 318
<부록 표 3.21> ㈜두산: 최대주주 및 특수관계인 주식 소유 현황, 2019년 6월 / 320

제1부

한국재벌과 소유 · 경영 승계

1. 한국재벌 '4인방(四人幇)'

'새해 한자리에 앉은 4대 그룹 수장(首長)들'.

2020년 1월 2일 대한상공회의소에서 개최된 정부 신년 합동 인사회에 참석하여 5번 테이블에 나란히 앉아 있는 '이재용, 정의선, 최태원, 구광모'의 사진이 다음 날 신문에 실렸다. 직책은 '삼성전자 부회장, 현대차그룹 수석부회장, SK그룹 회장, LG그룹 회장'으로 소개되어 있다. 삼성, 현대자동차, SK, LG는 2019년 5월 현재 대규모기업집단 순위 1,2,3,4위이다.

4대 재벌 수장의 면면이 젊은 후세대로 바뀌어 가고 있다. SK 최태원은 2세대, 삼성 이재용과 현대자동차 정의선은 3세대, LG 구광모는 4세대이다. 또 최태원은 60대, 이재용과 정의선은 50대, 구광모는 40대이다. 최태원과 구광모는 그룹 동일인 겸 회장인 '공식 수장'이고, 이재용은 동일인 신분만 가진 '반쪽 수장'이며, 정의선은 그룹 동일인도 회장도 아닌 '비공식 수장'이다. 최태원은 1999년에 그리고 구광모는 2018년에 승계를 마무리하였고, 이재용은 2018년에 '공식적인 동일인'이 되었다.

최태원은 2020년 현재 60세(1960년 생)로 4명 중 나이가 가장 많다. 21년 전인 1999년 39세의 나이에 '그룹 동일인과 그룹 회장 신분'을 1세대인 아버지 최종현으로부터 물려받았다.

구광모는 42세(1978년 생)로 가장 어리다. 불과 2년 전인 2018년에 '두 가지 신분'을 3세대인 아버지 구본무로부터 계승하였다. 1세대는 구인회, 2세대는 구자경이다.

최태원과 구광모는 그룹 지주회사(㈜SK, ㈜LG)의 최대주주 및 대표이사회장으로서 소유권과 경영권을 확실하게 장악하고 있으며, 그에 걸맞게 그룹의 동일인 신분과 그룹회장 직책을 가지고 있다.

이재용은 52세(1968년 생)이다. 2005년 1월 이후 식물인간 상태에 있는 2세대인 아버지 이건희를 대신해 '실질적인 총수' 역할을 해오고 있다. 1세대는 이병철이다. 이재용은 그룹회장이 아니며, 유일한 직책은 '삼성전자 미등기부회장'이다. 또 이재용은 2018년 공정거래위원회에 의해 '그룹 동일인'으로 공식 지정되기는 했지만, 삼성물산의 최대주주일 뿐이고 삼성물산 계열회사는 2019년 6월 현재의 62개 그룹 계열회사 중 8개에 불과하다. 핵심 기업인 삼성전자(계열회사 27개)와 삼성생명보험(19개)의 최대주주는 이건희이다.

정의선은 50세(1970년 생)이며, 최근 경영에서 물러나 있는 2세대인 아버지 정몽구를 대신해 '실질적인 총수' 역할을 하고 있다. 1세대는 정주영이다. 정의선은 현대자동차 대표이사수석부회장, 현대모비스 대표이사 및 기아자동차 사내이사수석부회장이며, 그룹회장직은 현대자동차와 현대모비스의 대표이사회장인 정몽구가 가지고 있다. 정의선의 소유권은 '4명 수장' 중 가장 빈약하다. 순환 출자 관계에 있는 현대자동차(최대주주 현대모비스), 현대모비스(기아자동차), 기아자동차(현대자동차) 등 핵심 3개 회사 중 기아자동차에 약간의 지분을 가지고 있을 뿐이다. 현대자동차와 현대모비스의 2위 주주인 정몽구가 그룹 동일인이다.

2. 30대 재벌의 동일인(同一人), 2019년

4대 재벌 외의 다른 재벌들에서도 후세대로의 승계는 활발하게 진행되고 있다.

2019년 5월 현재의 30대 재벌 '동일인'의 세대 분포를 보면, 공식적으로는 1·2·3·4세대가 각각 11명, 13명, 4명, 2명, 그리고 1세대와 2·3·4세대 각각 11명, 19명이다. 하지만 1·2세대 24명 중 10명은 기존 재벌에서 파생되어 생긴 재벌의 동일인이며, 이전 재벌과의 연장선상에서 보면 이들 중 7명은 2·3세대로 분류된다. 이 점을 감안하면, 30명 동일인의 세대별 분포는 실질적으로는 '1세대 5명, 2세대 16명, 3세대 7명, 4세대 2명' 그리고 '1세대 5명, 2·3·4세대 25명'이 되며, 후세대로의 대물림이 상당히 진전된 것으로 볼 수 있다 (<표 1.1>).

첫째, 4세대 2명은 구광모(4위 LG)와 박정원(12위 두산)이다. 각각 '구인회 → 구자경 → 구본무', '박승직 → 박두병 → 박용곤'의 대를 잇고 있다. 한국재벌 중 '유이(唯二)'한 4세 후계자들이며, 본 연구의 분석 대상이다.

둘째, 3세대 7명 중 4명은 이재용(1위 삼성), 조원태(10위 한진), 이웅렬(24위 코오롱) 그리고 이우현(25위 OCI)이다.

나머지 3명은 '실질적 3세대'이다. 2명(허창수, 이재현)은 '공식적 1세대, 실질적 3세대' 그리고 1명(정지선)은 '공식적 2세대, 실질적 3세대'이다. 허창수(7위 GS)는 LG그룹 창업주 구인회 동생 구철회의 외손자(구철회 사위 허준구의 아들)이고, 이재현(11위 CJ)은 삼성그룹 창업주 이병철의 손자(이병철 아들 이맹희의 아들)이며, 정지선(17위 현대백화점)은 현대그룹 창업주 정주영의 손자(정주영 아들 정몽근의 아들)이다.

셋째, 2세대 16명 중 12명은 다음과 같다: 최태원(3위 SK), 신동빈(5위 롯데), 김승연(6위 한화), 이중근(13위 부영), 구자홍(14위 LS), 이준용(15위 대림), 조석래(18위 효성), 장형진(20위 영풍), 신창재(22위 교보생명보험), 박삼구(23위 금호아시아나), 정몽규(27위 HDC(이전 현대산업개발)), 정몽진(28위 KCC).

〈표 1.1〉 30대 재벌의 동일인, 2019년 5월

순위	그룹	동일인	시작 연도	세대	세대별 동일인			
					1세대	2세대	3세대	4세대
1	삼성	이재용	2018	3	이병철	이건희	이재용	
2	현대자동차	정몽구	2001	1* (2)	정주영	(정몽구)		
3	SK	최태원	1999	2	최종현	최태원		
4	LG	구광모	2019	4	구인회	구자경	구본무	구광모
5	롯데	신동빈	2018	2	신격호	신동빈		
6	한화	김승연	1987	2	김종희	김승연		
7	GS	허창수	2005	1* (3)	구철회	허준구	(허창수)	
8	현대중공업	정몽준	2002	1* (2)	정주영	(정몽준)		
9	신세계	이명희	2001	1* (2)	이병철	(이명희)		
10	한진	조원태	2019	3	조중훈	조양호	조원태	
11	CJ	이재현	1999	1* (3)	이병철	이맹희	(이재현)	
12	두산	박정원	2019	4	박승직	박두병	박용곤	박정원
13	부영	이중근	2008	2	이남형	이중근		
14	LS	구자홍	2017	2*	구태회	구자홍		
15	대림	이준용	1996	2	이재준	이준용		
16	미래에셋	박현주	2008	1	박현주			
17	현대백화점	정지선	2008	2* (3)	정주영	정몽근	(정지선)	
18	효성	조석래	1987	2	조홍제	조석래		
19	한국투자금융	김남구	2009	1* (2)	김재철	(김남구)		
20	영풍	장형진	2003	2	장병희	장형진		

순위	그룹	동일인	시작 연도	세대	세대별 동일인			
					1세대	2세대	3세대	4세대
21	하림	김홍국	2016	1	김홍국			
22	교보생명보험	신창재	2007	2	신용호	신창재		
23	금호아시아나	박삼구	2006	2	박인천	박삼구		
24	코오롱	이웅열	2007	3	이원만	이동찬	이웅렬	
25	OCI	이우현	2018	3	이회림	이수영	이우현	
26	카카오	김범수	2016	1	김범수			
27	HDC	정몽규	2006	2*	정세영	정몽규		
28	KCC	정몽진	2012	2*	정상영	정몽진		
29	SM	우오현	2017	1	우오현			
30	중흥건설	정창선	2015	1	정창선			

주: 1) 재벌: 공정거래위원회 지정 대규모기업집단 중 동일인이 '자연인'인 집단; 동일인이 '법인'인 7개 집단은 제외 – POSCO (순위 6위, 동일인 ㈜POSCO), 농협 (9위, 농업협동조합중앙회), KT (12위, ㈜KT), S-Oil (20위, S-Oil㈜), 대우조선해양 (24위, 대우조선해양㈜), KT&G (29위, ㈜KT&G), 대우건설 (36위, ㈜대우건설).

2) 시작 연도: 대규모기업집단 지정 연도 기준; 지정은 1987년부터 시작됨 (1987-2016년 4월, 2017년 9월, 2018-2019년 5월).

3) 세대: 10명(*)은 기존 그룹에서 분리되어 신설된 그룹의 동일인이며, 기존 그룹까지 고려하면 7명(#)의 세대 수는 1-2세대가 낮아짐.

① 현대그룹 관련 5개 그룹: 정몽구(#)와 정몽준(#) (현대그룹 창업주 정주영의 아들), 정지선(#) (정주영 아들 정몽근의 아들), 정몽규 (정주영 동생 정세영의 아들), 정몽진 (정주영 동생 정상영의 아들).

② 삼성그룹 관련 2개 그룹: 이명희(#) (삼성그룹 창업자 이병철의 딸), 이재현(#) (이병철 아들 이맹희의 아들).

③ LG그룹 관련 2개 그룹: 허창수(#) (LG그룹 창업자 구인회 동생 구철회 사위 허준구의 아들), 구자홍 (구인회 동생 구태회의 아들).

④ 동원그룹 관련 1개 그룹: 김남구(#) (동원그룹 창업자 김재철의 아들).

4) 한화 김승연, 효성 조석래: 1987년 이전부터 동일인임.

5) 금호아시아나: 박삼구의 형들(박성용, 박정구)이 1987년 이전부터 동일인이었음.

출처: 공정거래위원회, 김동운 외(2005), 네이버 인물 검색.

이들 중 구자홍의 LS는 LG그룹으로부터 그리고 정몽규의 HDC와 정몽진의 KCC는 현대그룹으로부터 계열 분리된 그룹들이다. 이들 3명은 모두 '공식적 2세대'이다. 구자홍은 LG그룹 창업주 구인회 동생 구태회의 아들, 그리고 정몽규·정몽진은 현대그룹 창업주 정주영의 두 동생 정세영·정상영의 아들이다.

2세대 16명 중 나머지 4명(정몽구, 정몽준, 이명희, 김남구)은 '공식적 1세대, 실질적 2세대'이다. 정몽구(2위 현대자동차)와 정몽준(8위 현대중공업)은 현대그룹 창업주 정주영의 아들이고, 이명희(9위 신세계)는 삼성그룹 창업주 이병철의 딸이며, 김남구(19위 한국투자금융)는 동원그룹 창업주 김재철의 아들이다.

넷째, 1세대 5명은 박현주(16위 미래에셋), 김홍국(21위 하림), 김범수(26위 카카오), 우오현(29위 SM) 그리고 정창선(30위 중흥건설)이다.

한편, 2·3·4세대 25명 동일인의 시작 연도는 1987년부터 2019년까지 다양하다. '동일인'은 1987년부터 대규모기업집단 지정제도의 일환으로 공정거래위원회에 의해 매년 지정되어 오고 있다.

2세대 2명은 1987년 이후 줄곧 동일인이다 (6위 한화, 김승연; 18위 효성, 조석래). 3명은 1990년대에 동일인이 되었다 ([1996년] 15위 대림, 2세대 이준용; [1999년] 3위 SK, 2세대 최태원; [1999년] 11위 CJ, 3세대 이재현). 또 12명은 2000년대에 그리고 8명은 2010년대에 동일인이 되었다. 2010년대 관련 8명은 다음과 같다: [2012년] 1명 (28위 KCC, 2세대 정몽진);

[2017년] 1명 (14위 LS, 2세대 구자홍); [2018년] 3명 (1위 삼성, 3세대 이재용; 25위 OCI, 3세대 이우현; 5위 롯데, 2세대 신동빈); [2019년] 3명 (4위 LG, 4세대 구광모; 12위 두산, 4세대 박정원; 10위 한진, 3세대 조원태).

3. LG와 두산: '유이(唯二)'한 4세대 재벌

3.1 연구의 범위와 의의

LG그룹과 두산그룹의 동일인이 2019년 5월 3세대(구본무, 박용곤)에서 4세대(구광모, 박정원)로 공식 변경되었다. LG 구광모는 2018년 6월과 11월에 각각 그룹회장, 그룹동일인이 된 상태였으며, 두산 박정원은 2016년에 그룹회장이 되었고 2019년 7월 그룹동일인이 될 예정이었다.

한국재벌 중 4세대로의 승계가 완료된 것은 LG와 두산뿐이다. '경영 승계'를 기준으로 하면(2016년) 두산이 최초의 4세대 재벌이고, '경영 및 소유 승계'를 기준으로 하면(2018년) LG가 최초의 4세대 재벌이다.

2019년 5월 현재 LG그룹은 대규모기업집단 순위 4위이고 자산총액은 129.6조 원 그리고 계열회사는 75개이다. 이에 비해 두산그룹의 규모는 작은 편이다. 순위는 15위, 자산총액은 28.5조 원, 계열회사는 23개이다. 반면, 두산의 역사는 2020년 1월 현재 124년(1896년 창립)으로 한국재벌 중 가장 길며, LG의 역사는 73년(1947년 창립)이다.

본 연구는 LG와 두산에서 오너 일가 구성원들이 소유와 경영에 어느 정도로 참여했는지 그리고 이 과정에서 3세대에서 4세대로의 승계가 어떻게 진행되었는지를 비교 분석한다.

최근 들어 한국재벌에서는 후세대로의 대물림이 활발하게 진행되어 오고 있다. 2019년 5월 현재 30대 재벌 동일인의 세대 분포는 '4세대 2명, 3세대 7명, 2세대 16명, 1세대 5명'이며, 2·3·4세대가 대다수(25명)를 차지하고 있다 (제2장 참조). LG와 두산의 경험은 다른 재벌들에서의 가족 소유·경영 및 승계를 이해하고 연구하는데 유익한 참고자료가 될 것으로 기대된다.

3.2 4세대 구광모와 박정원

LG그룹은 2001년부터 그리고 두산그룹은 2008년부터 지주회사체제를 채택하였으며, 지주회사 ㈜LG와 ㈜두산에 대한 가족 지분을 30-40%대로 증가시켜 소유권 및 경영권을 장악하였다. 지주회사 지분을 보유한 가족구성원은 매년 20명 내외였고, 2019년까지의 총 인원은 ㈜LG 23명, ㈜두산 34명이다. 또 지주회사를 포함하는 주요 5개 상장회사의 경영에 참여한 사람은 LG그룹 4명, 두산그룹 14명이다.

현재의 4세대 그룹동일인 겸 그룹회장은 LG 구광모(42세, 1978년 생), 두산 박정원(58세, 1962년 생)이다. LG에서는 '1세대 구인회 → 2세대 구자경 → 3세대 구본무 → 4세대 구광모'로 그리고 두산에서는 '1세대 박승직 → 2세대 박두병 → 3세대 박용곤 → 4세대 박정원'으로 승계가 진행되었다. 모두 장자(長子)상속이었다. 3세대에서 4세대로의 승계는, LG에서는 2018년 한 해 동안 완결된 반면, 두산에서는 2007년(실질적 소유), 2016년(경영), 2019년(공식적 소유) 등 13년의 기간 동안 간격을 두고 나뉘어 진행되었다.

LG의 4세대 구광모는 구본무의 첫째 동생 구본능의 아들이었는데, 26세이던 2004년 후계자로 낙점되어 구본무의 양자가 되었다. 이후 지주회사 ㈜LG 지분을 늘여가 2014년부터는 3위 주주였다. 경영수업은 2015년부터 ㈜LG와 LG전자에서 받기 시작하였다. 2018년 5월 구본무가 세상을 떠나면서 구광모는 6월 ㈜LG의 대표이사회장 겸 그룹회장이 되었고, 11월 ㈜LG 최대주주 겸 그룹동일인이 되었다.

이에 비해, 두산의 4세대 박정원은 승계 준비 기간이 상당히 길었다. 2007년 지주회사 ㈜두산의 1위 주주가 되었는데, 공식적인 ㈜두산 최대주주 및 그룹동일인 신분은 아버지 박용곤이 보유하였다. 2000년부터 ㈜두산의 경영에 깊숙이 관여해 왔으며, 2016년 ㈜두산 대표이사회장 겸 그룹회장이 되었다. 그리고 2019년 5월 박용곤이 세상을 떠나면서 7월 ㈜두산의 최대주주 겸 그룹동일인이 되어 12년 만에 승계를 마무리하였다.

3.3 LG와 두산의 소유 · 경영구조, 2019년 6월

2019년 6월 현재 LG그룹과 두산그룹에서는 계열회사의 대부분이 지주회사체제로 조직되어 있다 (<표 1.2>, <그림 1.1>, <그림 1.2>).

LG그룹의 ㈜LG는 2001년 이후 공정거래법상 지주회사이며, 두산그룹의 ㈜두산은 2009-2014년에는 공정거래법상 지주회사 그리고 2015년부터는 실질적인 지주회사이다. 또, ㈜LG는 자회사의 지분 보유를 목적으로 하는 순수지주회사이고, ㈜두산은 사업을 병행하는 사업지주회사이다.

LG그룹에서는 73개 계열회사 중 72개가 ㈜LG 및 계열회사이고, 두산그룹에서는 24개 회사 중 22개가 ㈜두산 및 계열회사이다. 지주회사체제 달성 비율(전체 계열회사 중 지주회사체제에 편입된 회사의 비율)은 각각 99%, 92%이다. ㈜LG와 ㈜두산의 최대주주는 각각 구광모, 박정원이다. 구광모는 2018년 11월에 그리고 박정원은 2019년 7월에 최대주주가 되었다.

즉, LG그룹은 '구광모 → ㈜LG → 계열회사 71개 (자회사 13개 → 손자회사 50개 → 증손회사 8개)'의 지배구조를, 그리고 두산그룹은 '박정원 → ㈜두산 → 계열회사 21개 (자회사 10개 → 손자회사 8개 → 증손회사 3개)'의 지배구조를 가지고 있다.

지주회사에 대한 친족 지분은 44%대(㈜LG), 43%대(㈜두산)로 엇비슷한 반면 최대주주 지분은 구광모(15%)가 박정원(7.41%)보다 2배 이상 많다. 최대주주 외의 기타 친족 지분은

29%대(㈜LG), 36%대(㈜두산)이고, 지분 보유 가족구성원은 각각 30명, 26명이다. 친족 외의 특수관계인 지분은 각각 2%대, 3%대로 적다.

구광모와 박정원은 지주회사의 대표이사회장이며 그 자격으로 '그룹회장' 직책도 가지고 있다. ㈜LG에는 가족 임원이 구광모 혼자이다. 반면, ㈜두산에는 박정원 외에 가족 임원이 4명(3세대 박용만; 4세대 박지원, 박석원, 박서원) 더 있으며, 이들 4명은 모두 미등기임원이다.

한편, 지주회사의 지배를 받는 자회사는 ㈜LG 13개(상장회사 8개 + 비상장회사 5개), ㈜두산 10개(2개 + 8개)이다: [㈜LG 13개] (상장 8개) LG상사, LG생활건강, LG유플러스, LG전자, LG하우시스, LG화학, 지투알, 실리콘웍스, (비상장 5개) 에스앤아이코퍼레이션, LG씨엔에스, LG경영개발원, LG스포츠, LG엠엠에이; [㈜두산 10개] (상장 2개) 두산중공업, 오리콤, (비상장 8개) 네오플럭스, 두산로보틱스, 두산로지스틱스솔루션, 두산모빌리티이노베이션, 두산메카텍, 두산베어스, 디비씨, 디엘아이.

자회사들 중에서는, ㈜LG 자회사 9개와 ㈜두산 자회사 3개가 각자의 계열회사를 거느리고 있으며, 이들 중 ㈜LG 자회사 5개 그리고 ㈜두산 자회사 1개가 각각 5개 이상 계열회사를 가지고 있다: [LG생활건강] 계열회사 14개 (손자회사 12개 + 증손회사 2개), [LG전자] 13개 (10개 + 3개), [LG상사] 7개 (4개 + 3개), [LG유플러스] 6개 (6개 + 0개), [에스앤아이코퍼레이션] 5개 (5개 + 0개); [두산중공업] 7개 (4개 + 3개).

〈표 1.2〉 LG그룹과 두산그룹의 소유 · 경영구조, 2019년 6월

(1) 그룹

	LG그룹	두산그룹
동일인	구광모	박정원
그룹회장	구광모	박정원
순위	4위	15위
자산총액	129.6조 원	28.5조 원
계열회사	73개	24개
	· [㈜LG → 71개] + 1개 · 상장 12개 + 비상장 61개	· [㈜두산 → 21개] + 2개 · 상장 6개 + 비상장 18개

(2) 지주회사

지주회사	㈜LG (공정거래법상 지주회사)	㈜두산 (실질적인 지주회사)
계열회사	71개	21개
	자회사 13개 → 손자회사 50개 → 증손회사 8개	자회사 10개 → 손자회사 8개 → 증손회사 3개
친족 및 특수관계인 지분	46.56%: 44.10% (친족) 2.46% (특수관계인)	47.24%: 43.62% (친족) 3.62% (특수관계인)
친족 지분	44.10%	43.62%
최대주주	구광모: 15.00%	박정원: 7.41%
기타 친족	30명: 29.10%	26명: 36.21%
친족 임원	1명	5명
등기임원	구광모: 대표이사회장	박정원: 대표이사회장
미등기임원	-	박용만 (회장), 박지원 (부회장) 박석원 (부사장), 박서원 (전무)

주: 1) 순위 및 자산총액: 5월 대규모기업집단 지정 기준.
2) 특수관계인: 비영리법인 + 임원 ([㈜LG] 2.46+0.00%; [㈜두산] 3.61+0.01%).
출처: ㈜LG·㈜두산 반기보고서, 공정거래위원회; <표 2.1>, <표 2.2>, <표 3.1>, <표 3.2>.

〈그림 1.1〉 LG그룹 소유지분도, 2019년 5월
(출처: 공정거래위원회)

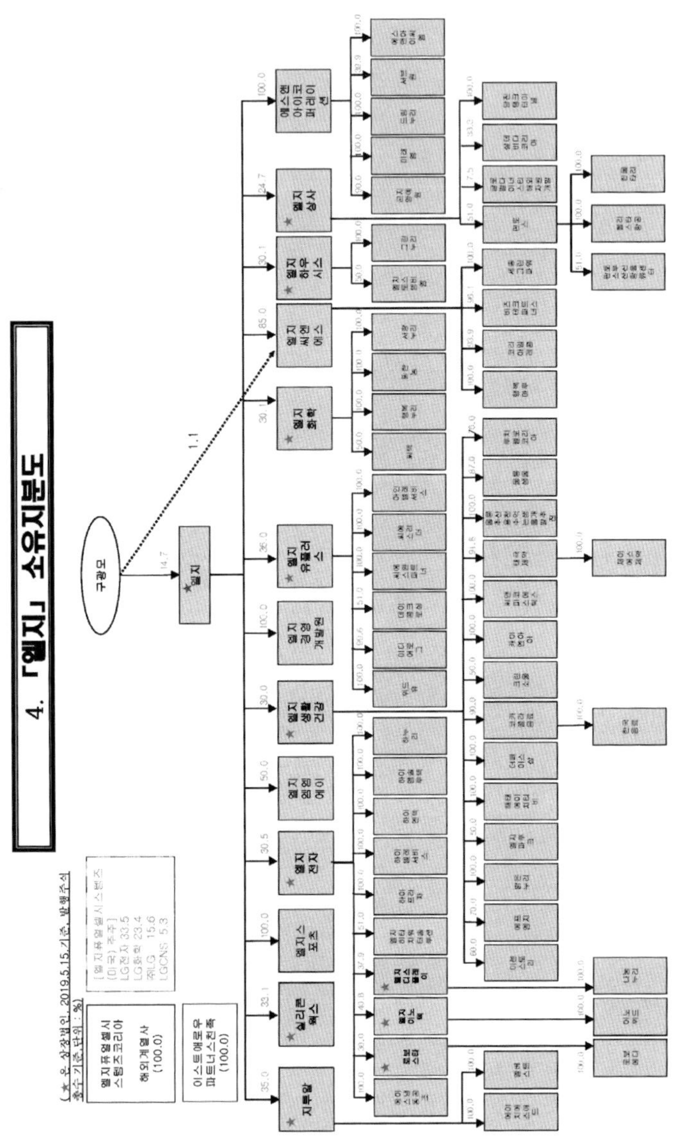

〈그림 1.2〉 두산그룹 소유지분도, 2019년 5월
(출처: 공정거래위원회)

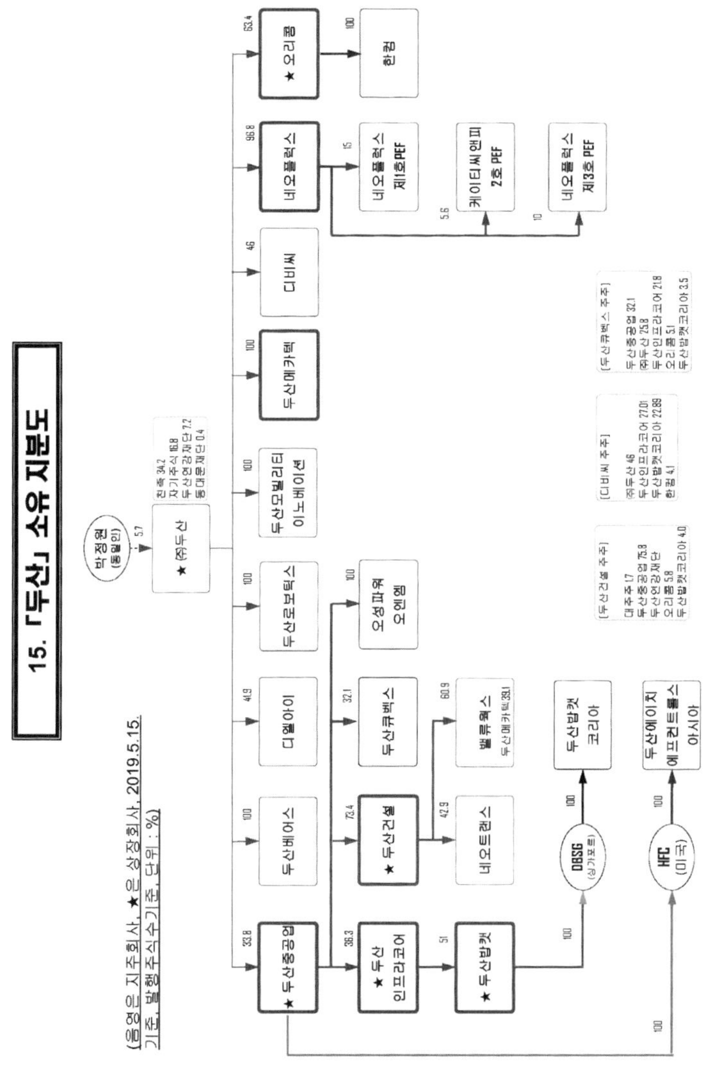

제2부

LG그룹과 4세대 구광모의 소유 · 경영 승계

1. 머리말

LG그룹은 2019년 현재 4위의 대규모기업집단이다. 3세대 구본무 일가의 소유권 및 경영권은 2001년 주력회사 LG화학이 지주회사로 전환된 ㈜LGCI에서 확보되기 시작하였으며, 2003년 ㈜LGCI가 ㈜LG로 확대 개편된 이후 더욱 강화되었다. 3세대 구본무는 2018년 5월 세상을 떠났으며, 같은 해 6월과 11월 장남인 4세대 구광모가 그룹회장과 그룹동일인 신분을 연이어 물려받으면서 '4세대 승계'가 완료되었다.

소유에서는 2019년까지 구본무 일가 구성원 23명이 지주회사 ㈜LG의 지분을 보유하였다. 2세대 1명, 3세대 10명, 4세대 12

명이며, 주요 주주는 6명(3세대 5명, 4세대 1명)이다. 3세대 구본무는 그룹동일인으로서 가장 많은 지분을 보유하였으며, 4세대 구광모는 2017년까지 지분을 지속적으로 늘려온 후 2018년 11월 구본무 지분의 대부분을 상속받아 ㈜LG의 최대주주 겸 그룹동일인이 되었다.

경영에는 가족구성원 4명이 관여하였다. 2세대 1명, 3세대 2명, 4세대 1명이다. 3세대 구본무와 동생 구본준의 '투톱(two top) 체제'로 진행되다가 구본무 서거 후에는 4세대 구광모의 '원톱(one top) 체제'가 구축되었다. 3세대 구본무는 2001년 이후 지주회사 ㈜LG의 대표이사회장 겸 그룹회장이었으며, 4세대 구광모는 2015-2017년 ㈜LG와 LG전자의 상무로 일한 후 2018년 5월 구본무가 세상을 떠난 지 1개월이 지난 6월에 ㈜LG 대표이사회장과 그룹회장에 취임하였다.

제2장에서는 1987년 이후 LG그룹의 성장 과정을 살펴보며, 제3장에서는 2019년 현재 그룹의 소유·경영구조가 어떤 모습인지를 제시한다. 이어 제4장과 제5장에서, 2000년 전후부터 2019년까지 20여 년 동안 진행된 가족구성원들의 지분 및 임원직 보유 추이 그리고 4세대로의 소유권 및 경영권 승계 과정을 고찰한다. 제6장에서는 앞의 논의를 정리한다.

2. LG그룹의 성장

LG그룹은 2019년 5월 현재 자산총액 기준 4위의 대규모기업집단이다. 동일인은 구광모, 계열회사는 75개, 자산총액은 129.6조 원이다 (<표 2.1>).

LG그룹은 1947년 설립된 락희화학공업사(이후 LG화학, ㈜LG)에서 시작하였으며, 2019년은 창립 72년이 되는 해이다. 1987년 대규모기업집단지정제도가 도입된 이후 2019년까지 33년 동안 줄곧 대규모집단으로 지정되었다.

3세대인 그룹동일인 구본무는 2018년 5월 세상을 떠났으며, 장남인 4세대 구광모가 2018년 11월 지주회사 ㈜LG의 최대주주 및 그룹동일인이 되었고 2019년 5월 공정거래위원회에 의해 공식적인 새 동일인으로 지정되었다. 1세대는 창업주 구인회(소유주 또는 동일인 신분 보유 기간 1947-1969년), 2세대는 구자경 (구인회의 장남, 1970-1995년), 그리고 3세대는 구본무(구자경의 장남, 1996-2018년)이다. 4세대 구광모(1978년 생)는 구본무의 바로 아래 남동생인 구본능의 장남이었는데, 26세가 되던 2004년 구본무의 양자로 신분이 변경되었다. 구본무의 외동아들 구원모(1974년 생)가 1994년 20세의 나이로 세상을 떠난 이후 '장자(長子) 상속'의 대를 잇기 위해 구광모가 입양되었다.

1987년 이후 LG그룹 관련 주요 5개 지표의 변화 과정은 다음과 같다.

첫째, 집단 순위는 2005년까지 2-4위이다가 2006년부터는 4

위이다. 1987-2019년의 33년 중 2위 순위 연도는 4개 그리고 3위 순위 연도는 8개이며, 나머지 21개 연도에는 4위이다.

둘째, 순위의 기준인 자산총액(대규모집단 지정 이전 연도 12월 현재)은 5.5-129.6조 원 사이에서 증가 추세를 보였으며, 2012년 이후 100조 원 이상이다. 1987-1989년에는 5-8조 원대, 1990-2000년에는 1개 연도(1998년, 52조 원)를 제외하고 11-49조 원대, 2001-2011년에는 50-90조 원대였으며, 2012년 100조 원을 넘어선 이후 증가 추세를 이어가 2019년에는 129.6조 원으로 최고치를 기록하였다.

셋째, 계열회사는 50-68개 수준이 가장 많은 가운데 30-75개 사이에서 감소 후 증가 추세를 보였다. 1987-1992년 57-63개이던 계열회사는 2005년까지 38개로 줄어들었으며, 2004년과 2005년에 LS그룹과 GS그룹이 연이어 분리되어 나가면서 LG그룹의 계열회사는 2006년 30개로 최저치를 기록하였다. 이전의 최고치 63개(1991년)와 비교하면 절반 이하였다. 하지만 2007년부터 증가 추세로 돌아서 6년 뒤인 2012년까지 2배 이상 늘어나 이전의 최고치 63개가 되었으며, 2018년 처음으로 70개가 된 이후 2019년에는 75개로 최고치를 기록하였다.

넷째, 매출액은 9.2-127.4조 원 사이에서 증가 추세를 보였으며, 2011년 이후 100조 원 이상이다. 1987-1997년에는 9.2-48.6조 원 사이에서 증가 추세를 보였고, 1998-2010년에는 61.0-94.6조 원 사이에서 증가와 감소가 이어졌다. 2011년 처음으로 100조 원을 넘어선 이후 2012-2017년에는 110조 원대가

〈표 2.1〉 LG그룹의 성장, 1987–2019년:
순위, 계열회사, 자산총액, 매출액, 당기순이익

연도	순위 (위)	계열회사 (개)	자산총액 (조 원)	매출액 (조 원)	당기순이익 (조 원)
1987	4	57	5.5	9.2	0.12
1988	3	62	7.0	10.7	0.15
1989	3	59	8.6	13.2	0.21
1990	3	58	11.2	13.5	0.19
1991	2	63	14.9	16.2	0.16
1992	4	58	17.2	19.0	0.06
1993	4	54	19.1	-	-
1994	4	53	20.4	25.0	0.33
1995	4	50	24.4	29.6	0.82
1996	3	48	31.4	41.7	1.4
1997	3	49	38.4	48.6	0.31
1998	4	52	52.8	61.0	-0.36
1999	4	48	49.5	64.6	-0.67
2000	3	43	47.6	62.0	3.8
2001	3	43	52.0	75.3	2.0
2002	2	51	54.5	80.0	1.6
2003	2	50	58.6	85.0	2.9
2004	2	46	61.6	70.9	3.6
2005	3	38	50.9	63.1	5.5
2006	4	30	54.4	64.0	3.3
2007	4	31	52.4	66.5	1.2
2008	4	36	57.1	72.7	5.1
2009	4	52	68.3	83.9	4.3
2010	4	53	78.9	94.6	7.3
2011	4	59	90.6	107.1	4.6
2012	4	63	100.8	111.8	2.1
2013	4	61	102.4	115.9	2.4
2014	4	61	102.1	116.5	2.2
2015	4	63	105.5	115.9	2.9
2016	4	67	105.8	114.3	3.3
2017	4	68	112.3	114.6	4.0
2018	4	70	123.1	127.4	7.1
2019	4	75	129.6	126.5	3.4

주: 1) 1987-2016년 4월, 2017년 9월, 2018-2019년 5월 지정.
2) 순위: 공정거래법상 대규모기업집단 중에서의 순위; 2002-2016년의 경우, 공기업집단을 제외한 사기업집단 중에서의 순위.
3) 매출액, 당기순이익: 1993년 자료 없음.
출처: 공정거래위원회.

유지되었고 2018년에 127.4조 원으로 최고치를 기록하였다. 2019년 현재에는 다소 줄어든 126.5조 원이다.

다섯째, 당기순이익은 손실이 발생한 2개 연도(1998-1999년)를 제외하고 0.06-7.3조 원이었으며 증가와 감소가 반복되었다. 1987-1997년에는 1개 연도(1996년, 1.4조 원)를 제외하고 1조 원 미만(0.06-0.82조 원)이었고 1998-1999년에는 소폭 '마이너스'였다. 2000-2019년의 20년 동안에는 1.2-7.3조 원 사이에서 증가와 감소가 반복되었는데, 1조 원대(2개 연도), 2조 원대(6개), 3조 원대(5개), 4조 원대(3개), 5조 원대(2개), 7조 원대(2개)가 각각 2-6개 연도씩이었다. 2010년 7.3조 원으로 최고치를 기록한 이후 2012년까지 2.1조 원으로 급감하였으며, 이후 증가세로 돌아서 2018년에는 7.1조 원으로 늘어났는데 2019년에 다시 3.4조 원으로 절반 이하 수준이 되었다.

3. LG그룹의 소유 · 경영구조, 2019년 6월

2019년 6월 현재 LG그룹의 계열회사는 73개(상장회사 12개, 비상장회사 61개)이다. ㈜LG는 지주회사이고, 비상장회사 1개를 제외한 71개는 ㈜LG의 계열회사이며, ㈜LG의 소유권과 경영권은 구광모 일가가 가지고 있다. 즉 '구광모 일가 → 지주회사 ㈜LG → 71개 계열회사'의 지배구조이다 (<표 2.2>).

〈표 2.2〉 LG그룹의 소유 · 경영구조, 2019년 6월

(1) 개관

그룹	[그룹동일인 및 그룹회장] 구광모
	[계열회사] 73개: 상장회사 12개(*) + 비상장회사 61개
	· 지주회사체제 72개: ㈜LG + 71개 ㈜LG (공정거래법상 지주회사) → 자회사 13개 → 손자회사 50개 → 증손회사 8개 · 기타 1개
㈜LG	[친족 및 특수관계인 지분] 46.56%
	· 친족 44.10%: 구광모 15.00% (최대주주; 그룹 동일인) 기타 친족 29.10% (30명) · 특수관계인 2.46%: 비영리법인 2.46%, 임원 0.00%
	[등기임원] 7명
	· 친족 1명: 구광모 (대표이사회장; 그룹회장) · 비친족 6명: 전문경영인 2명 (대표이사부회장, 사내이사), 사외이사 4명
	[경영조직] 10개 팀
	· 경영전략, 경영혁신, 재경, 인사, 법무/준법지원, CSR · 전자, 화학, 통신서비스, 자동차부품

(2) ㈜LG(*) 계열회사: 71개 (%)

자회사 [13개]	LG상사 (* 24.7), LG생활건강 (* 34), LG유플러스 (* 36),
	LG전자 (* 33.7), LG하우시스 (* 33.5), LG화학 (* 33.3), 지투알 (* 35),
	실리콘웍스 (* 33.1), 에스앤아이코퍼레이션 (100), LG씨엔에스 (85),
	LG경영개발원 (100), LG스포츠 (100), LG엠엠에이 (50)

손자회사 [50개]	[LG상사: 4개]	판토스 (51), 글로벌다이너스티 해외자원개발 사모투자전문회사 (7.5), 당진탱크터미널 (100), 살데비다코리아 (33.3)
	[LG생활건강: 12개]	코카콜라음료 (100), 태극제약 (92.7), 더페이스샵 (100), 미젠스토리 (100), 밝은누리 (100), 씨앤피코스메틱스 (100), 울릉샘물 (87), 에프엠지 (70), LG파루크 (50), 크린소울 (50), 캐이엔아이 (100), 해태에이지티비 (100)
	[LG유플러스: 6개]	데이콤크로싱 (51), 미디어로그 (99.6), 씨에스리더 (100), 씨에스원파트너 (100), 아인텔레서비스 (100), 위드유 (100)
	[LG전자: 10개]	로보스타 (* 30), LG디스플레이 (* 37.9), LG이노텍 (* 40.8), 에이스냉동공조 (100), LG히타지워터솔루션 (51), 하누리 (100), 하이엔텍 (100), 하이엠솔루텍 (100), 하이텔레서비스 (100), 하이프라자 (100)
	[LG하우시스: 2개]	그린누리 (100), LG토스템비엠 (50)
	[LG화학: 4개]	씨텍 (50), 우지막코리아 (100) 팜한농 (100), 행복누리 (100)
	[지투알: 2개]	에이지에스애드 (100), 엘베스트 (100)
	[에스앤아이 코퍼레이션: 5개]	곤지암예원 (90), 드림누리 (100), 미래엠 (100), 서브원 (39.9), 에스앤아이씨엠 (100)

	[LG씨엔에스: 4개]	비즈테크파트너스 (96.1), 세종그린파워 (100), 코리아일레콤 (93.9), 행복마루 (100)
증손회사 [8개]	[핀토스: 3개]	핀토스부산신항물류센터 (51), 한울타리 (100), 헬리스타항공 (100)
	[코카콜라음료: 1개]	한국음료 (100)
	[태극제약: 1개]	제이에스제약 (100)
	[로보스타: 1개]	로보메디 (100)
	[LG디스플레이: 1개]	나눔누리 (100)
	[LG이노텍: 1개]	이노위드 (100)

(3) 기타 계열회사: 1개 (%)

[㈜LG] (LG Fuel Cell Systems Inc. (16) →) LG퓨얼셀시스템즈코리아 (100)

주: 1) 보통주 기준.
2) 특수관계인: 비영리법인 2개 2.46% (LG연암학원 2.13%, LG연암문화재단 0.33%), 임원 1명 0.00%.
3) 괄호 안의 숫자 (%): 지배회사의 보유 지분; [자회사 13개] 지주회사 ㈜LG의 보유 지분, [손자회사 50개] 밑줄 친 자회사 9개의 보유 지분, [증손회사 8개] 밑줄 친 손자회사 6개의 보유 지분.
4) LG퓨얼셀시스템즈코리아: LG Fuel Cell Systems Inc.(미국계열회사)가 100% 보유; LG Fuel Cell Systems Inc.에 대한 ㈜LG의 지분은 16% (이사회에 1명의 이사를 임명할 수 있는 계약적 권리에 의하여 유의적 영향력을 행사함).

출처: ㈜LG 반기보고서, <표 2.3>.

첫째, ㈜LG에 대한 친족 및 특수관계인 지분은 46.56%이다. 지분 보유 가족 구성원은 31명(44.10%)이며, 최대주주 겸 그룹 동일인인 4세대 구광모가 가장 많은 15%를 그리고 30명 친족이 29.10%를 가지고 있다. 특수관계인은 2개 비영리법인(LG연암학원, LG연암문화재단; 2.46%)과 1명 임원(0.00%)이다.

둘째, ㈜LG의 경영에 참여하는 가족구성원은 구광모 혼자이다. 대표이사회장이면서 그룹회장이다. 2명 전문경영인 및 4명 사외이사와 함께 이사회를 구성하고 있다.

셋째, ㈜LG가 지배하는 71개 회사는 자회사 13개, 손자회사 50개, 증손회사 8개이다. 자회사 9개는 각각 2-12개씩의 손자회사를 그리고 손자회사 6개는 각각 1-3개씩의 증손회사를 거느리고 있다. 즉 '지주회사 ㈜LG → 13개 자회사 [손자회사 보유 9개 + 기타 4개] → 50개 손자회사 [증손회사 보유 6개 + 기타 44개] → 8개 증손회사'의 구조이다. 13개 자회사 중에서는 5개가 각각 5개 이상의 계열회사를 가지고 있다. LG생활건강 14개 계열회사 (12개 손자회사 + 2개 증손회사), LG전자 13개 (10개 +3개), LG상사 7개 (4개+3개), LG유플러스 6개 (6개+0개), 에스앤아이코퍼레이션 5개 (5개+0개) 등이다.

한편, LG그룹의 소유구조는 공정거래위원회가 발표하는 소유지분도를 통해 확인할 수 있다 (<그림 2.1>, <그림 2.2>). <그림 2.2>는 2019년 5월 현재이며, 반기보고서를 바탕으로 작성한 2019년 6월 현재의 <표 2.2> 내용과는 다소 차이가 있다.

2017년 5월 현재에는 68개 그룹 계열회사 중 9개(LG상사 및 6개 계열회사 + 기타 2개 회사)를 제외한 59개(음영 부분)가 ㈜LG 및 계열회사였다. 이에 비해 2년이 지난 2019년 5월 현재에는 75개 그룹 계열회사 중 2개를 제외한 73개(LG상사 포함)가 ㈜LG 및 계열회사이다. ㈜LG의 지주회사로서의 지위가 보다 확실해졌으며, 손자회사 보유 '자회사' 수는 8개에서 9개로 그리고 증손회사 보유 '손자회사' 수는 3개에서 6개로 늘어났다.

〈그림 2.1〉 LG그룹 소유지분도, 2017년 5월
(출처: 공정거래위원회)

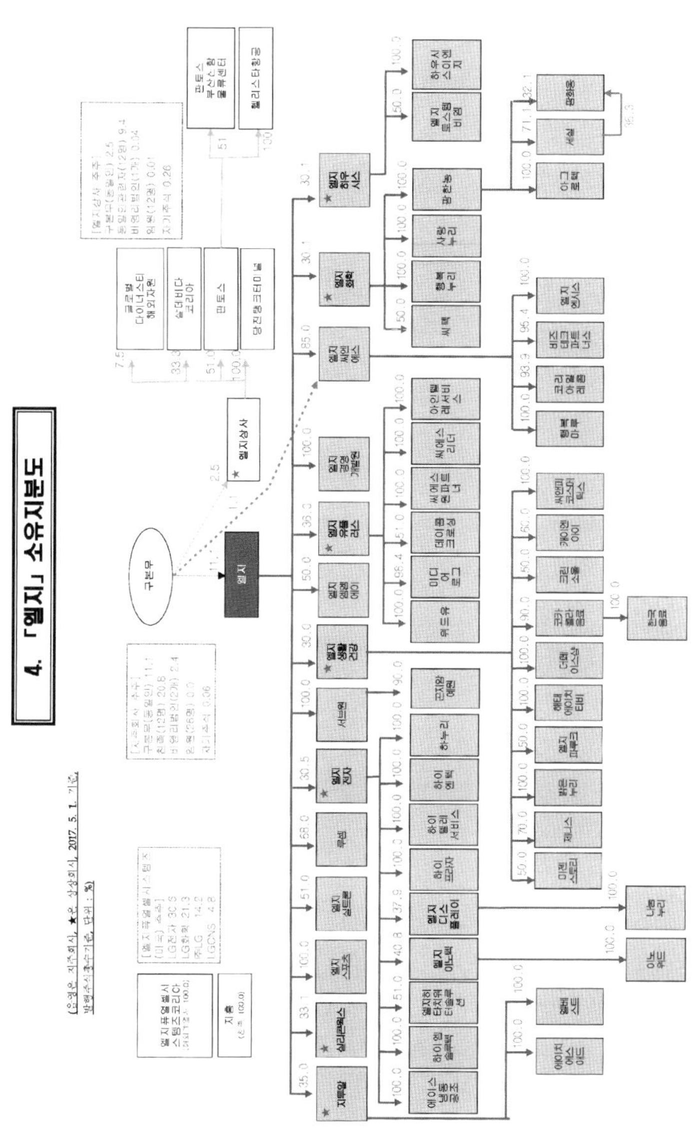

〈그림 2.2〉 LG그룹 소유지분도, 2019년 5월
(출처: 공정거래위원회)

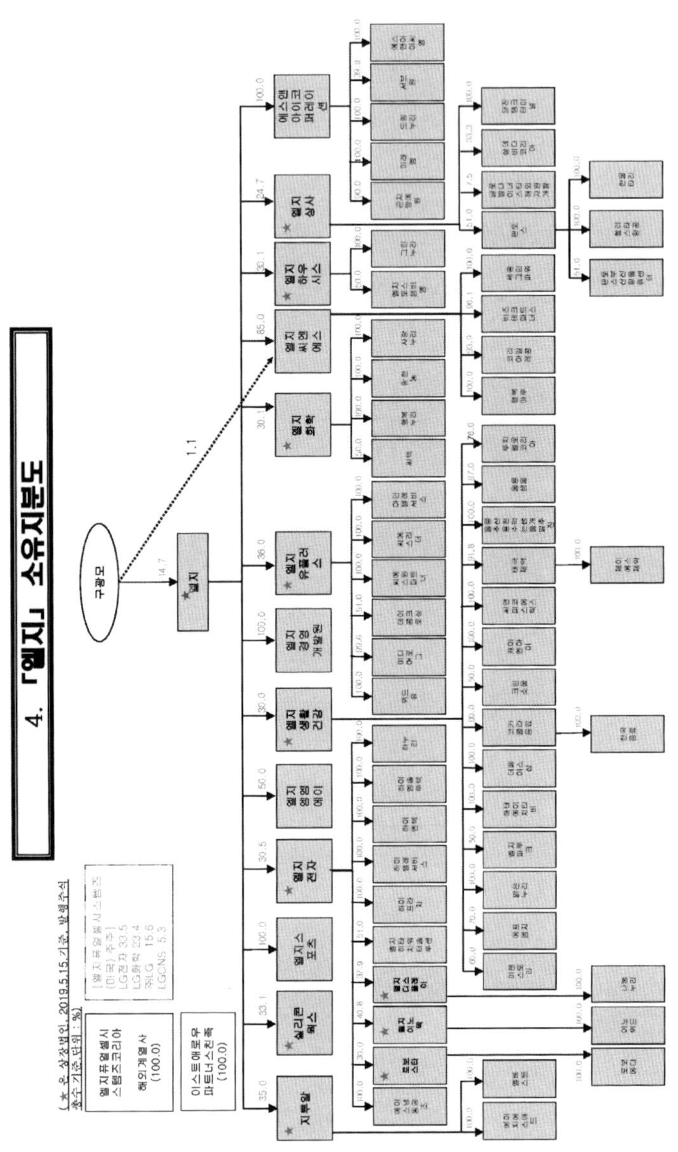

4. LG그룹과 소유권 승계

4.1 지주회사 ㈜LG의 친족 및 특수관계인 지분, 2000-2019년

4.1.1 지주회사 ㈜LG

㈜LG는 2001년 4월 공정거래법상 지주회사로 지정되었다. 2001년 4월 LG화학이 먼저 지주회사 ㈜LGCI로 전환하였고, 2003년 3월 ㈜LGCI가 ㈜LG로 확대 개편되었다.

지주회사의 설립·전환은 1999년 2월 허용되었다. 1997년의 외환위기 이후 진행된 김대중 정부의 기업 구조조정의 일환이었으며, 종전의 순환출자구조 대신 하향 단선적 소유구조를 도입함으로써 투명하고 민주적인 지배구조를 정착시킨다는 것이 지주회사 설립 허용의 취지였다. 2000년 1월 SK엔론(이후 SK E&S)이 공정거래법상 지주회사 1호로 지정되었으며, 2001년의 ㈜LGCI(이후 ㈜LG)가 두 번째였다.

㈜LG는 4단계를 거쳐 탄생하였다: (1) [2001년 4월] LG화학의 분할 및 지주회사로의 전환 → 지주회사 ㈜LGCI (존속) + LG화학 (신설) + LG생활건강 (신설); (2) [2002년 4월] LG전자의 분할 및 지주회사로의 전환 → 지주회사 ㈜LGEI (존속) + LG전자 (신설); (3) [2002년 8월] ㈜LGCI의 분할 → ㈜LGCI (존속) + LG생명과학 (신설); (4) [2003년 3월] ㈜LGCI가 ㈜

LGEI를 합병한 후 ㈜LG로 상호 변경.

4.1.2 친족 및 특수관계인 지분

구본무 일가의 소유권은 2001년 ㈜LGCI에서부터 확고해지기 시작하였으며, 2003년 이후의 ㈜LG에서는 최대주주 지분이 대폭 강화되었다 (<표 2.3>). 구본무 일가 외에 다른 구씨 일가(2000년 이후)와 허씨 일가(2000-2004년)도 지분을 보유하였는데, 다른 친족의 지분은 2004년부터 크게 줄어들었다.

첫째, 지주회사로 전환되기 직전인 2000년 LG화학에서는 친족(8.26%)이 특수관계인(9.65%)보다 지분이 적었다. 비영리법인이 최대주주였으며 (LG연암학원, 1.57%), 다른 특수관계인(8.08%) 중에서는 계열회사(7.80%), 비영리법인(LG연암재단, 0.28%), 임원(0.00%) 순으로 많은 지분을 보유하였다.

둘째, 지주회사 첫 해인 2001년 ㈜LGCI에서는 최대주주가 구본무(4.62%)로 변경된 가운데 친족 지분이 4배 이상 늘어났고 (8.26% → 36.62%) 특수관계인 지분은 소폭 감소하였다 (9.65% → 9.23%). 후자 중에서는 비영리법인 지분이 늘어난 반면 (1.85% → 4.85%) 계열회사 지분은 줄어들었다 (7.80% → 4.38%). 친족 지분의 우위는 2002-2003년에도 유지되었다 (34-38%대 vs. 9-11%대). 다만, 2003년의 경우 비영리법인 지분이 절반가량 감소하였고 (4.85% → 2.46%) 계열회사 지분은 2배 이상 증가하였다 (4.39% → 9.50%).

〈표 2.3〉 지주회사 ㈜LG의 친족 및 특수관계인 지분, 2000-2019년 (%)

	친족			특수관계인				A+B
	최대주주	친족	합 (A)	계열회사	비영리법인	임원	합 (B)	
2000	(1.57)	8.26	8.26	7.80	0.28	0.00	8.08	17.91
2001	4.62	32.00	36.62	4.38	4.85	0.00	9.23	45.85
2002	4.62	30.18	34.80	4.39	4.85	0.00	9.24	44.04
2003	5.46	32.95	38.41	9.50	2.46	0.00	11.96	50.37
2004	10.26	38.88	49.14		2.46	0.00	2.46	51.60
2005	10.33	38.52	48.85		2.46	0.00	2.46	51.31
2006	10.51	36.48	46.99		2.46	0.00	2.46	49.45
2007	10.51	35.73	46.24		2.46	0.00	2.46	48.70
2008	10.51	35.63	46.14		2.46	0.00	2.46	48.60
2009	10.68	35.45	46.13		2.46	0.00	2.46	48.59
2010	10.72	35.41	46.13		2.46	0.00	2.46	48.59
2011	10.83	35.30	46.13		2.46	0.00	2.46	48.59
2012	10.91	35.22	46.13		2.46	0.00	2.46	48.59
2013	11.00	35.12	46.12		2.46		2.46	48.58
2014	11.00	35.08	46.08		2.46		2.46	48.54
2015	11.28	34.70	45.98		2.46		2.46	48.44
2016	11.28	34.38	45.66		2.46		2.46	48.12
2017	11.28	32.91	44.19		2.46		2.46	46.65
2018	15.00	29.09	44.09		2.46		2.46	46.55
2019	15.00	29.10	44.10		2.46	0.00	2.46	46.56

주: 1) (2000-2001년) 이듬해 3월 현재, (2002-2018년) 12월 현재, (2019년) 6월 현재; 보통주 기준.
2) ㈜LG: (2000년) LG화학, (2001-2002년) ㈜LGCI, (2003-2019년) ㈜LG.
3) 최대주주: (2000년) LG연암학원, (2001-2017년) 구본무, (2018-2019년) 구광모.
4) 친족: (2000-2004년) 구본무 일가 + 기타 구씨 일가 + 허씨 일가; (2005-2019년) 구본무 일가 + 기타 구씨 일가.
5) 구본무 일가 구성원: (2000-2001년) 19명, (2002년) 20명, (2003년) 22명, (2004-2005년) 21명, (2006년) 22명, (2007-2014년) 21명, (2015-2016년) 22명, (2017년) 19명, (2018-2019년) 18명.
6) 계열회사: (2000년) 자기주식 6.66%, LG캐피탈 1.14%; (2001년) 자기주식 1.25%, LG카드 3.13%; (2002년) 자기주식 1.26%, LG카드 3.13%; (2003년) 자기주식 8.47%, LG전선 1.03%.
7) 비영리법인: (2000년) LG연암재단 0.28%; (2001-2002년) LG연암학원 4.11%, LG연암재단 0.74%; (2003-2019년) LG연암학원 2.13%, LG연암문화재단 0.33%.
8) 임원: (2000-2002년) 1명, (2003-2007년) 2명, (2008-2012, 2019년) 1명.

출처: 사업보고서, 분기보고서; <표 2.4>, <표 2.7>.

셋째, 통합지주회사 ㈜LG의 두 번째 해인 2004년 구본무 일가의 소유권은 보다 확고해졌다. 무엇보다 최대주주 구본무의 지분이 2배가량 늘어났으며 (5.46% → 10.26%) 다른 친족의 지분 또한 소폭 증가하였다 (32.95% → 38.88%). 반면 계열회사 지분(9.50%)은 없어졌고, 비영리법인과 임원 지분(2.46%, 0.00%)은 그대로 유지되었다. 그 결과, 친족 지분은 2003년 38.41%에서 2004년 49.14%로 늘어났으며, 특수관계인 지분은 11.96%에서 2.46%로 급감하였다.

넷째, 2004년 이후에는 '최대주주' 지분은 증가 추세를 보인 반면 '다른 친족' 지분 및 '전체 친족' 지분은 감소 추세를 보였다. 최대주주 구본무의 지분은 2004-2012년 10.26-10.91%, 2013-2017년 11.00-11.28%였으며, 2018년 처음으로 최대주주가 된 구광모의 지분은 15.00%였다. 이에 비해, 다른 친족 지분은 2004년의 38.88%를 정점으로 줄어들어 2005-2014년 38.52-35.08% 그리고 2015-2017년 34.70-32.91%였으며, 2018년 처음으로 30% 이하(29.09%)가 되었다. 그 결과, 전체 친족 지분은 2004년 49.14%를 정점으로 점차 감소하여 2018년에는 44.09%로 최저치를 기록하였다.

한편, 비영리법인 지분은 2003년 이후 줄곧 2.46%였으며, 임원 1-2명의 지분(0.00%)은 2012년까지 유지된 후 없어졌다가 2019년에 다시 생겼다. 비영리법인은 2000년 이후 LG연암학원과 LG연암재단(2003년 이후 LG연암문화재단)이다.

4.2 ㈜LG의 친족 지분

4.2.1 구본무 일가 vs. 기타 친족

㈜LG의 지분은 '구본무 일가' 외에 '기타 친족'(구씨 일가 2000년 이후; 허씨 일가 2000-2004년)도 보유하였으며, 기타 친족 지분은 2004년부터 크게 줄어들었다 (<표 2.4>, <표 2.5>).

2000-2002년에는 구본무 일가 지분이 기타 친족 지분보다 조금 적었다.

[2000년] 지주회사로 전환되기 직전인 2000년 LG화학에서는 친족 지분 8.26% 중 구본무 일가 지분은 3.74%, 기타 친족 지분은 4.52%였다 (구씨 일가 3.66% + 허씨 일가 0.86%).

[2001년] 지주회사 첫 해인 2001년 ㈜LGCI에서는 친족 지분이 4.4배 늘어났는데 (8.26% → 36.62%), 구본무 일가 지분은 4.4배 (3.74% → 16.41%), 기타 친족 지분은 4.5배 (4.52% → 20.21%), 그리고 후자 중에서는 구씨 일가 지분은 3.9배 (3.66% → 14.32%), 허씨 일가 지분은 6.8배 늘어났다 (0.86% → 5.89%).

[2002년] 구본무 일가 지분은 조금 증가하고 (16.41% → 17.17%) 기타 친족 지분은 조금 감소한 가운데 (20.21% → 17.63%) 전자가 후자보다 여전히 적었다. 기타 친족 지분 중에서는 구씨 일가 지분은 줄어든 반면 (14.32% → 11.04%) 허씨

일가 지분은 늘어났다 (5.89% → 6.59%).

2003년부터는 구본무 일가 지분이 기타 친족 지분보다 많아졌다.

[2003년] 통합지주회사 ㈜LG의 첫 해인 2003년에는 구본무 일가 지분은 늘어나고 (17.17% → 21.54%) 기타 친족 지분은 줄어들었다 (17.63% → 16.87%). 후자 중에서는, 허씨 일가 지분은 늘어난 반면 (6.59% → 10.73%), 구씨 일가 중 일부가 LS그룹으로 독립해 나가면서 구씨 일가 지분은 줄어들었다 (11.04% → 6.14%).

[2004년] 구본무 일가 지분은 2배 이상 대폭 증가하고 (21.54% → 42.52%) 기타 친족 지분은 절반 이하로 감소하였으며 (16.87% → 6.62%), 허씨 일가가 GS그룹으로 독립해 나가면서 보유 지분은 거의 없어졌다 (10.73% → 0.00%).

[2005년 이후] 구본무 일가 지분은 41-43%대가 유지되었으며, 허씨 일가 지분은 완전히 없어졌고 구씨 일가 지분은 1-5%대에서 점차 감소하였다.

4.2.2 기타 친족의 분가

1999-2007년 사이 LG그룹에서는 네 차례의 분가가 진행되었으며, 이 과정에서 그룹의 소유권과 경영권은 구본무 일가에 의해 확고하게 장악되었다 (<표 2.5>, 제5장 참조).

〈표 2.4〉 ㈜LG의 친족 지분, 2000-2019년: 구본무 일가 vs. 기타 친족 (%)

	구본무 일가 (A)	기타 친족 일가			A+B
		구씨 일가	허씨 일가	합 (B)	
2000	3.74	3.66	0.86	4.52	8.26
2001	16.41	14.32	5.89	20.21	36.62
2002	17.17	11.04	6.59	17.63	34.80
2003	21.54	6.14	10.73	16.87	38.41
2004	42.52	6.62	0.00	6.62	49.14
2005	42.89	5.96		5.96	48.85
2006	41.88	5.11		5.11	46.99
2007	42.49	3.75		3.75	46.24
2008	42.64	3.50		3.50	46.14
2009	42.76	3.37		3.37	46.13
2010	42.94	3.19		3.19	46.13
2011	43.17	3.01		3.01	46.13
2012	43.31	2.82		2.82	46.13
2013	43.36	2.76		2.76	46.12
2014	43.33	2.75		2.75	46.08
2015	43.66	2.32		2.32	45.98
2016	43.69	1.70		1.70	45.66
2017	42.56	1.63		1.63	44.19
2018	42.43	1.66		1.66	44.09
2019	42.43	1.67		1.67	44.10

주: (2000-2001년) 이듬해 3월 현재, (2002-2018년) 12월 현재, (2019년) 6월 현재; 보통주 기준.
출처: 사업보고서, 분기보고서.

〈표 2.5〉 LG그룹 가계도

(1) 구본무 · 구광모 일가

[1세대] 구인회 (1907-1969) [2세대] 구자경 (1925-2019; + 하정임)	
[3세대]	[4세대]
1남 구본무 (1945-2018; + 김영식)	1남 구원모 (1974-1994)
	1남 구광모* (1978- ; + 정효정)
	1녀 구연경 (1978- ; + 윤관)
	2녀 구연수 (1996-)
1녀 구훤미 (1947- ; + 김화중)	1녀 김선혜 (1971- ; + 이해욱)
	2녀 김선정 (1974-)
	1남 김주영 (1992-)
2남 구본능 (1949- ; + 강영혜)	1남 구광모*
	1녀 구연서 (1999-)
3남 구본준 (1951- ; + 김은미)	1남 구형모 (1987-)
	1녀 구연제 (1990-)
2녀 구미정 (1955- ; + 최병민)	1녀 최현수 (1979-)
	2녀 최윤수 (1982-)
	1남 최정규 (1991-)
4남 구본식 (1958- ; + 조경아)	1녀 구연승 (1984-)
	2녀 구연진 (1986-)
	1남 구웅모 (1989-)

(2) 기타 구씨 일가

[1세대] 구인회 형제 (6남)	1남 구인회, 2남 구철회, 3남 구정회, 4남 구태회, 5남 구평회, 6남 구두회
[2세대] 구자경 형제·자매 (6남4녀)	1녀 구자숙, 1남 구자경, 2남 구자승, 3남 구자학, 4남 구자두, 5남 구자일, 2녀 구자혜, 3녀 구자영, 4녀 구순자, 6남 구자극

(3) 허씨 일가

[2세대] 허정구 형제 (8남)	1남 허정구, 2남 허학구, 3남 허준구, 4남 허신구, 5남 허완구, 6남 허승효, 7남 허승표, 8남 허승조
[3세대] 허창수 형제 (5남)	1남 허창수, 2남 허정수, 3남 허진수, 4남 허명수, 5남 허태수

주: 1) 구광모*: 구본능의 1남, 2004년 구본무의 양자로 신분이 변경됨.
2) 허준구 = 구철회 1녀 구위숙의 남편; 허창수 = 허준구의 1남.
출처: 김동운(2011a), 김동운 외(2005), 사업보고서, 네이버 인물 검색.

첫째, [1999년] 11월 구철회(1세대 구인회의 6명 형제 중 2남) 일가가 LG화재해상보험(2006년 LIG손해보험, 2015년 KB손해보험)을 가지고 독립하였다.

둘째, [2003년] 11월 구태회·구평회·구두회(1세대 구인회의 6명 형제 중 4·5·6남) 일가가 LG전선(2005년 LS전선, 2008년 ㈜LS) 및 관련 회사를 가지고 독립하였으며, 2004년 4월 LG전선그룹(2005년 이후 LS그룹)으로 출범하였다.

셋째, [2005년] 2004년 7월 ㈜LG가 2개 지주회사 ㈜LG와 GS홀딩스(2009년 이후 ㈜GS)로 분할되었으며, 허씨 일가가 GS홀딩스 및 관련 회사들을 가지고 2005년 1월 독립하였고 같은

해 4월 GS그룹으로 출범하였다. 관련 허씨 일가는 2세대 허정구의 8명 형제 중 1명(2남 허학구)을 제외한 7명 일가이며, 이들 중 중심은 2세대 허준구(3남) 및 3세대 허창수(허준구의 5명 아들 중 1남) 일가이다.

넷째, [2007년] 2006년 11월 LG상사에서 LG패션이 분할 신설되었으며, 2007년 12월 구자승(2세대 구자경의 6남4녀 형제·자매 중 2남) 일가가 LG패션(2014년 이후 ㈜LF)을 가지고 독립하였다.

4.3 ㈜LG의 구본무 일가 지분: (1) 세대별 · 일가별 지분

구본무의 4남2녀 형제·자매 6개 일가를 세대별로 보면, 3세대가 4세대보다 지분이 많으며, 따라서 4세대로의 소유권 승계는 2019년 현재까지 완료되지 않은 상태이다. 일가별로 보면, 장남 구본무 일가 지분이 월등하게 많고, 그 다음이 남동생 3명 일가, 여동생 2명 일가의 순이다 (<표 2.6>; <표 2.5> 참조).

4.3.1 세대별 지분

지주회사 첫 해인 2001년부터 2017년까지는 3세대 지분이 월등하게 많았다. 3세대 vs. 4세대 지분은 2001-2003년13-19%대 vs. 1-2%대, 그리고 2004-2017년 32-36%대 vs. 5-9%대였다. 3세대 지분은 2005년(36.12%) 최고치를 기록한 이후 증가·

〈표 2.6〉 ㈜LG의 구본무 일가 지분, 2000-2019년:
(1) 세대별 · 일가별 지분 (%)

(1) 세대별 지분

	2세대	3세대	4세대	합
2000	0.10	2.87	0.77	3.74
2001	0.39	13.94	2.08	16.41
2002	0.38	14.63	2.16	17.17
2003	0.58	19.06	1.90	21.54
2004	0.96	35.77	5.79	42.52
2005	0.96	36.12	5.81	42.89
2006	0.96	34.98	5.94	41.88
2007	0.96	33.99	7.54	42.49
2008	0.96	33.99	7.69	42.64
2009	0.96	33.97	7.83	42.76
2010	0.96	34.11	7.87	42.94
2011	0.96	34.34	7.87	43.17
2012	0.96	34.48	7.87	43.31
2013	0.96	34.57	7.83	43.36
2014	0.96	33.45	8.92	43.33
2015	0.96	33.33	9.37	43.66
2016	0.96	32.82	9.91	43.69
2017	0.96	32.59	9.01	42.56
2018	0.96	21.18	20.29	42.43
2019	0.96	21.18	20.29	42.43

(2) 구본무 형제 · 자매 일가별 지분 (3 · 4세대)

	1남 구본무 일가	1녀 구훤미 일가	2남 구본능 일가	3남 구본준 일가	2녀 구미정 일가	4남 구본식 일가	합
2000	0.80	0.78	0.34	0.64	0.67	0.41	3.74
2001	4.94	2.10	2.03	3.18	1.83	1.94	16.41
2002	5.07	2.13	1.99	4.00	1.69	1.91	17.17
2003	8.68	1.36	2.37	3.98	2.12	2.45	21.54
2004	18.18	1.77	4.76	8.02	4.00	4.83	42.52
2005	18.25	1.77	4.76	8.18	4.12	4.85	42.89
2006	18.55	1.75	4.99	8.27	2.32	5.04	41.88
2007	20.15	1.75	5.01	8.27	1.31	5.04	42.49
2008	20.28	1.77	5.01	8.27	1.31	5.04	42.64
2009	20.54	1.75	5.01	8.29	1.14	5.07	42.76
2010	20.63	1.74	5.04	8.34	1.14	5.09	42.94
2011	20.74	1.74	5.07	8.43	1.14	5.09	43.17
2012	20.82	1.74	5.13	8.43	1.14	5.09	43.31
2013	20.87	1.74	5.13	8.43	1.14	5.09	43.36
2014	21.97	1.71	4.03	8.43	1.14	5.09	43.33
2015	22.34	1.49	3.45	8.63	1.54	5.25	43.66
2016	22.78	1.49	3.45	8.63	1.13	5.25	43.69
2017	22.78	1.13	3.45	8.63	1.13	4.48	42.56
2018	22.78	1.13	3.45	8.63	1.00	4.48	42.43
2019	22.78	1.13	3.45	8.63	1.00	4.48	42.43

주: 1) (2000-2001년) 이듬해 3월 현재, (2002-2018년) 12월 현재, (2019년) 6월 현재.
2) 2세대 = 구자경 1명.
출처: 사업보고서, 분기보고서; <표 2.7>.

감소가 이어지다가 2014년(33.45%)부터 감소 추세이며, 4세대 지분은 2016년(9.91%)까지 증가 추세를 보인 후 2017년(9.01%)에 조금 줄었다.

2018년 들어 지분 격차가 1% 이내로 줄어들기는 하였지만 3세대 지분이 여전히 많다 (21.18% vs. 20.29%). 2018년 5월 구본무가 세상을 떠나고 11월 그의 지분(11.28%)이 구광모, 구연경, 구연수 등 자녀 3명에게 상속되었으며, 그 결과 2017년에 비해 3세대 지분은 1/3가량 줄어들었고 (32.59% → 21.18%) 4세대 지분은 2배 이상 증가하였다 (9.01% → 20.29%).

4.3.2 일가별 지분

구본무의 4남2녀 형제·자매 일가(3·4세대) 중에서는 장남 구본무 일가 지분이 2004년 이후 18-22%대로 월등하게 많으며, 남동생 3명 일가 지분은 3-8%대 그리고 여동생 2명 일가 지분은 1-4%대이다.

2000년 LG화학에서는 6개 일가 지분이 각각 1%미만으로 엇비슷하였다. 2001년 ㈜LGCI에서부터 구본무 일가 지분이 많아지기 시작하여 4-8%대(2001-2003년), 18%대(2004-2006년), 20%대(2007-2013년), 21%대(2014년), 22%대(2015년 이후) 등 증가 추세를 이어갔으며, 2015년 이후에는 6명 일가 전체 지분의 절반 이상을 차지하였다.

그다음으로 지분이 많은 일가는 경영에 적극적으로 관여한 3

남 구본준 일가이며 2004년 이후 8%대에서 조금씩 증가하였다. 반면 경영에 관여하지 않은 4남 구본식과 2남 구본능 일가 지분은 각각 4-5%대, 3-5%대에서 증가 후 감소하였다. 또 구본무의 여자 동생 2명 중 2녀 구미정 일가 지분은 4%대(2004-2005년), 2%대(2006년), 1%대(2007년 이후)였으며, 1녀 구훤미 일가 지분은 1%대에서 감소 추세를 보였다.

2019년 6월 현재 6개 일가 지분은 다음과 같다: 1남 구본무 일가 22.78%, 3남 구본준 일가 8.63%, 4남 구본식 일가 4.48%, 2남 구본능 일가 3.45%, 1녀 구훤미 일가 1.13%, 2녀 구미정 일가 1.00%.

4.4 ㈜LG의 구본무 일가 지분: (2) 개인별 지분

4.4.1 개관

2000-2019년 사이 ㈜LG의 지분을 보유한 구본무 일가 구성원은 모두 23명이며, '2세대 1명, 3세대 10명, 4세대 12명'이다. 매년 지분을 보유한 사람은 18-22명이다: 19명(2000-2001년), 20명(2002년), 22명(2003년), 21명(2004-2005년), 22명(2006년), 21명(2007-2014년), 22명(2015-2016년), 19명(2017년), 18명(2018-2019년) (<표 2.7>; <표 2.5>, <표 2.6> 참조).

첫째, 2세대 1명은 구자경이다. 1970-1995년에 그룹회장 및 동일인이었으며, 1996년 이후 2019년 세상을 떠날 때까지 경영에는 관여하지 않고 지분만 약간 보유하였다.

둘째, 3세대 10명은 구본무의 형제·자매 6명과 이들의 배우자 4명이다. 구본무는 4남2녀(1남 구본무, 1녀 구훤미, 2남 구본능, 3남 구본준, 2녀 구미정, 4남 구본식) 중 장남이며, 이들 6명은 2000년 이후 줄곧 지분을 보유하였다. 구본무는 2018년 5월 세상을 떠났으며, 11월 그의 지분은 자녀 3명에게 상속되었다. 배우자 4명은 여자 2명(구본무와 구본준의 아내)과 남자 2명(구훤미와 구미정의 남편)이며, 이들 중 1명(구본준 아내)은 2000년 이후 줄곧 지분을 보유하였다.

셋째, 4세대 12명은 3세대 중 구본능을 제외한 5명의 자녀들이다. 3세대 5명 중 3명(구본무, 구훤미, 구본식)의 지분 보유 자녀가 각각 3명, 1명(구본준)의 자녀가 2명, 그리고 1명(구미정)의 자녀가 1명이다.

한편, 지분을 보유한 23명 중 2세대 1명을 제외한 3·4세대 22명을 일가별로 보면, 구본무 일가(3세대 2명 + 4세대 3명)와 구훤미 일가(2+3) 구성원이 각각 5명으로 가장 많으며, 그다음이 구본준 일가 4명(2+2), 구본식 일가 4명(1+3), 구미정 일가 3명(2+1), 구본능 일가 1명(1+0) 등의 순이다. 22명 중 구씨 성(姓)을 가지지 않은 사람은 8명으로, 3세대 10명 중 4명(배우자) 그리고 4세대 12명 중 4명(3세대 남자 배우자 2명의 자녀)이다.

〈표 2.7〉 ㈜LG의 구본무 일가 지분, 2000-2019년:
(2) 개인별 지분 (%)

(1) 1남 구본무 일가

	[3세대]		[4세대]		
	1남 구본무	김영식	1남 구광모	1녀 구연경	2녀 구연수
2000	0.69		0.04	0.07	0.00
2001	4.62		0.12	0.18	0.02
2002	4.62	0.02	0.14	0.27	0.02
2003	5.46	2.49	0.27	0.44	0.02
2004	10.26	4.25	2.80	0.84	0.03
2005	10.33	4.25	2.80	0.84	0.03
2006	10.51	4.30	2.85	0.86	0.03
2007	10.51	4.30	4.45	0.86	0.03
2008	10.51	4.30	4.58	0.86	0.03
2009	10.68	4.30	4.67	0.86	0.03
2010	10.72	4.30	4.72	0.86	0.03
2011	10.83	4.30	4.72	0.86	0.03
2012	10.91	4.30	4.72	0.86	0.03
2013	11.00	4.30	4.84	0.70	0.03
2014	11.00	4.30	5.94	0.70	0.03
2015	11.28	4.30	6.03	0.70	0.03
2016	11.28	4.20	6.24	0.91	0.15
2017	11.28	4.20	6.24	0.91	0.15
2018		4.20	15.00	2.92	0.66
2019		4.20	15.00	2.92	0.66

(2) 1녀 구훤미 일가

	[3세대]		[4세대]		
	1녀 구훤미	김화중	1녀 김선혜	2녀 김선정	1남 김주영
2000	0.14	0.18	0.45	0.01	
2001	0.39	0.52	1.16	0.03	
2002	0.37	0.57	1.16	0.03	
2003	0.39	0.50	0.46	0.01	
2004	0.81		0.91	0.05	
2005	0.81		0.91	0.05	
2006	0.77		0.92	0.05	0.01
2007	0.77		0.92	0.05	0.01
2008	0.77		0.93	0.06	0.01
2009	0.75		0.93	0.06	0.01
2010	0.75		0.93	0.06	0.00
2011	0.75		0.93	0.06	0.00
2012	0.75		0.93	0.06	0.00
2013	0.75		0.93	0.06	0.00
2014	0.73		0.93	0.05	0.00
2015	0.51		0.93	0.05	0.00
2016	0.51		0.93	0.05	0.00
2017	0.28		0.75	0.10	0.00
2018	0.28		0.75	0.10	0.00
2019	0.28		0.75	0.10	0.00

(3) 2남 구본능 일가, 3남 구본준 일가

	[3세대]	[3세대]		[4세대]	
	2남 구본능	3남 구본준	김은미	1남 구형모	1녀 구연제
2000	0.34	0.54	0.00	0.05	0.05
2001	2.03	2.89	0.00	0.15	0.14
2002	1.99	3.71	0.00	0.15	0.14
2003	2.37	3.58	0.03	0.28	0.09
2004	4.76	7.34	0.05	0.45	0.18
2005	4.76	7.50	0.05	0.45	0.18
2006	4.99	7.58	0.05	0.46	0.18
2007	5.01	7.58	0.05	0.46	0.18
2008	5.01	7.58	0.05	0.46	0.18
2009	5.01	7.58	0.05	0.48	0.18
2010	5.04	7.63	0.05	0.48	0.18
2011	5.07	7.72	0.05	0.48	0.18
2012	5.13	7.72	0.05	0.48	0.18
2013	5.13	7.72	0.05	0.48	0.18
2014	4.03	7.72	0.05	0.48	0.18
2015	3.45	7.72	0.05	0.60	0.26
2016	3.45	7.72	0.05	0.60	0.26
2017	3.45	7.72	0.05	0.60	0.26
2018	3.45	7.72	0.05	0.60	0.26
2019	3.45	7.72	0.05	0.60	0.26

(4) 2녀 구미정 일가, 4남 구본식 일가

	[3세대]		[4세대]	[3세대]	[4세대]		
	2녀 구미정	최병민	1녀 최현수	4남 구본식	1녀 구연승	2녀 구연진	1남 구웅모
2000	0.23	0.44		0.31	0.05		0.05
2001	0.63	1.20		1.66	0.15		0.13
2002	0.62	1.07		1.66	0.15		0.10
2003	0.71	1.41	0.00	2.12	0.08	0.00	0.25
2004	1.29	2.71	0.00	4.30	0.15	0.02	0.36
2005	1.29	2.83	0.00	4.30	0.15	0.02	0.38
2006	1.31	1.01	0.00	4.46	0.15	0.02	0.41
2007	1.31		0.00	4.46	0.15	0.02	0.41
2008	1.31		0.00	4.46	0.15	0.02	0.41
2009	1.14		0.00	4.46	0.15	0.02	0.44
2010	1.14		0.00	4.48	0.15	0.02	0.44
2011	1.14		0.00	4.48	0.15	0.02	0.44
2012	1.14		0.00	4.48	0.15	0.02	0.44
2013	1.14		0.00	4.48	0.15	0.02	0.44
2014	1.14		0.00	4.48	0.15	0.02	0.44
2015	0.79	0.75	0.00	4.48	0.21	0.02	0.54
2016	0.79	0.34	0.00	4.48	0.21	0.02	0.54
2017	0.79	0.34	0.00	4.48			
2018	0.69	0.31	0.00	4.48			
2019	0.69	0.31	0.00	4.48			

주: (2000-2001년) 이듬해 3월 현재, (2002-2018년) 12월 현재, (2019년) 6월 현재.
출처: 사업보고서, 분기보고서.

4.4.2 4세대 구광모의 소유권 승계

지분 보유 23명 중 보다 많은 지분을 보유한 사람은 1/4가량인 6명(3세대 5명, 4세대 1명)이다. 3세대 5명은 구본무, 구본무의 남자 형제 3명(2남 구본능, 3남 구본준, 4남 구본식) 그리고 구본무의 아내(김영식)이며, 4세대 1명은 구본무의 장남 구광모이다. '주요 주주 6명' 중 3명이 구본무 일가 구성원이다 (3세대 구본무, 김영식; 4세대 구광모).

첫째, 3세대 중 구본무는 2001-2018년 사이 동일인이었으며, 2004년 이후 10-11%대의 가장 많은 지분을 보유하였다. 그다음이 구본준 7%대, 구본능 3-5%대, 구본식 4%대, 김영식 4%대 등의 순이다. 구본능의 지분은 동생 구본식의 지분보다 2013년까지는 많다가 (4-5%대) 2014년부터 적어졌다 (4-3%대). 김영식은 2002년부터 지분을 보유하였으며, 2004년 이후 구본식보다 약간 적은 지분을 유지하였다.

둘째, 4세대 구광모의 지분은 2000년 이후 지속적으로 증가하였다. 구본무의 양자가 되기 전인 2000-2003년에는 보유 지분이 1%미만(0.04-0.27%)으로 미미했는데, 입양 첫 해인 2004년(2.80%)에 10배 이상 급증하였다. 이후 2017년(6.24%)까지 거의 매년 조금씩 늘어나 3세대를 추월하기 시작하였으며, 2007년에는 어머니 김영식보다 (4.45% vs. 4.30%), 2008년에는 구본식보다 (4.58% vs. 4.46%), 그리고 2014년에는 친아버지 구본능보다 (5.94% vs. 4.03%) 많은 지분을 보유하게 되었다. 2014-2017년에는 구본무와 구본준에 이어 3위 주주였다(5.94-6.24% vs. 11-11.28%, 7.72%).

셋째, 2018년 5월 구본무는 세상을 떠났으며, 11월 그의 지분(11.28%)은 1남 구광모(8.76%), 1녀 구연경(2.01%), 2녀 구연수(0.51%) 등 세 자녀에게 상속되었다. 이에 따라 구광모의 지분은 6.24%에서 15%로 2배 이상 급증하여 1위 주주가 되었고 그룹동일인 신분 또한 물려받았다. 구광모는 구본무 서거 1개월 뒤인 6월에 ㈜LG의 대표이사회장 겸 그룹회장으로 취임하였으며, 5개월 뒤인 11월에 ㈜LG의 최대주주 겸 그룹동일인이 됨으로써 'LG그룹의 3세대에서 4세대로의 소유·경영권 승계'는 6개월 만에 마무리되었다.

한편, 지분 보유 23명 가족구성원 중 '주요 주주 6명'을 제외한 나머지 17명(2세대 1명, 3세대 5명, 4세대 11명)의 지분은 거의 대부분이 1%미만으로 미미하다.

3세대 중 2녀 구미정과 남편 최병민은 일정 기간 동안 각각 1%대, 1-2%대를 보유하였고, 4세대 중에서는 구연경(3세대 1남 구본무의 장녀)과 김선혜(3세대 1녀 구훤미의 장녀)가 2년 동안 각각 2%대, 1%대를 가졌다. 구연경은 2017년까지 1%미만(0.07-0.91%)을 보유했는데, 2018년 아버지 구본무로부터 2.01%를 상속받아 지분이 2017년 0.91%에서 2018년에는 2.92%로 3배 이상 늘어났다. 그 결과 4세대 12명 중에서는 구광모(15%)를 제외하고 유일하게 2% 이상을 보유하게 되었다.

2019년 6월 현재 지분 보유 가족구성원은 18명이며, 이들 중

1% 이상 보유 주주는 6명(3세대 4명, 4세대 2명)이다. 이전의 '주요 주주 6명' 중 구본무가 제외되고 대신 딸 구연경이 포함되었다. 4세대 구광모(15%)가 1위이고, 그다음이 3세대 구본준, 구본식, 김영식, 구본능(7.72%, 4.48%, 4.20%, 3.45%) 그리고 4세대 구연경(2.92%)이다.

5. LG그룹과 경영권 승계

5.1 친족 임원: (1) 5개 상장회사

1998-2019년 사이 주요 5개 상장회사(2019년 현재; ㈜LG, LG전자, LG화학, LG상사, LG디스플레이)의 경영에 참여한 가족구성원은 8개 일가 15명(2세대 2명, 3세대 12명, 4세대 1명)이다. 다른 주요 2개 상장회사(LG유플러스, LG생활건강)에는 친족 임원이 없다 (<표 2.8>, <표 2.9>).

15명 중 4명은 구본무 일가, 7명은 구씨 5개 일가(①②③④⑤), 4명은 허씨 2개 일가(ⓐⓑ) 구성원이다.

구본무 일가는 1998-2019년의 전 기간에 그리고 5개 회사 모두에 관련되어 있는 반면, 다른 두 부류의 일가는 2010년까지의 시기에 보다 짧은 기간 동안 각각 2개 회사씩 총 3개 회사에만 관여하였다. 15명 중 구본준이 5개 회사 모두에 관련되어 있고, 구본무와 구광모, 구자홍(③), 구본진(⑤), 허창수(ⓑ) 등 5명은

〈표 2.8〉 친족의 임원직 보유 연도: (1) 5개 상장회사, 1998-2019년

(1) 구본무 일가: 1998-2019년

		㈜LG	LG전자	LG화학	LG디스플레이	LG상사
[2세대]	구자경			07		
[3세대]	구본무	98-17*	98-02*			
	구본준	16-18	02,10-18*	16-18*	99-06*	07-09*
[4세대]	구광모	15-16, 18-19*	17			

(2) 기타 구씨 5개 일가: 1998-2010년

		㈜LG	LG전자	LG화학	LG디스플레이	LG상사
[2세대]	① 구자학		99,02-07			
	② 구자민		00-05			
	③ 구자홍		98-02*			98-02*
	④ 구자용		98-99			
[3세대]	⑤ 구본걸					04-05*
	구본순					04-05
	구본진		09-10			04-05

(3) 허씨 2개 일가: 1998-2004년

		㈜LG	LG전자	LG화학	LG디스플레이	LG상사
[3세대]	ⓐ 허동수	98-99*				
	ⓑ 허창수	98-04*	98-02*			
	허진수		98-99			
	허명수		98-01			

주: 1) (1998-2018년) 12월 또는 이듬해 3월 현재, (2019년) 6월 현재; * 등기임원 포함.
2) ①-⑤ = 구씨 5개 일가; ⓐⓑ = 허씨 2개 일가 (<표 2.10> 참조).
3) 2개 상장회사에는 친족 임원 없음: LG유플러스 (1999-2019년; 2010년 6월 LG텔레콤이 LG유플러스로 상호 변경), LG생활건강 (2001-2019년; 2001년 4월 LG화학에서 분할 신설).
출처: <표 2.9>.

〈표 2.9〉 친족 임원의 직책: (1) 5개 상장회사, 1998-2019년

(1) ㈜LG, 1998-2019년

[구본무 일가, 1998-2019년; 허씨 2개 일가, 1998-2004년]

	[3세대]		[4세대]	[3세대]	
	구본무	구본준	구광모	허동수	허창수
1998	대표이사회장			비상근이사	비상근이사
1999	대표이사회장			비상근이사	비상근이사
2000	대표이사회장				비상근이사
2001	대표이사회장				비상근이사
2002	대표이사회장				비상근이사
2003	대표이사회장				비상근이사
2004	대표이사회장				비상근이사
2005	대표이사회장				
2006	대표이사회장				
2007	대표이사회장				
2008	대표이사회장				
2009	대표이사회장				
2010	대표이사회장				
2011	대표이사회장				
2012	대표이사회장				
2013	대표이사회장				
2014	대표이사회장				
2015	대표이사회장		상무		
2016	대표이사회장	부회장	상무		
2017	대표이사회장	부회장			
2018		부회장	대표이사회장		
2019			대표이사회장		

(2) LG전자, 1998-2018년

[구본무 일가, 1998-2018년]

	[3세대]		[4세대]
	구본무	구본준	구광모
1998	대표이사회장		
1999	대표이사회장		

	[3세대]		[4세대]
	구본무	구본준	구광모
2000	대표이사회장		
2001	대표이사회장		
2002	대표이사회장	대표이사사장	
2003			
2004			
2005			
2006			
2007			
2008			
2009			
2010		부회장	
2011		대표이사부회장	
2012		대표이사부회장	
2013		대표이사부회장	
2014		대표이사부회장	
2015		대표이사부회장	
2016		등기부회장	
2017		등기부회장	상무
2018		등기부회장	

[기타 구씨 5개 일가, 1998-2010년]

	[2세대]				[3세대]
	구자학	구자민	구자홍	구자용	구본진
1998			대표이사부회장	상무	
1999	고문		대표이사부회장	상무	
2000		상무	대표이사부회장		
2001		상무	대표이사부회장		
2002	고문	상무	대표이사부회장		
2003	자문	상무			
2004	자문	상무			
2005	자문	자문			
2006	고문				
2007	자문				
2008					
2009					상무
2010					상무

[허씨 1개 일가, 1998-2002년]

	[3세대]		
	허창수	허진수	허명수
1998	비상근이사	전무	상무보
1999	비상근이사	전무	상무
2000	비상근이사		상무
2001	비상근이사		상무
2002	비상근이사		

(3) LG화학, LG디스플레이, 1999-2018년

[구본무 일가]

	LG화학		LG디스플레이
	[2세대]	[3세대]	[3세대]
	구자경	구본준	구본준
1999			대표이사사장
2000			대표이사사장
2001			대표이사사장
2002			대표이사사장
2003			대표이사사장
2004			대표이사부회장
2005			대표이사부회장
2006			대표이사부회장
2007	비상근고문		
2008			
2009			
2010			
2011			
2012			
2013			
2014			
2015			
2016		등기부회장	
2017		등기부회장	
2018		등기부회장	

(4) LG상사, 1998-2009년

[구본무 일가, 2007-2009년; 기타 구씨 2개 일가, 1998-2005년]

	[3세대]	[2세대]	[3세대]		
	구본준	구자홍	구본걸	구본순	구본진
1998		비상근이사			
1999		비상근이사			
2000		비상근이사			
2001		비상근이사			
2002		비상근이사			
2003					
2004			상근이사	집행임원	집행임원
2005			상근이사	집행임원	집행임원
2006					
2007	대표이사				
2008	대표이사				
2009	대표이사부회장				

주: 1) (1999-2018년) 12월 또는 이듬해 3월 현재, (2019년) 6월 현재.
2) ① ㈜LG: (1998-2000년) LG화학, (2001-2002년) ㈜LGCI, (2003-2019년) ㈜LG. ② LG화학: 2001년 4월 기존 LG화학에서 분할되어 신설됨.
3) ① LG전자: (1998-2001년) LG전자, (2002년) ㈜LGEI. ② LG전자: 2002년 4월 기존 LG전자에서 분할되어 신설됨.
4) LG상사: [구본걸 일가, LG패션] 2006년 11월 LG상사에서 분할 신설, 2007년 12월 LG그룹에서 분리, 2014년 3월 ㈜LF로 상호 변경; (1998-2003년) 등기임원 명단만 있음.
5) 구본준: LG전자 2017-2018년, LG화학 2016-2018년 = 기타비상무이사.
6) 등기부회장 = 비상근이사; 대표·상근·비상근 이사 = 등기임원; 부회장, 전무, 상무, 상무보, 고문, 자문, 비상근고문, 집행임원 = 미등기임원.
출처: 사업보고서, 반기보고서.

각각 2개 회사에 그리고 나머지 9명은 각각 1개 회사에 관련되어 있다.

첫째, 구본무 일가 구성원 중 임원 직책을 보유한 사람은 4명이며, 2세대 1명(구자경), 3세대 2명(구본무, 구본준) 그리고 4세대 1명(구광모)이다. 4명 중 구본준은 5개 회사 모두에, 구본무와 구광모는 각각 2개 회사에, 그리고 구자경은 1개 회사에 관여하였다.

회사별로 보면, ㈜LG와 LG전자에 3명씩, LG화학에 2명 그리고 LG상사와 LG디스플레이에 1명씩 관련되어 있다. 또 기간별로 보면, ㈜LG에 1998-2019년의 22년 전 기간에 관여하였고, 그다음이 LG전자 14년(1998-2002, 2010-2018년), LG디스플레이 8년(1999-2006년), LG화학 4년(2007, 2016-2018년), LG상사 3년(2007-2009년) 등의 순이다.

둘째, 다른 구씨 5개 일가는 1998-2010년의 13년 기간에 그리고 2개 회사에 관련되어 있다. 임원 직책 보유 구성원은 7명이며, 2세대 4명과 3세대 3명이다: (1) 2세대 - ① 구자학 (2세대 구자경의 둘째 동생 (6남4녀 중 3남)), ② 구자민 (LG그룹 창업주 1세대 구인회 둘째 동생 구정회(6남 중 3남)의 아들), ③ 구자홍 (1세대 구인회 셋째 동생 구태회(6남 중 4남)의 아들), ④ 구자용 (1세대 구인회 넷째 동생 구평회(6남 중 5남)의 아들); (2) 3세대 - ⑤ 구본걸, 구본순, 구본진 (2세대 구자경 첫째 동생 구자승(6남2녀 중 2남)의 아들).

LG전자에 5명이 13년 기간(1998-2010년)에 그리고 LG상사에 4명이 7년 기간(1998-2002, 2004-2005년)에 관여하였다. 또 7명 중 2세대 1명(구자홍)과 3세대 1명(구본진)은 2개 회사 모두에 그리고 나머지 5명은 1개 회사씩에 관여하였다. LG상사 관련 4명 중 3명은 3세대인 구본걸 3형제인데, 이들은 2006년 11월 LG상사에서 분할 신설된 LG패션(2014년 ㈜LF)을 가지고 2007년 12월 독립하였다.

셋째, 허씨 2개 일가는 1998-2004년의 7년 기간에 그리고 2개 회사에 관여하였다. 임원직 보유 구성원은 3세대 4명이다: ⓐ 허동수 (2세대 허정구(8남 중 1남)의 아들), ⓑ 허창수, 허진수, 허명수 (2세대 허정구 둘째 동생 허준구(8남 중 3남)의 아들; 허준구는 1세대 구인회 첫째 동생 구철회(6남 중 2남)의 사위).

㈜LG에 2명이 7년 기간(1998-2004년)에 그리고 LG전자에 3명이 5년 기간(1998-2002년)에 관련되어 있다. 또 4명 중 1명(허창수)은 2개 회사 모두에 그리고 나머지 3명은 1개 회사씩에 관여하였으며, LG전자 관련 3명은 허창수 3형제이다.

5.2 친족 임원: (2) 그룹에서 분리된 5개 회사

5개 상장회사의 경영에 참여한 구본무 일가, 구씨 5개 일가 중 3개 일가(③④⑤) 및 허씨 2개 일가(ⓐⓑ), 그리고 다른 1개 구씨 일가(⑥) 등 7개 일가는 2004년까지 LG그룹에서 계열 분리된 5개 회사(LG화재해상보험, LG전선, GS홀딩스, LG건설, LG칼텍스정유)의 경영에도 관여하였다 (<표 2.10>, <표 2.11>).

총 인원은 12명이며, 2세대 6명과 3세대 6명이다. 이들 중 허창수(ⓑ)가 4개 회사에 그리고 허동수(ⓐ)가 2개 회사에 관련되어 있으며, 나머지 10명은 각각 1개 회사에만 관련되어 있다.

〈표 2.10〉 친족의 임원직 보유 연도:
(2) 그룹에서 분리된 5개 회사, 1998-2004년

(1) 구본무 일가: 1999-2003년

		LG화재 해상보험	LG전선	GS홀딩스	LG건설	LG칼텍스 정유
[3세대]	구본무					99-03*

(2) 기타 구씨 4개 일가: 1998-2003년

		LG화재 해상보험	LG전선	GS홀딩스	LG건설	LG칼텍스 정유
[2세대]	③ 구자홍		98*			
	구자엽				98-00*	
	구자명		03*			
	④ 구자열		02-03*			
	⑥ 구자원	99*				
	구자훈	98-99*				
[3세대]	⑤ 구본순				99-00	

(3) 허씨 2개 일가: 1998-2004년

		LG화재 해상보험	LG전선	GS홀딩스	LG건설	LG칼텍스 정유
[3세대]	ⓐ 허동수			04*		99-03*
	ⓑ 허창수		98-01*	04*	01-04*	99-03*
	허진수					01-03*
	허명수				01-04*	

주: 1) 12월 또는 이듬해 3월 현재; * 등기임원 포함.
2) ③-⑥ = 구씨 4개 일가, [④] 구자열은 구자용의 형; ⓐⓑ = 허씨 2개 일가 (<표 2.8> 참조).
출처: <표 2.11>.

〈표 2.11〉 친족 임원의 직책:
(2) 그룹에서 분리된 5개 회사, 1998-2004년

(1) LG화재해상보험, LG전선, 1998-2003년

[기타 구씨 일가, 1998-2003년; 허씨 일가, 1998-2001년]

	LG화재해상보험		LG전선			
	[2세대]		[2세대]			[3세대]
	구자원	구자훈	구자홍	구자명	구자열	허창수
1998		상근이사 사장	비상근 이사			대표이사 회장
1999	상근이사 회장	대표이사 사장				대표이사 회장
2000						대표이사 회장
2001						대표이사 회장
2002					대표이사	
2003				비상근 이사	대표이사	

(2) GS홀딩스, LG건설, 1998-2004년

[기타 구씨 일가, 1998-2000년; 허씨 일가, 2001-2004년]

	GS홀딩스		LG건설			
	[3세대]		[2세대]	[3세대]	[3세대]	
	허동수	허창수	구자엽	구본순	허창수	허명수
1998			상근이사 부사장			
1999			대표이사 부사장	상무보		
2000			대표이사 부사장	상무		
2001					대표이사 회장	상무
2002					대표이사 회장	상근이사 부사장
2003					대표이사 회장	상근이사 부사장
2004	비상근 이사	대표이사 회장			대표이사 회장	상근이사

(3) LG칼텍스정유, 1999-2003년

[구본무 일가, 1999-2003년; 허씨 일가, 1999-2003년]

	[3세대]	[3세대]		
	구본무	허동수	허창수	허진수
1999	비상근이사회장	대표이사부회장	비상근이사	
2000	비상근이사회장	대표이사부회장	비상근이사	
2001	비상근이사회장	대표이사	비상근이사	상근이사부사장
2002	비상근이사	대표이사회장	비상근이사	상근이사부사장
2003	비상근이사	대표이사회장	비상근이사	상근이사부사장

주: 1) 12월 또는 이듬해 3월 현재.
2) 대표·상근·비상근 이사 = 등기임원; 상무, 상무보 = 미등기임원.
3) LG화재해상보험: [구자원 일가] 1999년 11월 LG그룹에서 분리; 2006년 4월 LIG손해보험으로 상호 변경; 2015년 6월 KB손해보험으로 상호 변경, 최대주주 변경 (구자원 → KB금융지주).
4) LG전선: [구자홍·구자열 일가] 2003년 11월 LG그룹에서 분리; 2004년 4월 LG전선그룹 출범, 2005년 3월 LS그룹으로 그룹명 변경; 2005년 3월 LG전선이 LS전선으로 상호 변경, 2008년 7월 ㈜LS로 상호 변경.
5) GS홀딩스: [허창수·허동수 일가] 2004년 7월 설립, 2005년 1월 LG그룹에서 분리; 2005년 4월 GS그룹 출범, 2009년 3월 ㈜GS로 상호 변경.
6) LG건설: [허창수·허동수 일가] 2005년 1월 LG그룹에서 분리; 2005년 3월 GS건설로 상호 변경, 2005년 4월 GS그룹 출범.
7) LG칼텍스정유: [허창수·허동수 일가] 2005년 1월 LG그룹에서 분리; 2005년 3월 GS칼텍스로 상호 변경, 2005년 4월 GS그룹 출범; 2004-2007년 사업보고서 없음.
출처: 사업보고서.

전체 12명 중 5개 일가 7명(3세대 구본무; ③ 2세대 구자홍; ⑤ 3세대 구본순; ⓐ 3세대 허동수; ⓑ 3세대 허창수, 허진수, 허명수)은 위에서 언급한 5개 상장회사 중 1-2개에도 관여하였다.

첫째, 2세대 구자원과 구자훈(⑥; 1세대 구인회 첫째 동생 구철회(6남 중 2남)의 아들)은 1998-1999년 LG화재해상보험(2006년 LIG손해보험, 2015년 KB손해보험)에 관여하였으며, 이 회사는 1999년 11월 1세대 구철회 일가 몫으로 계열 분리되었다.

둘째, 2세대 구자홍과 구자명(③; 1세대 구인회 셋째 동생 구태회(6남 중 4남)의 아들) 그리고 2세대 구자열(④; 구인회 넷째 동생 구평회(6남 중 5남)의 아들)은 1998년과 2002-2003년에 LG전선(2005년 LS전선, 2008년 ㈜LS)에 관여하였으며, 이 회사는 2003년 11월 1세대 구태회·구평회 및 구두회(1세대 구인회의 다섯째 동생(6남 중 6남)) 3개 일가 몫으로 분리되었고 2004년 4월 LG전선그룹(2005년 LS그룹)으로 출범하였다.

셋째, 3세대 허동수(ⓐ; 2세대 허정구(8남 중 1남)의 아들) 및 3세대 허창수, 허진수, 허명수(ⓑ; 2세대 허정구 둘째 동생 허준구(8남 중 3남)의 아들)는 1999-2004년에 3개 회사에 관여하였다: (1) 2004년 GS홀딩스 (2004년 7월 ㈜LG에서 분할 신설, 2009년 ㈜GS); (2) 2002-2004년 LG건설 (2005년 GS건설); (3) 1999-2003년 LG칼텍스정유 (2005년 GS칼텍스).

이들 회사는 2005년 1월 허씨 일가 몫으로 분리되어 같은 해 4월 GS그룹으로 출범하였다. 관련 허씨 일가는 2세대 허정구의 8명 형제 중 1명(2남 허학구)을 제외한 7명 일가이며, 이들 중 중심은 2세대 허준구(3남) 및 3세대 허창수(허준구의 5명 아들 중 1남) 일가이다.

한편, 3세대 허창수(ⓑ; 1998-2001년)는 LG전선에도 관여하였으며, 2세대 구자엽(③; 2세대 구자홍의 동생; 1998-2000년)과 3세대 구본순(⑤; 2세대 구자경 첫째 동생 구자승의 아들; 1999-2000년)은 LG건설에, 그리고 구본무(1999-2003년)는 LG칼텍스정유에 관여하였다.

5.3 구본무 일가 임원 및 4세대 구광모의 경영권 승계

주요 5개 상장회사의 임원직을 보유한 적이 있는 구본무 일가 구성원은 2세대 구자경, 3세대 구본무와 구본준, 4세대 구광모 등 4명이다 (<표 2.12>; <표 2.8> 참조).

구자경을 제외한 3명은 지주회사 ㈜LG의 지분 보유 가족구성원 23명 중 '주요 주주 6명'에 포함된 대주주들이다. 다른 주요 주주인 3세대 3명(구본무의 남동생 구본능과 구본식, 구본무의 아내 김영식), 그리고 4세대 중 구광모 다음으로 지분이 많으면서 구광모와 동갑(1978년 생)인 여자 형제 구연경은 경영에 관여하지 않았다.

첫째, 2세대 구자경은 1995년 장남 구본무에게 그룹회장직을 물려준 후 경영에는 관여하지 않았는데, 2007년 LG화학의 비상근고문직을 잠깐 가진 적이 있었다.

둘째, 3세대 구본무는 2017년까지 지주회사 ㈜LG(1998-2000년 LG화학, 2001-2002년 ㈜LGCI)의 대표이사회장 겸 그룹회장이었다. 1998-2002년에는 LG전자의 대표이사회장직도 가지고 있었는데, 2003년 통합지주회사 ㈜LG가 출범하면서 지주회사에만 전념하였다.

구본무의 둘째 남동생 구본준은 경영 참여가 가장 활발해 5개 회사 모두에 관여하였다. LG디스플레이(대표이사 사장·부회장, 1999-2006년)와 LG상사(대표이사 및 대표이사부회장, 2007-2009년)를 거쳐 2010년부터는 LG전자의 경영에 전념하

〈표 2.12〉 구본무 일가 임원: 5개 상장회사, 1998-2019년

(1) ㈜LG, 1998-2019년

	[3세대]		[4세대]
	구본무	구본준	구광모
1998	대표이사회장		
1999	대표이사회장		
2000	대표이사회장		
2001	대표이사회장		
2002	대표이사회장		
2003	대표이사회장		
2004	대표이사회장		
2005	대표이사회장		
2006	대표이사회장		
2007	대표이사회장		
2008	대표이사회장		
2009	대표이사회장		
2010	대표이사회장		
2011	대표이사회장		
2012	대표이사회장		
2013	대표이사회장		
2014	대표이사회장		
2015	대표이사회장		상무
2016	대표이사회장	부회장	상무
2017	대표이사회장	부회장	
2018		부회장	대표이사회장
2019			대표이사회장

(2) LG전자, 1998–2018년

	[3세대]		[4세대]
	구본무	구본준	구광모
1998	대표이사회장		
1999	대표이사회장		
2000	대표이사회장		
2001	대표이사회장		
2002	대표이사회장		
2003			
2004			
2005			
2006			
2007			
2008			
2009			
2010		부회장	
2011		대표이사부회장	
2012		대표이사부회장	
2013		대표이사부회장	
2014		대표이사부회장	
2015		대표이사부회장	
2016		등기부회장	
2017		등기부회장	상무
2018		등기부회장	

(3) LG화학, LG디스플레이, LG상사, 1999-2018년

	LG화학	LG디스플레이	LG상사
	[3세대] 구본준	[3세대] 구본준	[3세대] 구본준
1999		대표이사사장	
2000		대표이사사장	
2001		대표이사사장	
2002		대표이사사장	
2003		대표이사사장	
2004		대표이사부회장	
2005		대표이사부회장	
2006		대표이사부회장	
2007			대표이사
2008			대표이사
2009			대표이사부회장
2010			
2011			
2012			
2013			
2014			
2015			
2016	등기부회장		
2017	등기부회장		
2018	등기부회장		

주: 1) (1999-2018년) 12월 또는 이듬해 3월 현재, (2019년) 6월 현재.
2) ① ㈜LG: (1998-2000년) LG화학, (2001-2002년) ㈜LGCI, (2003-2019년) ㈜LG. ② LG화학: 2001년 4월 기존 LG화학에서 분할되어 신설됨.
3) ① LG전자: (1998-2001년) LG전자, (2002년) ㈜LGEI. ② LG전자: 2002년 4월 기존 LG전자에서 분할되어 신설됨.
4) 등기부회장 = 비상근이사; 대표·비상근 이사 = 등기임원; 부회장, 상무 = 미등기임원.
5) 구광모: ㈜LG 시너지팀 임원 (2015년 3월 – 2016년 12월), 경영전략팀 임원 (2017년 3-9월); LG전자 ID사업부장 (2017년 12월 – 2018년 3월); 월(月)은 사업·분기보고서 마지막 월 기준.
6) 구본준: LG전자 2017-2018년, LG화학 2016-2018년 = 기타비상무이사; 2019년 3월 퇴임.
7) 2세대 구자경: LG화학 비상근고문 (2007년).
출처: 사업보고서, 분기보고서; <표 2.9>.

였다 (대표이사부회장, 미등기·등기 부회장).

2016-2018년의 3년 동안에는 LG전자(등기부회장) 뿐 아니라 LG화학(등기부회장)과 ㈜LG(미등기부회장)의 경영에도 동시에 관여하였다. 2018년 6월 구광모가 그룹회장에 취임하면서 구본준은 2019년 초에 3개 회사 임원직을 모두 내놓고 LG그룹 경영에서 물러났다.

셋째, 4세대 구광모(1978년 생)는 2015년 37세의 나이에 ㈜LG 상무가 되면서 처음으로 경영자의 길로 들어섰다. 2016년까지 2년 동안 ㈜LG에서 시너지팀과 경영전략팀 임원으로 일했으며, 2017년 LG전자 상무(ID사업부장)로 자리를 옮겼다.

2018년 5월 구본무가 세상을 떠난 후 1개월이 지난 6월에 상무 경력 3년차인 40세 구광모는 ㈜LG의 대표이사회장 겸 그룹회장에 취임하여 4세대 경영권을 계승하였다. 이어 5개월 뒤인 11월에는 구본무의 지분 대부분을 상속받아 ㈜LG의 최대주주(15%) 겸 그룹동일인 신분을 물려받음으로써 소유권 또한 계승하였다.

한편, 구본무 일가 외에 기타 구씨 5개 일가와 허씨 2개 일가 구성원 11명(2세대 4명, 3세대 7명)도 5개 상장회사 중 3개(㈜LG, LG전자, LG상사)의 경영에 관여하였는데, 관여 기간은 1998-2010년 사이에 2-6년씩으로 짧았고 관여 정도 또한 대체로 크지 않았다 (<표 2.8>, <표 2.9> 참조).

11명 중 4명(2세대 1명, 3세대 3명)이 등기임원이었다. 2세대 구자홍은 대표이사 (LG전자 1998-2002년), 구본걸은 상임이사

(LG상사 2004-2005년), 그리고 허동수와 허창수는 비상임이사였다 (㈜LG 1998-1999년; ㈜LG 1998-2004년, LG전자 1998-2002년). 특히 허창수는 2005년 1월 LG그룹을 떠나기 직전까지 주력회사 ㈜LG의 경영에 관여하면서 허씨 일가의 이익을 대변하였다. 11명 중 나머지 7명(2세대 3명, 3세대 4명)은 전무 이하의 낮은 미등기임원 직책을 가졌다.

6. 맺음말

3세대 구본무 일가의 소유권은 2001년 지주회사 ㈜LGCI에서 확보된 이후 2003년 이후의 통합지주회사 ㈜LG에서 더욱 강화되었다. 2000-2019년 사이 매년 18-22명씩 총 23명이 ㈜LG 지분을 보유하였다. 2세대 1명, 3세대 10명, 4세대 12명이다.

구본무의 4남2녀 형제·자매 일가 중 장남 구본무 일가(18-22%대)가 남동생 3명(4-8%대) 및 여동생 2명(1-4%대) 일가보다 많은 지분을 보유하였으며, 23명 중 주요 주주는 6명으로 3세대 5명(구본무, 구본무의 남동생 구본능·구본준·구본식, 구본무의 아내 김영식)과 4세대 1명(구본무의 장남 구광모)이다. 3세대 구본무(10%내외)는 2001-2018년 사이 그룹동일인으로서 가장 많은 지분을 보유하였다.

4세대 구광모는 2004년 구본무의 양자로 입양된 이후 2017년까지(2-6%대) 보유 지분을 지속적으로 늘렸으며, 2018년 5월 세상을 떠난 구본무 지분의 대부분을 11월에 상속받아 ㈜LG의 최대주주(15%) 및 그룹동일인이 되었다.

경영에는 ㈜LG 지분 보유 23명 가족구성원 중 4명이 관여하였다. 2세대 1명(구자경), 3세대 2명(구본무, 구본준), 4세대 1명(구광모)이다.

이들 4명은 1998-2019년 사이 주요 5개 상장회사(㈜LG, LG화학, LG전자, LG디스플레이, LG상사)의 임원이었다. 구본무는 지주회사 ㈜LG에 집중하였고, 동생 구본준은 2018년까지 5개 회사 모두에 관여하였다.

4세대 구광모는 2015년 처음 임원이 된 이후 2017년까지 ㈜LG(2015-2016년)와 LG전자(2017년)의 상무로 일했으며, 2018년 5월 구본무 서거 후 1개월이 지난 6월에 ㈜LG 대표이사회장과 그룹회장 신분을 물려받았다.

4세대 구광모는 경영권(2018년 6월)과 소유권(2018년 11월)을 5개월의 짧은 기간에 계승하였다. 진행 과정은 다음과 같다: 구본무 양자로 입양 (2004년) → 지주회사 ㈜LG 3위 주주(2014-2017년) → ㈜LG 및 LG전자 상무 (2015-2017년) → ㈜LG 대표이사회장 겸 그룹회장 취임 (2018년 5월) → ㈜LG 최대주주 겸 그룹동일인 신분 계승 (2018년 11월).

제3부

두산그룹과 4세대 박정원의 소유 · 경영 승계

1. 머리말

두산그룹(2019년 현재 15위 대규모기업집단)의 지주회사 ㈜두산의 최대주주 지위가 2019년 7월 3세대 박용곤에서 그의 장남인 4세대 박정원으로 공식 변경되었다. 3월 세상을 떠난 박용곤의 지분 상속이 7월 마무리되면서였다.

박정원은 2007년부터 이미 실질적인 최대주주였으며, 2019년 공식적인 최대주주가 되면서 12년 만에 소유권 승계를 완료하였다. 박정원은 2000년 ㈜두산의 경영에 참여하기 시작하였으며, 2016년 대표이사회장 겸 그룹회장으로 승진하여 16년 만에 경영권 승계를 먼저 마무리하였다.

즉, 두산그룹 4세대의 소유·경영권 승계는 '2000년 경영권 승계 시작 → 2007년 소유권 승계 1차 완료 → 2016년 경영권 승계 완료 → 2019년 소유권 승계 최종 완료' 등 4단계로 진행되었다.

소유에서는 2019년까지 박용곤 일가 구성원 34명이 ㈜두산의 지분을 보유하였다. 3세대 7명, 4세대 14명, 5세대 13명이며, 이들 중 보다 많은 지분을 보유한 주요 주주는 14명(3세대 4명, 4세대 10명)이다.

경영에는 '주요 주주 14명'이 모두 관여하였다. 3세대 4명(박용곤, 박용성, 박용현, 박용만)과 이들의 자녀 각각 3명, 2명, 3명, 2명이다. 3세대 4명의 자녀는 10명(남자 8명, 여자 2명)인데, 이들 4세대 10명은 모두 주요 주주이면서 경영에도 참여하였다.

제2장에서는 1987-2019년 사이의 두산그룹 성장 과정을 살펴보며, 제3장에서는 2019년 6월 현재의 소유·경영구조를 소개한다. 이어 제4장과 제5장에서, 2000년 이후 2019년까지 20년 동안 진행된 가족구성원들의 지분 및 임원직 보유 추이 그리고 4세대로의 소유권 및 경영권 승계 과정을 분석한다. 제6장에서는 앞의 논의를 정리한다.

2. 두산그룹의 성장

두산그룹은 2019년 5월 현재 자산총액 기준 15위의 대규모기업집단이다. 동일인은 박정원, 계열회사는 23개, 자산총액은 28.5조 원이다 (<표 3.1>).

두산그룹은 1896년 설립된 박승직상점에서 시작되었으며 한국에서 가장 오래된 역사를 가지고 있다. 2019년은 창립 123년이 되는 해이다. 1987년 대규모기업집단지정제도가 도입된 이후 2019년까지 33년 동안 줄곧 대규모집단으로 지정되었다.

그룹동일인은 2019년 초까지 3세대 박용곤이었다. 2019년 3월 그가 세상을 떠나면서, 4세대 박정원이 5월 공정거래위원회에 의해 새 동일인으로 공식 지정되었고 7월 지분 상속이 마무리되면서 실질적인 동일인이 되었다. 1세대는 창업주 박승직(소유주 또는 동일인 신분 보유 기간 1896-1950년), 2세대는 박두병 (1951-1973년), 3세대는 박용곤(1973-2019년)이다.

1987년 이후 두산그룹 관련 주요 5개 지표의 변화 과정은 다음과 같다.

첫째, 집단 순위는 11-15위인 가운데 12-13위가 대다수였다. 2001년의 11위가 가장 높은 순위였으며, 2002-2018년에 12-13위이다가 2019년 들어 15위로 낮아졌다.

둘째, 순위의 기준인 자산총액(대규모집단 지정 이전 연도 12월 현재)은 1.1-33.1조 원 사이에서 증가 후 감소 추세를 보였다. 2005년까지는 1개 연도(2001년 11.2조 원)를 제외하고 10

조 원 미만(1.1-9.7조 원) 수준에서 증가 추세를 이어갔다. 2006-2008년 10조 원대 그리고 2009-2013년 20조 원대였으며, 2014년 30조 원이 된 이후 2015년에 33.1조 원으로 최고치를 기록하였다. 이후 다소 줄어들어 2019년에는 30조 원 미만(28.5조 원)이 되었다.

셋째, 계열회사는 14-29개인 가운데 20-25개가 대다수를 차지하였다. 20개 이상(21-27개)이던 계열회사는 1998년 23개에서 1999년에는 14개로 급감하였는데, 이 때 주력회사인 오비맥주가 8개 계열회사를 합병하고 상호를 ㈜두산으로 변경하였다. 2003년에 다시 20개 이상(22개)이 되었으며, 이후에는 2개 연도(2005-2006년, 18개)를 제외하고 20개 이상 수준(20-29개)이 유지되었다. 최고치는 2010년의 29개였다.

넷째, 매출액은 1.2-20.6조 원 사이에서 증가 후 감소하였다. 2005년까지 10조 원 미만(1.2-7.2조 원)이었으며, 2006년 이후에는 2개 연도(2012-2013년, 20조 원)를 제외하고 10조 원대였다. 2006년 11.5조 원에서 2012년에는 20.6조 원으로 최고치를 기록하였으며, 이후 감소세를 돌아서 2019년 현재에는 1/3 이상 줄어든 12.6조 원이다.

그리고 다섯째, 당기순이익은 33년의 전 기간 중 2/5 이상인 14년에서 '마이너스'였다. 1994-2003년의 10년 중 2개 연도(1998, 2000년)를 제외한 8년 그리고 2009-2019년의 11년 중 6년(2009-2010, 2013, 2016-2017, 2019년)이 이에 해당한다. 특히 2016년에는 당기순손실 규모가 1조 6,070억 원에 달하였다.

〈표 3.1〉 두산그룹의 성장, 1987-2019년:
순위, 계열회사, 자산총액, 매출액, 당기순이익

연도	순위 (위)	계열회사 (개)	자산총액 (조 원)	매출액 (조 원)	당기순이익 (10억 원)
1987	14	21	1.1	1.4	16
1988	15	22	1.2	1.2	29
1989	15	21	1.4	1.4	23
1990	14	23	1.8	1.7	16
1991	14	23	2.3	2.1	22
1992	13	24	3.1	3.3	18
1993	13	25	3.6	-	-
1994	13	24	4.1	3.0	-35
1995	12	27	4.8	3.7	-74
1996	12	26	5.8	4.1	-174
1997	14	25	6.4	4.0	-108
1998	14	23	6.6	3.7	59
1999	13	14	6.7	2.4	-85
2000	12	16	7.6	3.7	591
2001	11	18	11.2	6.3	-55
2002	12	18	9.0	6.0	-11
2003	13	22	8.5	6.9	-439
2004	12	22	9.2	6.6	54
2005	13	18	9.7	7.2	163
2006	12	18	13.7	11.5	384
2007	13	20	14.4	13.0	346
2008	13	21	17.0	14.3	811
2009	12	26	27.3	17.2	-549
2010	12	29	26.8	17.2	-564
2011	12	25	27.0	18.7	749
2012	12	24	29.9	20.6	753
2013	13	25	29.4	20.0	-755
2014	13	22	30.0	16.6	585
2015	13	22	33.1	16.0	60
2016	12	25	32.4	14.3	-1,607
2017	13	26	30.4	12.0	-33
2018	13	26	30.5	12.7	123
2019	15	23	28.5	12.6	-897

주: 1) 1987-2016년 4월, 2017년 9월, 2018-2019년 5월 지정.
2) 순위: 공정거래법상 대규모기업집단 중에서의 순위; 2002-2016년의 경우, 공기업집단을 제외한 사기업집단 중에서의 순위.
3) 매출액, 당기순이익: 1993년 자료 없음.
출처: 공정거래위원회.

3. 두산그룹의 소유 · 경영구조, 2019년 6월

2019년 6월 현재 두산그룹의 계열회사는 24개(상장회사 6개, 비상장회사 18개)이다. ㈜두산은 실질적인 지주회사이고, 비상장회사 2개를 제외한 21개는 ㈜두산의 계열회사이며, ㈜두산의 소유권과 경영권은 박정원 일가가 가지고 있다. 즉 '박정원 일가 → 지주회사 ㈜두산 → 21개 계열회사'의 지배구조이다 (<표 3.2>).

첫째, ㈜두산에 대한 친족 및 특수관계인 지분은 47.24%이다. 지분 보유 가족구성원은 27명(43.62%)이며, 최대주주 겸 그룹 동일인인 4세대 박정원이 가장 많은 7.41%를 그리고 26명 친족이 36.21%를 가지고 있다. 특수관계인은 2개 비영리법인(두산연강재단, 동대문미래재단)과 2명 임원이며, 각각 3.61%, 0.01%를 보유하고 있다.

둘째, ㈜두산의 경영에는 가족구성원 5명(3세대 1명, 4세대 4명)이 참여하고 있다. 4세대 박정원이 대표이사회장 겸 그룹회장이며, 2명 전문경영인(대표이사 부회장·부사장) 및 4명 사외이사와 함께 이사회를 구성하고 있다. 다른 4명 가족구성원은 미등기임원이다. 3세대 박용만(회장) 그리고 4세대 박지원(3세대 박용곤 2남 (박정원 동생); 부회장), 박석원(3세대 박용성 2남; 부사장), 박서원(3세대 박용만 1남; 전무)이다.

셋째, ㈜두산의 21개 계열회사는 자회사 10개, 손자회사 8개, 증손회사 3개이다.

〈표 3.2〉 두산그룹의 소유 · 경영구조, 2019년 6월

(1) 개관

그룹	[그룹 동일인 및 그룹회장] 박정원
	[계열회사] 24개: 상장회사 6개(*) + 비상장회사 18개
	· 지주회사체제 22개: ㈜두산 + 21개 ㈜두산 (실질적인 지주회사) → 자회사 10개 → 손자회사 8개 → 증손회사 3개 · 기타 2개
㈜두산	[친족 및 특수관계인 지분] 47.24%
	· 친족 43.62%: 박정원 7.41% (최대주주; 그룹 동일인) 기타 친족 36.21% (26명) · 특수관계인 3.62%: 비영리법인 3.61%, 임원 0.01%
	[등기임원] 7명
	· 친족 1명: 박정원 (대표이사회장; 그룹회장) · 비친족 6명: 전문경영인 2명 (대표이사부회장, 대표이사부사장), 사외이사 4명
	[미등기임원]
	· 친족 4명: 박용만 (회장), 박지원 (부회장), 박석원 (부사장), 박서원 (전무)
	[사업부문] 3BG, 1BU
	· 전자BG: 동박적층판 등 제조 · 모트롤BG: 유압기기 등 제조 · 산업차량BG: 지게차 제조 · 디지털이노베이션BU: IT 시스템 개발/운영 서비스 등

(2) ㈜두산(*) 계열회사: 21개 (%)

<table>
<tr><td rowspan="4">자회사
[10개]</td><td colspan="2">두산중공업 (* 32.30), 오리콤 (* 63.41), 네오플럭스 (96.77),</td></tr>
<tr><td colspan="2">두산로보틱스 (100), 두산로지스틱스솔루션 (100),</td></tr>
<tr><td colspan="2">두산모빌리티이노베이션 (100), 두산메카텍 (100), 두산베어스 (100),</td></tr>
<tr><td colspan="2">디비씨 (46), 디엘아이 (41.91)</td></tr>
<tr><td rowspan="6">손자회사
[8개]</td><td rowspan="2">[두산중공업: 4개]</td><td>두산건설 (* 88.89), 두산인프라코어 (* 36.27),</td></tr>
<tr><td>두산큐벡스 (32.07), 오성파워오엔엠 (100)</td></tr>
<tr><td>[오리콤: 1개]</td><td>한컴 (100)</td></tr>
<tr><td rowspan="3">[네오플럭스: 3개]</td><td>네오플럭스제1호사모투자전문회사 (15),</td></tr>
<tr><td>케이티씨엔피그로쓰챔프2011의2호사모투자전문회사 (5.56),</td></tr>
<tr><td>네오플럭스제3호사모투자합자회사 (10)</td></tr>
<tr><td rowspan="2">증손회사
[3개]</td><td>[두산건설: 2개]</td><td>네오트랜스 (42.86), 밸류웍스 (60.90)</td></tr>
<tr><td>[두산인프라코어: 1개]</td><td>두산밥캣 (* 51.05)</td></tr>
</table>

(3) 기타 계열회사: 2개 (%)

[두산중공업: 1개] (DHF (100) →) 두산에이치에프컨트롤스아시아 (100)
[두산밥캣: 1개] (DBS (100) →) 두산밥캣코리아 (100)

주: 1) 친족 및 특수관계인 지분은 '보통주' 기준, 계열회사 지분은 '보통주 + 우선주' 기준.
2) 특수관계인: 비영리법인 2개 3.61% (두산연강재단 3.09%, 동대문미래재단 0.52%), 임원 2명 0.01%.
3) 괄호 안의 숫자 (%): 지배회사의 보유 지분; [자회사 10개] 지주회사 ㈜두산의 보유 지분, [손자회사 8개] 밑줄 친 자회사 3개의 보유 지분, [증손회사 3개] 밑줄 친 손자회사 2개의 보유 지분.
4) DHF = Doosan HF Controls Corporation (미국 자회사); DBS = Doosan Bobcat Singapore Pte. Ltd (싱가포르 자회사).

출처: ㈜두산 반기보고서, <표 3.3>.

자회사 10개 중 3개가 각각 1-4개씩의 손자회사를 그리고 손자회사 8개 중 2개가 각각 1-2개씩의 증손회사를 거느리고 있다. 즉 '지주회사 ㈜두산 → 10개 자회사 [손자회사 보유 3개 + 기타 7개] → 8개 손자회사 [증손회사 보유 2개 + 기타 6개] → 3개 증손회사'의 구조이다.

자회사 중 두산중공업은 중간지주회사의 역할을 하고 있다. ㈜두산 계열회사 21개 중 8개가 두산중공업 및 계열회사(손자회사 4개 + 증손회사 3개)이다. 또 ㈜두산의 공식적인 계열회사가 아닌 '기타 2개 회사'도 두산중공업의 지배를 받고 있다. 이를 감안하면 두산그룹의 지배구조는 다음과 같다: '㈜두산 → 10개 자회사 [두산중공업 + 기타 9개] → 8개 손자회사 [두산중공업 계열 4개 + 기타 4개] → 3개 증손회사 [두산중공업 계열] + 기타 2개 회사 [두산중공업 계열]'.

한편, 두산그룹의 소유구조는 공정거래위원회가 2012년부터 발표하는 소유지분도를 통해 확인할 수 있다 (<그림 3.1>, <그림 3.2>). <그림 3.2>는2019년 5월 현재이며, 2019년 6월 반기보고서 기준의 <표 3.2> 내용과는 다소 차이가 있다.

2014년 4월 현재에는 22개 그룹 계열회사 중 6개를 제외한 16개(음영 부분)가 '공정거래법상 지주회사 ㈜두산' 및 계열회사였다. 이에 비해, 5년이 지난 2019년 5월 현재에는 그룹 계열회사 23개 전부가 '실질적인 지주회사 ㈜두산' 및 계열회사이다. ㈜두산의 지주회사로서의 지위가 보다 확실해졌으며, 두산중공업 산하 계열회사도 6개에서 9개로 늘어났다.

〈그림 3.1〉 두산그룹 소유지분도, 2014년 4월

(출처: 공정거래위원회)

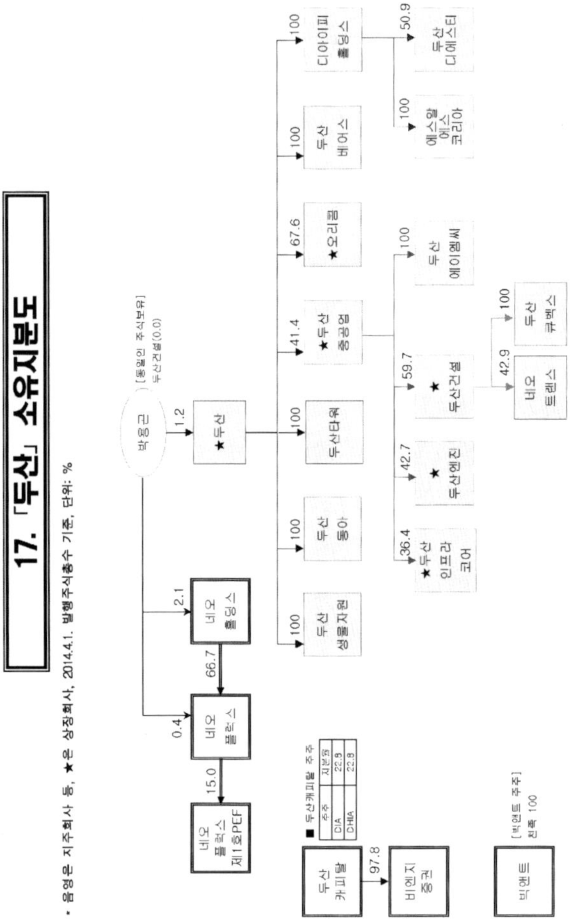

17. 「두산」 소유지분도

* 음영은 지주회사 등, ★은 상장회사, 2014.4.1. 발행주식총수 기준, 단위: %

박용곤 [동일인 주식보유] 두산건설(0.0)

박용곤 → 1.2 ★두산
박용곤 → 2.1 네오홀딩스
박용곤 → 0.4 네오플럭스
네오홀딩스 → 66.7 네오플럭스
네오플럭스 → 15.0 네오플럭스 제1호PEF

★두산 → 100 두산생물자원
★두산 → 100 두산동아
★두산 → 100 두산타워
★두산 → 41.4 ★두산중공업
★두산 → 67.6 ★오리콤
★두산 → 100 두산베어스
★두산 → 100 디아이피홀딩스

★두산중공업 → 36.4 ★두산인프라코어
★두산중공업 → 42.7 ★두산엔진
★두산중공업 → 59.7 ★두산건설
★두산중공업 → 100 두산에이치에스
★두산건설 → 42.9 네오트랜스
★두산건설 → 100 두산큐벡스

디아이피홀딩스 → 100 에스알에스코리아
디아이피홀딩스 → 50.9 두산디에스티

두산캐피탈 → 97.8 비엔지증권

■ 두산캐피탈 주주

주주	지분율
DIA	22.9
DHIA	22.8

비엔트 [비엔트 주주] 친족 100

〈그림 3.2〉 두산그룹 소유지분도, 2019년 5월
(출처: 공정거래위원회)

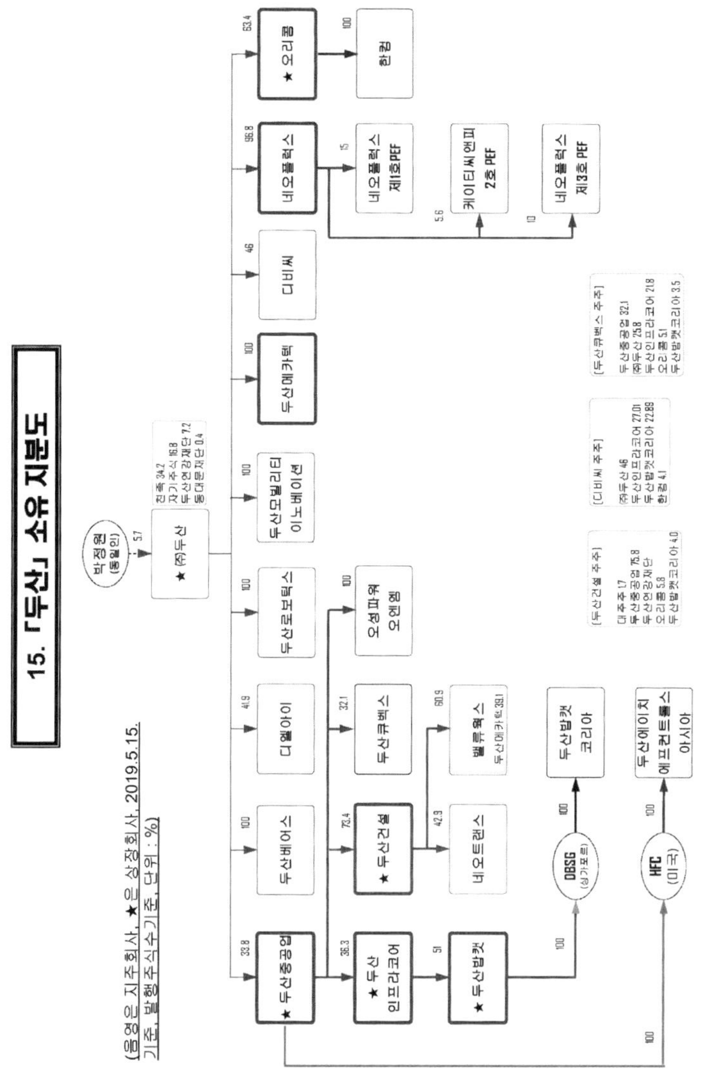

4. 두산그룹과 소유권 승계

4.1 지주회사 ㈜두산의 친족 및 특수관계인 지분, 2000-2019년

4.1.1 지주회사 ㈜두산

㈜두산은 2009년 1월 공정거래법상 지주회사로 지정되었다가 '지주비율 50% 미만' 때문에 2014년 12월 지정에서 제외되었다. 이후에는 실질적인 지주회사이다.

다음 8단계를 거쳐 진행되었다: (1) [1998년 9월] 그룹 주력회사 오비맥주가 8개 계열회사를 합병하고 ㈜두산으로 상호 변경; (2) [2006년 1월] ㈜두산의 지주회사로의 전환 선언; (3) [2007년 12월] ㈜두산의 분할 → ㈜두산 (존속) + 두산타워 (신설) + 두산생물자원 (신설); (4) [2008년 3월] ㈜두산의 목적사업에 '지주기능' 항목 추가, 실질적인 지주회사로 전환; (5) [2008년 10월] ㈜두산의 분할 → ㈜두산 (존속) + 두산동아 (신설); (6) [2008년 12월] ㈜두산의 분할 → ㈜두산 (존속) + 테크팩솔루션 (신설); (7) [2009년 1월] 공정거래법상 지주회사로 지정; (8) [2014년 12월] 공정거래법상 지주회사에서 제외.

공정거래법상 지주회사는 1999년부터 지정되어져 오고 있으며, 지정 요건은 2개이다: '지주비율'(지주회사의 자산총액 중 자회사들에 대한 지분이 차지하는 비중) 50% 이상; '자산총액' 100억 원 이상 (1999-2000년), 300억 원 이상 (2001년), 1,000

억 원 이상 (2002년 이후). 공정거래법상 지주회사는 신고 및 규제의 대상이 되는 소수의 지주회사들이며, 2개 지정 요건 중 1개 또는 2개에 해당되지 않는 실질적인 지주회사들이 더 많은 것이 현실이다.

4.1.2 친족 및 특수관계인 지분

주력회사 ㈜두산에 대한 박정원 일가의 소유권은 2007년부터 확고해지기 시작하였다. 친족 지분은 2006년까지 20%내외였으며, 2007년부터는 30% 이상 그리고 2012년부터는 40% 이상 수준이 유지되어 오고 있다. 반면 특수관계인 지분은 2006년까지 44-17%대 수준에서 감소 추세를 보였고, 2007년부터는 급격하게 줄어든 2-3%대이다 (<표 3.3>).

첫째, 2000년 현재 친족 지분은 20.04%이고, 특수관계인 지분은 이보다 2.2배 많은 44.15%였다. 후자 중 24.04%는 계열회사가 그리고 20.11%는 비영리법인이 보유하였다. 이후 2005년까지 친족 지분이 계열회사 지분보다 적은 상태가 계속되었으며 (14.08-20.04% vs. 19.78-30.37%), 비영리법인은 2003년부터 2%대로 급격하게 줄어들었다.

둘째, 2006년 친족 지분은 계열회사 지분보다 많아졌으며 (21.54% vs. 15.54%), 2007년에는 전자가 35.51%로 1.6배 증가한 반면 후자는 모두 없어졌다. 비영리법인 지분은 여전히 2%대였다.

〈표 3.3〉 지주회사 ㈜두산의 친족 및 특수관계인 지분, 2000-2019년 (%)

	친족			특수관계인				A+B
	최대주주	친족	합 (A)	계열회사	비영리법인	임원	합 (B)	
2000	5.12	14.92	20.04	24.04	20.11		44.15	64.19
2001	5.00	13.48	18.48	22.92	19.66		42.58	61.06
2002	4.17	9.91	14.08	30.37	7.66		38.03	52.11
2003	4.14	12.00	16.14	30.16	2.29		32.45	48.59
2004	3.98	11.51	15.49	24.88	2.19		27.07	42.56
2005	3.70	13.68	17.38	19.78	2.04		21.82	39.20
2006	3.69	17.85	21.54	15.54	2.04		17.58	39.12
2007	3.63	31.88	35.51		2.01		2.01	37.52
2008	3.52	30.91	34.43		1.97	0.24	2.21	36.64
2009	3.46	30.78	34.24		1.95	0.21	2.16	36.40
2010	3.43	30.89	34.32		1.94	0.37	2.31	36.63
2011	1.05	33.66	34.71		2.27	0.36	2.63	37.34
2012	1.39	40.50	41.89		2.70	0.30	3.00	44.89
2013	1.38	40.46	41.84		2.70	0.30	3.00	44.84
2014	1.36	39.75	41.11		2.65	0.29	2.94	44.05
2015	1.36	39.31	40.67		3.09	0.29	3.38	44.05
2016	1.43	41.37	42.80		3.26	0.31	3.57	46.37
2017	1.51	43.55	45.06		3.42	0.32	3.74	48.80
2018	1.59	45.87	47.46		3.61	0.01	3.62	51.08
2019	7.41	36.21	43.62		3.61	0.01	3.62	47.24

주: 1) (2000-2004, 2006-2009, 2012-2018년) 12월 현재, (2005, 2010-2011년) 이듬해 3월 현재, (2019년) 7월 현재; 보통주 기준.

2) 최대주주: (2000-2018년) 박용곤, (2019년) 박정원.

3) 친족: (2000-2001년) 18명, (2002년) 17명, (2003-2004년) 15명, (2005-2006년) 16명, (2007년) 29명, (2008-2018년) 28명, (2019년) 27명.

4) 계열회사: (2000년) ㈜두산 0.02%, 두산건설 22.31%, 두산기업 1.71%; (2001년) ㈜두산 0.02%, 두산건설 21.80%, 두산기업 1.10%; (2002년) 두산건설 28.45%, 두산기업 1.92%; (2003년) 두산건설 28.26%, 두산기업 1.90%; (2004년) 두산산업개발 24.88%; (2005년) 두산산업개발 11.38%, 두산엔진 6.30%, 두산인프라코어 2.10%; (2006년) 두산건설 7.17%, 두산엔진 6.28%, 두산인프라코어 2.09%; 두산산업개발 2004-2005년 = 두산건설 2006년.

5) 비영리법인: (2000년) 연강재단 2.45%, 두산신협 6.60%, ㈜두산신협 7.67%, 두산건설신협 1.89%, 두산테크팩신협 1.50%; (2001년) 연강재단 2.40%, 두산신협 6.45%, ㈜두산신협 7.49%, 두산건설신협 1.85%, 두산테크팩신협 1.47%; (2002년) 연강재단 2.30%, ㈜두산신협 3.96%, 두산건설신협 1.40%; (2003-2014년) 연강재단 1.94-2.70%; (2015년) 연강재단

2.65%, 동대문미래창조재단 0.44%; (2016년) 연강재단 2.79%, 동대문미래창조재단 0.47%; (2017년) 두산연강재단 2.93%, 동대문미래창조재단 0.49%; (2018-2019년) 두산연강재단 3.09%, 동대문미래재단 0.52%; 연강재단 = 두산연강재단, 동대문미래창조재단 = 동대문미래재단.

6) 임원: (2008-2011년) 2명, (2012-2017년) 1명, (2018-2019년) 2명.

출처: 사업보고서, 반기보고서, 최대주주 변경; <표 3.6>.

이는 지배구조의 변화 때문이었다. 2006년 1월 두산그룹은 ㈜두산을 지주회사로 전환하는 내용의 지배구조 개선 로드맵을 발표하였으며, 2008년 3월 ㈜두산의 목적사업에 지주사업 항목이 추가되어 지주회사임이 명문화되었다. 2009년 1월 ㈜두산은 공정거래법상 지주회사로 지정되었으며, 2014년 12월 지정에서 제외된 이후에는 실질적인 지주회사의 역할을 계속하였다.

셋째, 친족 지분은 2007-2011년 34-35%대, 2012-2016년 40-42%대 그리고 2017-2018년 45-47%대로 점차 증가하였다. 2019년 현재에는 43.62%로 다소 줄어든 상태인데, 이는 2006년의 21.54%에 비하면 2배 많은 수치이다.

최대주주 박용곤의 지분은 5.12-1.05% 수준에서 점차 줄어들었으며, 2019년 최대주주 지위를 물려받은 박정원의 지분은 7.41%이다. 지분에 참여한 친족은 2000-2006년 15-18명 그리고 2007년 이후 27-29명이다.

한편, 특수관계인 중 비영리법인 지분은 2003-2007년 2%대, 2008-2010년 1%대, 2011-2014년 2%대 그리고 2015년 이후 3%대이다. 비영리법인은 2014년까지는 두산연강재단(2000-2016년 연강재단) 1개였고, 2015년부터는 동대문미래재단(2015-2017년 동대문미래창조재단)이 추가되었다. 임원 지분은 2008년에 처음 생겼으며, 0.2-0.3%대이다가 2018-2019년에는 0.01%이다.

4.2 ㈜두산의 박용곤 일가 지분: (1) 세대별 · 일가별 지분

4.2.1 세대별 지분

4세대 지분은 2007년부터 3세대 지분을 앞지르기 시작하였고 이후 격차가 더 커졌다 (<표 3.4>, <표 3.5>).

2004년까지 4세대는 3세대에 비해 미미한 지분을 가졌으며 (0.50-0.63% vs. 13.53-19.42%), 2005년에 조금 늘어난 뒤 (3.44% vs. 13.93%) 2006년에는 절반 이상으로 더욱 늘어났다 (7.64% vs. 13.90%).

이어, 2007년에 상황이 역전되어 4세대 지분이 3세대 지분의 1.8배가 되었다 (22.82% vs. 12.51%). 이후 4세대 지분은 2012-2015년 29%대 그리고 2016-2019년 30-33%대로 더욱 늘어났으며, 반면 3세대 지분은 2008년 이후 3개 연도(2011년 9%대, 2017-2018년 12%대)를 제외하고 11%대였다.

2007년부터는 5세대도 지분을 보유하기 시작하였으며, 크기는 0.22-0.55%로 미미한 가운데 증가 추세를 보이고 있다

2019년 현재 세대별 지분은 4세대 31.70%, 3세대 11.40% 그리고 5세대 0.55%이다. 4세대가 3세대보다 2.8배 그리고 5세대

보다 57배 많은 지분을 보유하고 있다. 2019년 3월 3세대 그룹 동일인 박용곤이 세상을 떠난 후 4세대인 장남 박정원이 새 동일인이 되었고, 이로써 2007년 시작된 4세대의 소유권 승계는 12년만인 2019년에 완료되었다.

〈표 3.4〉 두산그룹 가계도

[1세대] 박승직 (1864-1950) [2세대] 박두병 (1910-1973)		
[3세대]	[4세대]	[5세대]
1남 박용곤 (1932-2019; + 이응숙)	1남 박정원 (1962- ; + 김소영)	1녀 박상민 1남 박상수
	1녀 박혜원 (1963- ; + 서경석)	1녀 서주원 1남 서장원
	2남 박지원 (1965- ; + 서지원)	1남 박상우 2남 박상진
3남 박용성 (1940- ; + 김영희)	1남 박진원 (1968- ; + 김선영)	1남 박상효 2남 박상인
	2남 박석원 (1971- ; + 정현주)	1남 박상현 1녀 박상은
4남 박용현 (1943- ; + 엄명자)	1남 박태원 (1969- ; + 원보연)	1녀 박윤서
	2남 박형원 (1970- ; + 최윤희)	1녀 박상아
	3남 박인원 (1973- ; + 박성민)	1녀 박상정
5남 박용만 (1955- ; + 강신애)	1남 박서원 (1979- ; + 구원희)	1녀 박상후
	1녀 박재원 (1985-)	

주: 3세대 7명(1남 박용곤, 1녀 박용언, 2남 박용오, 3남 박용성, 4남 박용현, 5남 박용만, 6남 박용욱) 중 2019년 현재 소유·경영에 참여한 4명의 가족구성원들임.

① 1녀 박용언 (+ 김세권) 일가: 지분 보유 3명 (3세대, 박용언 2000-2001년; 4세대, 1녀 김희정의 남편 최원현, 2남 김형민 2000-2002년).

② 2남 박용오 일가: 지분 보유 2명 (3세대, 박용오 2000-2007년; 4세대, 2남 박중원 2000-2004년).

③ 6남 박용욱 일가: 지분 보유 없음.

출처: 김동운(2013a), 김동운 외(2005), 사업보고서, 네이버 인물 검색.

〈표 3.5〉 ㈜두산의 박용곤 일가 지분, 2000-2019년:
(1) 세대별 · 일가별 지분 (%)

(1) 세대별 지분

	3세대	4세대	5세대	합
2000	19.42	0.63		20.05
2001	17.86	0.63		18.49
2002	13.53	0.54		14.07
2003	15.60	0.52		16.12
2004	14.99	0.50		15.49
2005	13.93	3.44		17.37
2006	13.90	7.64		21.54
2007	12.51	22.82	0.22	35.55
2008	11.82	22.38	0.26	34.46
2009	11.70	22.27	0.30	34.27
2010	11.89	22.11	0.34	34.34
2011	9.61	24.76	0.34	34.71
2012	11.79	29.68	0.41	41.88
2013	11.78	29.67	0.41	41.86
2014	11.57	29.11	0.42	41.10
2015	11.13	29.11	0.42	40.66
2016	11.71	30.64	0.43	42.78
2017	12.33	32.26	0.47	45.06
2018	12.99	33.95	0.55	47.49
2019	11.40	31.70	0.55	43.65

(2) 박용곤 형제 · 자매 일가별 지분

	1남 박용곤 일가	1녀 박용언 일가	2남 박용오 일가	3남 박용성 일가	4남 박용현 일가	5남 박용만 일가	합
2000	5.40	1.99	3.44	3.69	3.67	1.86	20.05
2001	5.28	1.94	2.26	3.60	3.59	1.82	18.49
2002	4.42	0.02	1.88	3.01	3.01	1.73	14.07
2003	4.39		1.87	2.99	2.99	3.88	16.12
2004	4.21		1.80	2.88	2.88	3.72	15.49
2005	5.03		1.63	3.43	3.42	3.86	17.37
2006	6.58		1.63	4.46	4.46	4.41	21.54
2007	12.22		0.42	8.22	8.24	6.45	35.55
2008	11.97			8.06	8.10	6.33	34.46
2009	11.90			8.02	8.05	6.30	34.27
2010	11.85			7.95	7.99	6.55	34.34
2011	11.98			8.04	8.08	6.61	34.71
2012	14.47			9.70	9.77	7.94	41.88
2013	14.45			9.70	9.77	7.94	41.86
2014	14.21			9.51	9.59	7.79	41.10
2015	14.21			9.51	9.59	7.35	40.66
2016	14.95			10.02	10.08	7.73	42.78
2017	15.75			10.55	10.62	8.14	45.06
2018	16.63			11.10	11.19	8.57	47.49
2019	15.19			10.14	10.25	8.07	43.65

주: 1) (2000-2018년) 12월 또는 이듬해 3월 현재, (2019년) 7월 현재.
2) 합: 6개 일가 지분의 합, <표 3.3>의 '친족 합'과 다소 차이가 있음.
출처: 사업보고서, 분기보고서, 최대주주 변경; <표 3.6>.

4.2.2 일가별 지분

3세대 박용곤 형제·자매 6개 일가 중 4개 일가는 2019년까지 지분을 보유하고 있으며, 이 중 1남 박용곤 일가 지분이 4.21-16.63%로 가장 많다. 2000-2006년 4-6%대, 2007-2016년 11-14%대, 그리고 2017-2019년 15-16%대이다.

3남 박용성 일가와 4남 박용현 일가 지분은 거의 비슷한데 (2.88-11.10% vs. 2.88-11.19%), 2007년부터 동생인 박용현 일가 지분이 조금 많아졌다. 두 일가 모두, 2006년까지 2-4%대, 2007-2015년 7-9%대 그리고 2016년부터 10-11%대를 보유하고 있다. 5남 박용만 일가는 가장 적은 지분(1.73-8.57%)을 가지고 있으며, 2006년까지 1-4%대, 2007년 이후 6-8%대이다.

2019년 현재에는 4명 형제 일가의 지분이 15.19%(박용곤), 10.25%(박용현), 10.14%(박용성) 그리고 8.07%(박용만)이다. 박용곤 일가가 박용현·박용성 일가보다 1.5배 그리고 박용만 일가보다 1.9배 많은 지분을 보유하고 있다.

4.3 ㈜두산의 박용곤 일가 지분: (2) 개인별 지분

4.3.1 개관

2000-2019년 사이 ㈜두산의 지분을 보유한 박용곤 일가 가족 구성원은 모두 34명이며, '3세대 7명, 4세대 14명, 5세대 13명'이다. 매년 15-29명이 지분을 보유하였다: 18명 (2000-2001년),

17명 (2002년), 15명 (2003-2004년), 16명 (2005-2006년), 29명 (2007년), 28명 (2008-2018년), 27명 (2019년) (<표 3.6>; <표 3.4>, <표 3.5> 참조).

3세대 박용곤의 형제·자매는 7명(1남 박용곤, 1녀 박용언, 2남 박용오, 3남 박용성, 4남 박용현, 5남 박용만, 6남 박용욱)이며, 2000년 이후 줄곧 지분을 보유한 사람은 4명(박용곤, 박용성, 박용현, 박용만) 일가 29명이다. 나머지 5명 중 박용오 일가 2명은 2000-2007년 사이에 그리고 박용언 일가 3명은 2000-2002년 사이에 지분을 가졌으며, 박용욱 일가는 지분을 보유하지 않았다.

박용곤 일가 구성원이 11명(3세대 1명 + 4세대 4명 + 5세대 6명)으로 가장 많으며, 그다음이 박용성 일가 7명 (1+2+4), 박용현 일가 7명 (1+3+3), 박용만 일가 4명 (2+2+0), 박용언 일가 3명 (1+2+0), 박용오 일가 2명 (1+1+0) 등이다. 34명 중 박씨 성(姓)을 가지지 않은 사람은 4명으로, 3세대 중 박용만의 부인(강신애) 그리고 4세대 중 박혜원(3세대 박용곤의 1녀)의 남편(서경석)과 박용언(3세대 박용곤의 여동생)의 자녀 2명이다.

4.3.2 4세대 박정원의 소유권 승계

지분 보유 34명 가족구성원들 중 보다 많은 지분을 보유한 사람은 14명이다 (3세대 4명, 4세대 10명).

2006년까지 4세대 지분은 3세대 지분보다 크게 적었다

(0.50-7.64% vs. 13.53-19.42%). 2006년의 2명(박정원 1.46%, 박진원 1.03%)을 제외하고는 1% 미만이었으며, 2명(박서원, 박재원)은 2005년부터 지분을 보유하기 시작하였다.

2007년 4세대 지분이 급증하였고, 이후 3세대 지분보다 많은 상태가 유지되었다 (22.11-33.95% vs. 9.61-12.99%). 2007년 박정원은 '주요 주주 14명' 중 가장 많은 4.24%를 보유하여 실질적인 최대주주가 되었다. 공식적인 최대주주 겸 그룹동일인인 아버지 박용곤 지분(3.63%)보다 많았다. 3위는 3세대 박용만 (3.40%), 4위는 4세대 박진원 (3.10%), 5위는 박진원의 아버지 3세대 박용성 (2.54%), 6위는 3세대 박용현(2.51%)이었다.

박정원은 2007년 이후 최대주주의 자리를 유지하였으며, 지분은 2007년 4.24%에서 2019년에는 7.41%로 1.7배 증가하였다. 이에 더하여, 박정원의 동생 박지원은 2011년부터 2위 주주가 되었다 (3.57-4.94%). 3위는 3세대 박용만 (3.47-4.26%), 4위는 4세대 박진원 (3.04-4.17%), 5위는 3세대 박용성 (2.48-3.48%), 6위는 3세대 박용현 (2.45-3.44%), 7위는 박진원의 동생 4세대 박석원이었다 (2.48-3.41%). 즉, 2011년 이후 1-7위 주주 중 4명이 4세대, 3명이 3세대였다.

공식적인 최대주주인 3세대 박용곤의 지분은 크게 줄어들어 2011년 이후 1%대였다. 2019년 3월 박용곤이 세상을 떠나면서 장남 박정원은 비로소 공식적인 최대주주 겸 그룹동일인이 되었다. 박용곤의 지분(1.59%)은 7월 자녀 3명에게 상속되었다 (1남 박정원 0.79%, 1녀 박혜원 0.26%, 2남 박지원 0.53%).

〈표 3.6〉 ㈜두산의 박용곤 일가 지분, 2000-2019년:
(2) 개인별 지분 (%)

(1) 1남 박용곤 일가

	[3세대]	[4세대]			
	1남 박용곤	1남 박정원	1녀 박혜원	서경석	2남 박지원
2000	5.12	0.15	0.02	0.03	0.08
2001	5.00	0.15	0.02	0.03	0.08
2002	4.17	0.13	0.02	0.03	0.07
2003	4.14	0.13	0.02	0.03	0.07
2004	3.98	0.12	0.02	0.02	0.07
2005	3.70	0.68	0.21	0.02	0.42
2006	3.69	1.46	0.47	0.02	0.94
2007	3.63	4.24	1.41		2.82
2008	3.52	4.15	1.38		2.77
2009	3.46	4.13	1.37		2.75
2010	3.43	4.10	1.36		2.73
2011	1.05	5.35	1.78		3.57
2012	1.39	6.41	2.13		4.27
2013	1.38	6.40	2.13		4.27
2014	1.36	6.29	2.09		4.19
2015	1.36	6.29	2.09		4.19
2016	1.43	6.62	2.20		4.41
2017	1.51	6.96	2.32		4.64
2018	1.59	7.33	2.44		4.89
2019		7.41	2.46		4.94

(1) 1남 박용곤 일가 (계속)

	[5세대]					
	(4세대 1남 박정원)		(1녀 박혜원)		(2남 박지원)	
	1녀 박상민	1남 박상수	1녀 서주원	1남 서장원	1남 박상우	2남 박상진
2000						
2001						
2002						
2003						
2004						
2005						
2006						
2007	0.03	0.03	0.02	0.02	0.01	0.01
2008	0.04	0.05	0.02	0.02	0.01	0.01
2009	0.05	0.06	0.02	0.02	0.02	0.02
2010	0.06	0.07	0.02	0.02	0.03	0.03
2011	0.06	0.07	0.02	0.02	0.03	0.03
2012	0.07	0.08	0.03	0.03	0.03	0.03
2013	0.07	0.08	0.03	0.03	0.03	0.03
2014	0.07	0.09	0.03	0.03	0.03	0.03
2015	0.07	0.09	0.03	0.03	0.03	0.03
2016	0.08	0.09	0.03	0.03	0.03	0.03
2017	0.08	0.10	0.03	0.03	0.04	0.04
2018	0.10	0.12	0.04	0.04	0.04	0.04
2019	0.10	0.12	0.04	0.04	0.04	0.04

(2) 1녀 박용언 일가, 2남 박용오 일가

	[3세대]	[4세대]		[3세대]	[4세대]
	1녀 박용언	(1녀 김희정) 최원현	2남 김형민	2남 박용오	2남 박중원
2000	1.95	0.02	0.02	3.39	0.05
2001	1.90	0.02	0.02	2.21	0.05
2002		0.01	0.01	1.84	0.04
2003				1.83	0.04
2004				1.76	0.04
2005				1.63	
2006				1.63	
2007				0.42	
2008					
2009					
2010					
2011					
2012					
2013					
2014					
2015					
2016					
2017					
2018					
2019					

(3) 3남 박용성 일가

	[3세대]	[4세대]		[5세대]			
	3남 박용성	1남 박진원	2남 박석원	1남 박상효	2남 박상인	1남 박상현	1녀 박상은
2000	3.58	0.06	0.05				
2001	3.49	0.06	0.05				
2002	2.92	0.05	0.04				
2003	2.90	0.05	0.04				
2004	2.79	0.05	0.04				
2005	2.59	0.46	0.38				
2006	2.58	1.03	0.85				
2007	2.54	3.10	2.54	0.01	0.01	0.01	0.01
2008	2.49	3.04	2.49	0.01	0.01	0.01	0.01
2009	2.47	3.03	2.48	0.01	0.01	0.01	0.01
2010	2.45	3.00	2.46	0.01	0.01	0.01	0.01
2011	2.48	3.04	2.48	0.01	0.01	0.01	0.01
2012	3.04	3.64	2.98	0.01	0.01	0.01	0.01
2013	3.04	3.64	2.98	0.01	0.01	0.01	0.01
2014	2.98	3.57	2.92	0.01	0.01	0.01	0.01
2015	2.98	3.57	2.92	0.01	0.01	0.01	0.01
2016	3.14	3.76	3.08	0.01	0.01	0.01	0.01
2017	3.31	3.96	3.24	0.01	0.01	0.01	0.01
2018	3.48	4.17	3.41	0.01	0.01	0.01	0.01
2019	3.48	3.64	2.98	0.01	0.01	0.01	0.01

(4) 4남 박용현 일가

	[3세대]	[4세대]			[5세대]		
	4남 박용현	1남 박태원	2남 박형원	3남 박인원	1녀 박윤서	1녀 박상아	1녀 박상정
2000	3.52	0.09	0.03	0.03			
2001	3.44	0.09	0.03	0.03			
2002	2.87	0.08	0.03	0.03			
2003	2.85	0.08	0.03	0.03			
2004	2.74	0.08	0.03	0.03			
2005	2.55	0.37	0.25	0.25			
2006	2.55	0.79	0.56	0.56			
2007	2.51	2.29	1.69	1.69	0.02	0.02	0.02
2008	2.46	2.25	1.66	1.66	0.03	0.02	0.02
2009	2.44	2.24	1.65	1.65	0.03	0.02	0.02
2010	2.42	2.22	1.64	1.64	0.03	0.02	0.02
2011	2.45	2.24	1.66	1.66	0.03	0.02	0.02
2012	3.00	2.69	1.99	1.99	0.04	0.03	0.03
2013	3.00	2.69	1.99	1.99	0.04	0.03	0.03
2014	2.95	2.64	1.95	1.95	0.04	0.03	0.03
2015	2.95	2.64	1.95	1.95	0.04	0.03	0.03
2016	3.10	2.78	2.05	2.05	0.04	0.03	0.03
2017	3.26	2.93	2.16	2.16	0.05	0.03	0.03
2018	3.44	3.08	2.27	2.27	0.05	0.04	0.04
2019	3.44	2.70	1.99	1.99	0.05	0.04	0.04

(5) 5남 박용만 일가

	[3세대]		[4세대]	
	5남 박용만	강신애	1남 박서원	1녀 박재원
2000	1.86			
2001	1.82			
2002	1.73			
2003	3.88			
2004	3.72			
2005	3.46		0.22	0.18
2006	3.45		0.53	0.43
2007	3.40	0.01	1.67	1.37
2008	3.33	0.02	1.64	1.34
2009	3.31	0.02	1.63	1.34
2010	3.43	0.16	1.62	1.34
2011	3.47	0.16	1.63	1.35
2012	4.17	0.19	1.96	1.62
2013	4.17	0.19	1.96	1.62
2014	4.09	0.19	1.92	1.59
2015	3.65	0.19	1.92	1.59
2016	3.84	0.20	2.02	1.67
2017	4.04	0.21	2.13	1.76
2018	4.26	0.22	2.24	1.85
2019	4.26	0.22	1.96	1.63

주: (2000-2018년) 12월 또는 이듬해 3월 현재, (2019년) 7월 현재.
출처: 사업보고서, 분기보고서, 최대주주 변경.

2019년 현재 2% 이상 보유 주주는 9명이다 (3세대 3명, 4세대 6명). 박정원의 지분이 7%대로 월등하게 크고, 4%대 보유 2명, 3%대 보유 3명 그리고 2%대 보유 3명이다: 박정원 (1위, 4세대, 7.41%), 박지원 (2위, 4세대, 4.94%), 박용만 (3위, 3세대, 4.26%), 박진원 (4위, 4세대, 3.64%), 박용성 (5위, 3세대, 3.48%), 박용현 (6위, 3세대, 3.44%), 박석원 (7위, 4세대, 2.98%), 박태원 (8위, 4세대, 2.70%), 박혜원 (9위, 4세대, 2.46%).

5. 두산그룹과 경영권 승계

5.1 박용곤 일가 임원

5.1.1 개관

2000-2019년 사이 두산그룹 5개 상장회사(2019년 현재; ㈜두산, 두산중공업, 두산건설, 두산인프라코어, 오리콤)의 경영에 참여한 가족구성원은 14명(3세대 4명, 4세대 10명; 3세대 박용오 제외)이다. 나머지 1개 상장회사(두산밥캣)에는 친족 임원이 없다 (<표 3.7>).

이들 14명은 위에서 언급한 '주요 주주 14명'이기도 하다. 3세대 1남 박용곤과 자녀 3명 (아들 2명 + 딸 1명), 3남 박용성과 자녀 2명 (2+0), 4남 박용현과 자녀 3명 (3+0), 5남 박용만과 자녀 2명 (1+1) 등이다.

3세대는 모두 7명인데, 1명(2남 박용오)은 2000-2006년에 2개 회사의 임원이었고, 2명(1녀 박용언, 6남 박용욱)은 경영에 관여하지 않았다. 3세대의 자녀는 모두 10명(남자 8명, 여자 2명)이며, 이들 4세대 10명은 모두 경영에 참여하였다. 5세대의 경영 참여는 아직 없다.

5개 회사 중 지주회사 ㈜두산에 가장 많은 10명이 임원으로 참여하였다 (3세대 4명 + 4세대 6명). 또 두산중공업과 두산인프라코어에서는 각각 6명 (3+3; 2+4), 두산건설에서는 5명 (3+2) 그리고 오리콤에서는 4명(2+2)이 임원이었다.

5.1.2 4세대 박정원의 경영권 승계

4세대의 경영 참여는 2000년 박정원이 ㈜두산에 그리고 박지원이 두산중공업에 관여하면서 시작되었다. 2016년 박정원은 ㈜두산의 대표이사회장 겸 그룹회장에 그리고 박지원은 두산중공업의 대표이사회장에 취임하였으며, 이로써 16년 만에 경영권 승계는 완료되었다 (<표 3.7>, <표 3.8>; '5.2' 참조).

〈표 3.7〉 친족 임원: 5개 상장회사, 2000-2019년

(1) 임원직 보유 연도, 2000-2019년

		㈜두산	두산 중공업	두산건설	두산 인프라코어	오리콤
[3세대]	박용곤	00-02, 11-14*		08-10		
	박용성	00-02, 09-11*	00-14*		05-07, 09-14*	00-01*
	박용현	09-11*	11,13-16	05-17*		
	박용만	00-05, 07-19*	00-11, 15-16*	04, 09-10*	05-19*	00-04, 07-10*
[4세대]	박정원	00-19*		05-19*	08-11*	
	박혜원	05-06				08-19
	박지원	09-19*	00-19*			
	박진원	13-14			05-10	
	박석원	18-19	07-09			
	박태원			05-19		
	박형원				07-14	
	박인원		10-19			
	박서원	15-19				14-19
	박재원				18-19	

(2) 임원 직책, 2019년

		㈜두산	두산 중공업	두산건설	두산 인프라코어	오리콤
[3세대]	박용만	회장			등기회장	
[4세대]	박정원	대표이사 회장		회장		
	박혜원					부회장
	박지원	부회장	대표이사 회장			
	박석원	부사장				
	박태원			부회장		
	박인원		부사장			
	박서원	전무				부사장
	박재원				상무	

주: 1) (2000-2018년) 12월 또는 이듬해 3월 현재, (2019년) 6월 현재; * 등기임원 포함.
2) 박용오 일가 2명은 제외: 3세대 박용오 (㈜두산 *2000-2005년, 두산건설 *2004-2006년); 4세대 박중원 (박용오 2남; 두산건설 2004년).
3) 등기회장 = 상근이사; 대표·상근 이사 = 등기임원; 회장, 부회장, 부사장, 전무, 상무 = 미등기임원.

출처: <표 3.9> - <표 3.13>.

〈표 3.8〉 주요 4세대 친족 임원, 2000-2019년

	박정원		박지원	
	㈜두산	두산건설	㈜두산	두산중공업
2000	대표이사부사장			상근이사
2001	대표이사사장			상근이사
2002	대표이사사장			상근이사
2003	상근이사			상근이사
2004	상근이사			부사장
2005	비상근이사	부회장		부사장
2006	비상근이사	상근이사		부사장
2007	비상근이사	등기부회장		대표이사사장
2008	비상근이사	등기부회장		대표이사사장
2009	비상근이사	대표이사회장	등기사장	대표이사사장
2010	비상근이사	등기회장	등기사장	대표이사사장
2011	등기회장	등기회장	사장	대표이사사장
2012	등기회장	회장	부회장	대표이사부회장
2013	등기회장	회장	부회장	대표이사부회장
2014	등기회장	회장	부회장	대표이사부회장
2015	등기회장	회장	부회장	대표이사부회장
2016	대표이사회장	회장	부회장	대표이사회장
2017	대표이사회장	회장	부회장	대표이사회장
2018	대표이사회장	회장	부회장	대표이사회장
2019	대표이사회장	회장	부회장	대표이사회장

	박태원	박인원	박혜원	박서원	
	두산건설	두산중공업	오리콤	㈜두산	오리콤
2000					
2001					
2002					
2003					
2004					
2005	상무				
2006	상무				
2007	상무				
2008	전무		이사		
2009	전무		상무		
2010	전무	상무	전무		
2011	부사장	상무	전무		
2012	부사장	상무	전무		
2013	부사장	상무	전무		
2014	사장	전무	부사장		부사장
2015	사장	전무	부사장	전무	부사장
2016	부회장	전무	부사장	전무	부사장
2017	부회장	부사장	부회장	전무	부사장
2018	부회장	부사장	부회장	전무	부사장
2019	부회장	부사장	부회장	전무	부사장

주: 1) (2000-2018년) 12월 또는 이듬해 3월 현재, (2019년) 6월 현재.
2) 등기 회장·부회장·사장 = 상근이사; 대표·상근·비상근 이사 = 등기임원; 회장, 부회장, 사장, 부사장, 전무, 상무, 이사 = 미등기임원.

출처: <표 3.9> - <표 3.13>.

위에서 언급한 것처럼, 2007년부터 4세대 지분은 3세대 지분을 크게 앞지르기 시작하였으며, 박정원은 2007년부터 ㈜두산의 실질적인 최대주주 그리고 박지원은 2011년부터 ㈜두산의 2위 주주였다. 박정원은 2019년 ㈜두산의 공식적인 최대주주 겸 그룹동일인이 되었다. 즉 4세대의 소유·경영권 승계는 '2000년 경영권 승계 시작 → 2007년 소유권 승계 1차 완료 → 2016년 경영권 승계 완료 → 2019년 소유권 승계 최종 완료' 등 4단계로 진행되었다.

3세대 4명 중에서는 5남 박용만이 5개 회사 모두의 경영에 관여하였고, 그다음이 3남 박용성 (4개 회사), 4남 박용현 (3개 회사), 1남 박용곤 (2개 회사) 등의 순이다. 이들 4명은 모두 등기임원직을 보유한 적이 있었다. 특히 ㈜두산에는 4명 모두 참여하였고 등기임원직을 가졌다. 두산중공업과 두산건설에는 각각 3명, 두산인프라코어와 오리콤에는 각각 2명이 관여하였다.

4세대 10명 중에서는 박정원이 가장 많은 3개 회사에 그리고 5명(박혜원, 박지원, 박진원, 박석원, 박서원)은 각각 2개 회사에, 4명(박태원, 박형원, 박인원, 박재원)은 각각 1개 회사에 관여하였다. 3세대와는 달리, 4세대 중에서는 2명(박정원, 박지원)만 등기임원직을 보유하였고 8명은 미등기임원이었다. 회사별로는 ㈜두산에 가장 많은 6명이 임원이었고, 그다음이 두산인프라코어 (4명), 두산중공업 (3명), 두산건설 (2명), 오리콤 (2명) 등의 순이다.

2019년 6월 현재에는 9명이 친족 임원인데, 3세대 1명(박용만), 4세대 8명이다. 특히 ㈜두산에서는 5명 친족 임원 중 4명이 4세대이고 이들 중 박정원은 대표이사회장이다. 또 두산중공업(2명, 박지원 대표이사회장 포함), 두산건설(2명) 및 오리콤(2명)에서는 4세대만 임원이고, 두산인프라코어(2명)에서는 3세대(박용만, 등기회장)와 4세대(딸 박재원, 상무)가 함께 임원이다.

5.2 박용곤 일가의 회사별 임원

5.2.1 ㈜두산, 두산중공업

주력회사인 ㈜두산과 두산중공업에서는 친족이 대표이사직을 가지고 경영에 깊숙이 관여하였다. 실질적인 지주회사인 ㈜두산에는 10명(3세대 4명, 박용오 제외; 4세대 6명)이 그리고 ㈜두산의 자회사로서 중간지주회사의 역할을 하고 있는 두산중공업에는 6명(3명; 3명)이 임원으로 참여하였다 (<표 3.9>, <표 3.10>; <표 3.7>, <표 3.8> 참조).

첫째, ㈜두산에서는 3세대 박용만(대표이사 사장·부회장·회장, 상근이사, 미등기회장)이 2000년 이후 1개 연도(2006년)를 제외하고 줄곧 임원직을 보유하였다. 2015년까지는 등기임원이었다가 2016년부터는 미등기회장이다. 3세대의 나머지 3명 중 박용성(비상근이사)과 박용현(대표이사회장, 비상근이사)은 2011년까지 그리고 박용곤(비상근이사, 명예회장)은 2014년까지 각각 3-7년 동안 등기 또는 미등기 임원이었다.

〈표 3.9〉 박용곤 일가 임원, 2000-2019년: (1) ㈜두산

	[3세대]			
	박용곤	박용성	박용현	박용만
2000	비상근이사	비상근이사		대표이사사장
2001	비상근이사	비상근이사		대표이사사장
2002	비상근이사	비상근이사		대표이사사장
2003				대표이사사장
2004				대표이사부회장
2005				대표이사
2006				
2007				상근이사
2008				상근이사
2009		비상근이사	대표이사회장	대표이사회장
2010		비상근이사	대표이사회장	대표이사회장
2011	명예회장	비상근이사	비상근이사	대표이사회장
2012	명예회장			대표이사회장
2013	명예회장			대표이사회장
2014	명예회장			대표이사회장
2015				대표이사회장
2016				회장
2017				회장
2018				회장
2019				회장

	[4세대]					
	박정원	박혜원	박지원	박진원	박석원	박서원
2000	대표이사 부사장					
2001	대표이사 사장					
2002	대표이사 사장					
2003	상근이사					
2004	상근이사					

	[4세대]					
	박정원	박혜원	박지원	박진원	박석원	박서원
2005	비상근 이사	상무				
2006	비상근 이사	상무				
2007	비상근 이사					
2008	비상근 이사					
2009	비상근 이사		등기사장			
2010	비상근 이사		등기사장			
2011	등기회장		사장			
2012	등기회장		부회장			
2013	등기회장		부회장	사장		
2014	등기회장		부회장	사장		
2015	등기회장		부회장			전무
2016	대표이사 회장		부회장			전무
2017	대표이사 회장		부회장			전무
2018	대표이사 회장		부회장		부사장	전무
2019	대표이사 회장		부회장		부사장	전무

주: 1) (2000-2009, 2013-2018년) 12월 현재; (2010-2012년) 이듬해 3월 현재; (2019년) 6월 현재.
2) 등기 회장·사장 = 상근이사; 대표·상근·비상근 이사 = 등기임원; 명예회장, 회장, 부회장, 사장, 부사장, 전무 = 미등기임원; 2005-2008년 – 회장 등의 직책 표시 없음.
3) 박용오 일가 1명 제외: 3세대 박용오 (2000-2004년 대표이사회장, 2005년 비상근이사).
4) 4세대 박정원: 2000년부터 경영 참여 시작.
출처: 사업보고서, 반기보고서.

〈표 3.10〉 박용곤 일가 임원, 2000-2019년: (2) 두산중공업

	[3세대]			[4세대]		
	박용성	박용현	박용만	박지원	박석원	박인원
2000	대표이사 회장		비상근 이사	상근이사		
2001	대표이사 회장		비상근 이사	상근이사		
2002	대표이사 회장		비상근 이사	상근이사		
2003	대표이사 회장		비상근 이사	상근이사		
2004	대표이사 회장		비상근 이사	부사장		
2005	상근이사		비상근 이사	부사장		
2006	등기회장		비상근 이사	부사장		
2007	등기회장		등기 부회장	대표이사 사장	상무	
2008	등기회장		비상근 이사	대표이사 사장	상무	
2009	등기회장		비상근 이사	대표이사 사장	상무	
2010	등기회장		비상근 이사	대표이사 사장		상무
2011	등기회장	회장	회장	대표이사 사장		상무
2012	회장			대표이사 부회장		상무
2013	회장	회장		대표이사 부회장		상무
2014	회장	회장		대표이사 부회장		전무

	[3세대]			[4세대]		
	박용성	박용현	박용만	박지원	박석원	박인원
2015		회장	회장	대표이사 부회장		전무
2016		회장	회장	대표이사 회장		전무
2017				대표이사 회장		부사장
2018				대표이사 회장		부사장
2019				대표이사 회장		부사장

주: 1) (2000-2002, 2006-2007, 2009-2012년) 이듬해 3월 현재; (2003-2004, 2008년) 시점 표시 없음, 12월 또는 이듬해 3월 현재; (2005, 2013-2018년) 12월 현재; (2019년) 6월 현재.
2) 두산중공업 (이전 한국중공업): 2001년 3월 두산그룹에 편입.
3) 등기회장 = 상근이사, 등기부회장 = 비상근이사; 대표·상근·비상근 이사 = 등기임원; 회장, 부사장, 전무, 상무 = 미등기임원.
4) 3세대: 박용성 2000년, 박용만 2011년 = 비상근.
출처: 사업보고서, 반기보고서.

4세대 중에서는 박정원(상근·비상근 이사, 등기회장, 대표이사 부사장·사장·회장)이 2000년부터 줄곧 등기임원직을 보유해오고 있다. '2000년 ㈜두산 임원'은 4세대 중에서는 첫 경영참여였다. 2016년에는 박용만으로부터 대표이사회장 겸 그룹회장 직책을 물려받아 4세대 경영권 승계를 공식화하였다. 박용만은 미등기회장으로 물러났다.

다른 4세대 5명 중에서는 박지원 (2009년 이후; 등기사장, 사장, 부회장), 박서원 (2015년 이후; 전무) 그리고 박석원이 (2018년; 부사장) 2009년 이후 경영에 참여하였고, 나머지 2명은 2년 동안만 임원이었다 (박혜원, 2005-2006년, 상무; 박진원,

2013-2014년, 사장).

둘째, 두산중공업에서는 3세대 3명은 2016년까지만 경영에 참여하였다. 박용성은 2014년까지 (대표이사회장, 등기회장, 상근이사, 회장), 박용만은 2016년까지 (등기부회장, 비상근이사, 회장), 그리고 박용현(회장)은 2011-2016년 사이에 임원이었다.

반면 4세대 3명 중 박지원은 2000년 이후 줄곧 임원직을 보유해 오고 있다 (상근이사, 부사장, 대표이사 사장·부회장·회장). '박지원의 2000년 두산중공업 임원'은, '박정원의 2000년 ㈜두산 임원'과 함께, 4세대 중에서는 첫 경영 참여였다. 2007년에는 3세대를 대신해 대표이사직을 물려받았으며 2016년 대표이사회장으로 승진하였다. 다른 4세대 2명 중 박인원은 2010년부터 참여하였고 (상무, 전무, 부사장), 박석원(상무)은 2007-2009년의 3년 동안 임원이었다.

5.2.2 두산건설, 두산인프라코어, 오리콤

나머지 3개 상장회사에서는 2019년 현재 친족이 대표이사직을 가지고 있지 않다. 두산건설에는 5명 (3세대 3명, 박용오 제외; 4세대 2명, 박중원 제외), 두산인프라코어에는 6명 (2명; 4명) 그리고 오리콤에는 4명(2명; 2명)이 임원이었다 (<표 3.11>, <표 3.12>, <표 3.13>; <표 3.7>, <표 3.8> 참조).

첫째, 두산건설에서는 3세대 3명은 2017년까지만 경영에 참여하였다. 박용현은 2005-2017년 사이에 (상근이사, 대표이사,

대표이사회장, 등기회장, 회장), 그리고 박용곤(2008-2010년, 명예회장)과 박용만(2004, 2009-2010년; 등기 회장·부회장)은 3년 동안 임원이었다.

반면, 4세대 2명은 2005년 이후 줄곧 임원이다. 박정원은 상근이사, 등기 부회장·회장, 대표이사회장, 부회장을 거쳐 2012년부터 회장이며, 박태원은 상무, 전무, 부사장, 사장을 거쳐 2016년부터 부회장이다.

둘째, 두산인프라코어에서는 3세대 2명 중 박용만이 2005년 이후 줄곧 임원직을 보유하고 있으며 (대표이사, 회장, 등기회장), 박용성은 2014년까지 임원이었다 (상근·비상근 이사, 회장).

이에 비해, 4세대 4명의 참여는 제한적이었다. 박정원(2008-2011년; 비상근이사, 등기회장), 박진원 (2005-2010년; 상무, 전무), 박형원 (2007-2014년; 상무, 부사장) 등 3명은 2014년까지만 참여하였고, 박재원(상무)은 2018년에 처음 참여하여 아버지 박용만(등기회장)과 함께 임원직을 가지고 있다.

셋째, 오리콤에서는 3세대 박용성(비상근이사)과 박용만(상근·비상근 이사, 등기부회장)이 2010년까지 각각 2년, 9년 동안 경영에 관여하였다. 4세대 박혜원은 2008년부터 (이사, 상무, 전무, 부사장, 부회장) 그리고 박서원(부사장)은 2014년부터 미등기임원직을 가지고 있다.

〈표 3.11〉 박용곤 일가 임원, 2004-2019년: (3) 두산건설

	[3세대]			[4세대]	
	박용곤	박용현	박용만	박정원	박태원
2004			등기부회장		
2005		상근이사		부회장	상무
2006		대표이사		상근이사	상무
2007		대표이사회장		등기부회장	상무
2008	명예회장	대표이사회장		등기부회장	전무
2009	명예회장	회장	등기회장	대표이사회장	전무
2010	명예회장	회장	등기회장	등기회장	전무
2011		등기회장		등기회장	부사장
2012		회장		회장	부사장
2013		회장		회장	부사장
2014		회장		회장	사장
2015		회장		회장	사장
2016		회장		회장	부회장
2017		회장		회장	부회장
2018				회장	부회장
2019				회장	부회장

주: 1) (2005–2007, 2009, 2011-2012년) 이듬해 3월 현재; (2008, 2010, 2013-2018년) 12월 현재; (2019년) 6월 현재.
2) 두산건설 (이전 고려산업개발, 두산산업개발): 2004년 2월 두산그룹에 편입; 2004년 5월 기존 두산건설 합병, 상호 변경 (고려산업개발 → 두산산업개발); 2007년 3월 상호 변경 (두산산업개발 → 두산건설).
3) 등기 회장·부회장 = 상근이사; 대표·상근·비상근 이사 = 등기임원; 명예회장, 회장, 부회장, 사장, 부사장, 전무, 상무 = 미등기임원.
4) 3세대: 박용만, 박용곤 2010년 = 비상근.
5) 박용오 일가 2명 제외: 3세대 박용오 (2004년 대표이사회장, 2005-2006년 비상근이사); 4세대 박중원 (박용오 2남; 2004년 상무).
출처: 사업보고서, 반기보고서.

〈표 3.12〉 박용곤 일가 임원, 2005-2019년: (4) 두산인프라코어

	[3세대]		[4세대]			
	박용성	박용만	박정원	박진원	박형원	박재원
2005	비상근이사	대표이사		상무		
2006	비상근이사	대표이사		상무		
2007	상근이사	대표이사		전무	상무	
2008		등기회장	비상근이사	전무	상무	
2009	회장	등기회장	등기회장	전무	상무	
2010	회장	등기회장	등기회장	전무	상무	
2011	회장	등기회장	비상근이사		상무	
2012	회장	회장			상무	
2013	회장	회장			상무	
2014	회장	회장			부사장	
2015		회장				
2016		등기회장				
2017		등기회장				
2018		등기회장				상무
2019		등기회장				상무

주: 1) (2005-2007, 2012년) 이듬해 3월 현재; (2008-2011, 2013-2018년) 12월 현재; (2019년) 6월 현재.
2) 두산인프라코어 (이전 대우종합기계): 2005년 4월 두산그룹에 편입.
3) 등기회장 = 상근이사; 대표·상근·비상근 이사 = 등기임원; 회장, 부사장, 전무, 상무 = 미등기임원.
4) 4세대: 박정원 2009-2010년 = 비상근.
출처: 사업보고서, 반기보고서.

〈표 3.13〉 박용곤 일가 임원, 2000-2019년: (5) 오리콤

	[3세대]		[4세대]	
	박용성	박용만	박혜원	박서원
2000	비상근이사	비상근이사		
2001	비상근이사	비상근이사		
2002		비상근이사		
2003		비상근이사		
2004		등기부회장		
2005				
2006				
2007		상근이사		
2008		상근이사	이사	
2009		상근이사	상무	
2010		상근이사	전무	
2011			전무	
2012			전무	
2013			전무	
2014			부사장	부사장
2015			부사장	부사장
2016			부사장	부사장
2017			부회장	부사장
2018			부회장	부사장
2019			부회장	부사장

주: 1) (2000-2001, 2015-2018년) 12월 현재; (2002-2007, 2010-2014년) 이듬해 3월 현재; (2008-2009년) 시점 표시 없음, 12월 또는 이듬해 3월 현재; (2019년) 6월 현재.
2) 등기부회장 = 상근이사; 상근·비상근 이사 = 등기임원; 부회장, 부사장, 전무, 상무, 이사 = 미등기임원.
출처: 사업보고서, 반기보고서.

6. 맺음말

두산그룹의 4세대는 2016년에 경영권 승계를 그리고 2019년에 소유권 승계를 각각 완료하였다. 경영권 승계는 2000년 경영에 참여하기 시작한 이후 16년 만에 그룹회장직을 물려받으면서 마무리되었고, 소유권 승계는 2007년 3세대보다 많은 지분을 보유하기 시작한 이후 12년 만에 그룹동일인 지위를 물려받으면서 마무리되었다.

2000-2019년 사이 소유와 경영에 참여한 가족구성원은 각각 34명(3세대 7명, 4세대 14명, 5세대 13명), 14명(3세대 4명, 4세대 10명)이며, 2019년 6월 현재 소유권을 가진 사람은 27명(3세대 4명, 4세대 10명, 5세대 13명) 그리고 경영권을 가진 사람은 9명(3세대 1명, 4세대 8명)이다. 4세대 박정원이 그룹동일인 겸 그룹회장이다.

4세대의 소유·경영권 승계는 2006년 주력회사 ㈜두산이 지주회사로 재편되면서 본격화되었다.

2007년에 이전의 계열회사 지분은 모두 없어졌고, 대신 친족지분이 대폭 늘어났다. 늘어난 지분의 대부분이 4세대 몫으로 배정되면서 4세대 지분이 3세대 지분보다 처음으로 많아졌고, 4세대 박정원은 1위 주주가 되었다 (2007년 4.24%; 2019년 7.41%). 이후 4세대의 소유·경영권이 점차 강화되어 '2016년과 2019년 승계 완료'로 이어졌다.

㈜두산은 2009-2014년에는 공정거래법상 지주회사로서 그리

고 2015년 이후에는 실질적인 지주회사로서 지주기능을 강화하였으며, 2019년 6월 현재에는 24개 그룹 계열회사 중 2개 비상장회사를 제외한 22개 회사가 '박정원 → ㈜두산 → 21개 계열회사 [자회사 10개 + 손자회사 8개 + 증손회사 3개])'의 지배구조를 형성하고 있다.

제4부

LG 구광모와 두산 박정원: 4세대의 승계 비교

1. 머리말

LG그룹과 두산그룹의 동일인이 2019년 3세대(구본무, 박용곤)에서 4세대(구광모, 박정원)로 변경되었다. 한국재벌 중 4세대로의 승계가 완료된 것은 LG와 두산뿐이다.

LG그룹은 2001년부터 그리고 두산그룹은 2008년부터 지주회사체제를 채택하였으며, 지주회사 ㈜LG와 ㈜두산에 대한 가족 지분을 30-40%대로 증가시켜 소유권 및 경영권을 장악하였다. 지주회사 지분을 보유한 가족구성원은 매년 20명 내외였고, 2019년까지의 총 인원은 ㈜LG 23명, ㈜두산 34명이다. 또 지주회사를 포함하는 주요 5개 상장회사의 경영에 참여한 사람은

LG그룹 4명, 두산그룹 14명이다.

3세대에서 4세대로의 승계는, LG에서는 2018년 한 해 동안 완결된 반면, 두산에서는 2007년 (실질적 소유), 2016년 (경영), 2019년 (공식적 소유) 등 13년의 기간 동안 간격을 두고 나뉘어 진행되었다.

LG의 4세대 구광모는 구본무의 첫째 동생 구본능의 아들이었는데, 26세이던 2004년 후계자로 낙점되어 구본무의 양자가 되었다. 이후 지주회사 ㈜LG 지분을 늘여가 2014년부터는 3위 주주였다. 경영수업은 2015년부터 ㈜LG와 LG전자에서 받기 시작하였다. 2018년 5월 구본무가 세상을 떠나면서 구광모는 6월 ㈜LG의 대표이사회장 겸 그룹회장이 되었고, 11월 ㈜LG 최대주주 겸 그룹동일인이 되었다.

이에 비해, 두산의 4세대 박정원은 승계 준비 기간이 상당히 길었다. 2007년 지주회사 ㈜두산의 1위 주주가 되었는데, 공식적인 ㈜두산 최대주주 및 그룹동일인 신분은 아버지 박용곤이 보유하였다. 2000년부터 ㈜두산의 경영에 깊숙이 관여해 왔으며, 2016년 ㈜두산 대표이사회장 겸 그룹회장이 되었다. 그리고 2019년 5월 박용곤이 세상을 떠나면서 7월 ㈜두산의 최대주주 겸 그룹동일인이 되어 12년 만에 승계를 마무리하였다.

2. LG그룹과 두산그룹의 소유권 승계

2.1 지주회사 ㈜LG와 ㈜두산의 친족 지분

LG그룹과 두산그룹에 대한 구광모 일가와 박정원 일가의 소유권 장악은 각각 2001년, 2007년부터 시작되었다. 이 때 그룹 핵심 계열회사가 지주회사로 전환되거나(㈜LG) 전환되는 중이었고(㈜두산) 이후 지주회사에 대한 가족 지분이 확고해지고 강화되었다 (<표 4.1>).

2001년 LG화학은 공정거래법상 지주회사 ㈜LGCI로 전환되었으며 2003년 ㈜LG로 확대 개편되었다. ㈜두산은 2008년 실질적인 지주회사로 전환되었고, 2009-2014년 공정거래법상 지주회사로 지정되었으며, 2015년 지정에서 제외된 이후에는 실질적인 지주회사의 역할을 해오고 있다.

첫째, 공정거래법상 지주회사로 전환되기 직전인 2000년 현재 LG화학에서는 친족 지분(8.26%)이 특수관계인 지분(9.65%; 8.08%+1.57%)보다 적었고 최대주주는 비영리법인인 LG연암학원(1.57%)이었다.

2001년 지주회사로 전환되면서 친족 지분은 36%대로 뛰었고 최대주주는 3세대 구본무로 변경되었다. 친족 지분은 2004년까지 49%대로 더욱 높아졌으며, 이후 40%대가 유지되는 가운데 조금씩 감소하여 2019년에는 44.10%이다.

〈표 4.1〉 지주회사 ㈜LG와 ㈜두산의 친족 및 특수관계인 지분, 2000-2019년 (%)

(1) ㈜LG

	친족			특수관계인 (B)	A+B
	최대주주	친족	합 (A)		
2000	(1.57)	8.26	8.26	8.08	17.91
2001	4.62	32.00	36.62	9.23	45.85
2002	4.62	30.18	34.80	9.24	44.04
2003	5.46	32.95	38.41	11.96	50.37
2004	10.26	38.88	49.14	2.46	51.60
2005	10.33	38.52	48.85	2.46	51.31
2006	10.51	36.48	46.99	2.46	49.45
2007	10.51	35.73	46.24	2.46	48.70
2008	10.51	35.63	46.14	2.46	48.60
2009	10.68	35.45	46.13	2.46	48.59
2010	10.72	35.41	46.13	2.46	48.59
2011	10.83	35.30	46.13	2.46	48.59
2012	10.91	35.22	46.13	2.46	48.59
2013	11.00	35.12	46.12	2.46	48.58
2014	11.00	35.08	46.08	2.46	48.54
2015	11.28	34.70	45.98	2.46	48.44
2016	11.28	34.38	45.66	2.46	48.12
2017	11.28	32.91	44.19	2.46	46.65
2018	15.00	29.09	44.09	2.46	46.55
2019	15.00	29.10	44.10	2.46	46.56

(2) ㈜두산

	친족			특수관계인 (B)	A+B
	최대주주	친족	합 (A)		
2000	5.12	14.92	20.04	44.15	64.19
2001	5.00	13.48	18.48	42.58	61.06
2002	4.17	9.91	14.08	38.03	52.11
2003	4.14	12.00	16.14	32.45	48.59
2004	3.98	11.51	15.49	27.07	42.56
2005	3.70	13.68	17.38	21.82	39.20
2006	3.69	17.85	21.54	17.58	39.12
2007	3.63	31.88	35.51	2.01	37.52
2008	3.52	30.91	34.43	2.21	36.64
2009	3.46	30.78	34.24	2.16	36.40
2010	3.43	30.89	34.32	2.31	36.63
2011	1.05	33.66	34.71	2.63	37.34
2012	1.39	40.50	41.89	3.00	44.89
2013	1.38	40.46	41.84	3.00	44.84
2014	1.36	39.75	41.11	2.94	44.05
2015	1.36	39.31	40.67	3.38	44.05
2016	1.43	41.37	42.80	3.57	46.37
2017	1.51	43.55	45.06	3.74	48.80
2018	1.59	45.87	47.46	3.62	51.08
2019	7.41	36.21	43.62	3.62	47.24

주: 1) (2000-2018년) 12월 또는 이듬해 3월 현재, (2019년) 6월(㈜LG) 또는 7월(㈜두산) 현재; 보통주 기준.
2) ㈜LG: LG화학 (2000년), ㈜LGCI (2001-2002년), ㈜LG (2003-2019년).
3) 최대주주: [㈜LG] LG연암학원 (2000년), 구본무 (2001-2017년), 구광모 (2018-2019년);
[㈜두산] 박용곤 (2000-2018년), 박정원 (2019년).
4) 특수관계인: [㈜LG] 계열회사+비영리법인+임원 (2000-2003년),
비영리법인+임원 (2004-2012, 2019년), 비영리법인 (2013-2018년);
[㈜두산] 계열회사+비영리법인 (2000-2006년), 비영리법인 (2007년),
비영리법인+임원 (2008-2019년).

출처: <표 2.3>, <표 3.3>.

최대주주 지분은 증가 추세를, 기타 친족 지분은 감소 추세를 보였다. 구본무의 지분은 2001년 4%대에서 2004년 10%대가 되었으며, 이후 매년 조금씩 늘어나 2017년에는 11.28%였다. 2018년 11월 최대주주가 된 구광모의 지분은 15%로 더욱 늘어났다. 같은 기간 최대주주를 제외한 기타 친족 지분은 38%대(2004년)에서 29%대(2018-2019년)로 줄어들었다.

둘째, ㈜두산에서는 2000년 이후 최대주주는 3세대 박용곤인 가운데 2005년까지 친족 지분(15-20%대)이 특수관계인 지분(21-44%대)보다 적었다.

지주회사로의 전환이 선언된 2006년 특수관계인 지분(17%대)보다 친족 지분(21%대)이 비로소 많아졌으며, 실질적인 지주회사로 전환되기(2008년 3월) 직전인 2007년 12월에는 35%대로 1.6배 증가하였다. 이후 친족 지분은 증가 추세를 보여 2012년에는 41%대가 되었고 2018년에는 47.46%로 최대치를 기록하였다.

㈜LG에서와는 달리, 최대주주 지분은 적은 가운데 감소 추세를, 기타 친족 지분은 증가 추세를 보였다. 박용곤의 지분은 2007-2019년 3%대, 2011년 이후 1%대였으며, 기타 친족 지분은 2007년 31%대에서 2018년에는 45%대로 1.4배 증가하였다. 하지만 2019년 들어 큰 변화가 생겼다. 7월에 바뀐 새 최대주주(박정원) 지분이 7.41%로 크게 늘어난 반면 기타 친족 지분(36.21%) 및 전체 친족 지분(43.62%)은 줄어들었다.

셋째, 2019년 현재 ㈜LG와 ㈜두산 모두에서 친족 지분은 각각 44.10%, 43.62%로 지주회사 및 그룹에 대한 가족 소유권 장악은 확고한 상태이다. 특히 4세대 구광모와 박정원이 새 최대주주가 되면서 3세대 최대주주 지분보다 크게 증가한 점은 주목할 만하다.

넷째, 특수관계인 중 계열회사의 지분은 2004년(㈜LG), 2007년(㈜두산)부터 없어졌다. 계열회사 간의 순환출자가 해소되고 지주회사를 중심으로 소유구조가 단순 명료해진 것으로 볼 수 있다. 반면 비영리법인 지분은 2000년 이후 1-3%대에서 존속하고 있으며, 2019년 현재에는 각각 2개씩이다: [㈜LG] LG연암학원 2.13%, LG연암문화재단 0.33%, 합 2.46%; [㈜두산] 두산연강재단 3.09%, 동대문미래재단 0.52%, 합 3.61%.

2.2 3세대와 4세대의 지분

㈜LG에서는 2019년까지 3세대 지분이 줄곧 우위를 보인 반면, ㈜두산에서는 2007년부터 4세대 지분이 더 많아졌다 (<표 4.2>).

㈜LG에서는 지주회사 첫 해인 2001년 3세대 지분은 13%대, 4세대 지분은 2%대였다. 통합지주회사 ㈜LG가 출범한(2003년 3월) 이듬해인 2004년에는 각각 35%대, 5%대로 늘어난 가운데 격차는 더 벌어졌으며 이 상황은 2017년까지 계속되었다. 3세대 지분은 32-36%대에서 감소 추세를, 4세대 지분은 5-9%대에서 증가 추세를 보였으며, 2017년 현재에는 각각 32%대, 9%대

였다.

2018년에는 큰 변화가 일어나, 3세대 구본무가 사망하고 그 지분을 4세대 구광모가 물려받으면서 3세대 지분은 21%대, 4세대 지분은 20%대가 되었는데, 격차가 1% 가량으로 줄어들기는 하였지만 3세대의 우위는 유지되고 있다.

이에 비해 ㈜두산에서는 2007년 4세대 지분이 3세대 지분보다 많아졌으며 이후 격차는 더 벌어졌다. 4세대 지분은 2000-2004년 0.5-0.6%대, 2005-2006년 3-7%대였고, 같은 기간 3세대 지분은 감소 추세를 보이는 가운데 13-19%대였다.

이러한 상황은 2007년 4세대 지분이 3세대 지분보다 1.8배 많은 상태로 역전되었다 (22%대 vs. 12%대). 친족 지분이 2006년의 21%대에서 2007년에 35%대로 늘어나면서 증가분의 대부분이 4세대에게 배정된 때문이었다. 4세대 지분은 2006년 7%대에서 2007년 22%대로 3배 이상 증가한 반면 3세대 지분은 13%대에서 12%대로 줄어들었다. 이후 4세대 지분은 지속적으로 증가하여 2018년에는 33%대가 되었으며, 3세대 지분은 11-12%대가 유지되었다. 2019년 현재에는 4세대가 3세대보다 2.8배 더 많다 (31.70% vs. 11.40%).

한편, 3·4세대 외에 ㈜LG에는 2세대(2000년 이후)가 그리고 ㈜두산에는 5세대(2007년 이후)가 지분을 보유하였다. 크기는 각각 0.1-0.9%대, 0.2-0.5%대로 미미하다. ㈜LG 2세대 구자경은 2019년 말에 세상을 떠났으며, ㈜두산 5세대 지분은 조금씩이지만 증가 추세를 보이고 있다.

〈표 4.2〉 ㈜LG와 ㈜두산의 친족 지분, 2000-2019년:
(1) 세대별 지분 (%)

(1) ㈜LG 구본무 일가

	2세대	3세대	4세대	합
2000	0.10	2.87	0.77	3.74
2001	0.39	13.94	2.08	16.41
2002	0.38	14.63	2.16	17.17
2003	0.58	19.06	1.90	21.54
2004	0.96	35.77	5.79	42.52
2005	0.96	36.12	5.81	42.89
2006	0.96	34.98	5.94	41.88
2007	0.96	33.99	7.54	42.49
2008	0.96	33.99	7.69	42.64
2009	0.96	33.97	7.83	42.76
2010	0.96	34.11	7.87	42.94
2011	0.96	34.34	7.87	43.17
2012	0.96	34.48	7.87	43.31
2013	0.96	34.57	7.83	43.36
2014	0.96	33.45	8.92	43.33
2015	0.96	33.33	9.37	43.66
2016	0.96	32.82	9.91	43.69
2017	0.96	32.59	9.01	42.56
2018	0.96	21.18	20.29	42.43
2019	0.96	21.18	20.29	42.43

(2) ㈜두산 박용곤 일가

	3세대	4세대	5세대	합
2000	19.42	0.63		20.05
2001	17.86	0.63		18.49
2002	13.53	0.54		14.07
2003	15.60	0.52		16.12
2004	14.99	0.50		15.49
2005	13.93	3.44		17.37
2006	13.90	7.64		21.54
2007	12.51	22.82	0.22	35.55
2008	11.82	22.38	0.26	34.46
2009	11.70	22.27	0.30	34.27
2010	11.89	22.11	0.34	34.34
2011	9.61	24.76	0.34	34.71
2012	11.79	29.68	0.41	41.88
2013	11.78	29.67	0.41	41.86
2014	11.57	29.11	0.42	41.10
2015	11.13	29.11	0.42	40.66
2016	11.71	30.64	0.43	42.78
2017	12.33	32.26	0.47	45.06
2018	12.99	33.95	0.55	47.49
2019	11.40	31.70	0.55	43.65

주: 1) (2000-2018년) 12월 또는 이듬해 3월 현재, (2019년) 6월(㈜LG) 또는 7월(㈜두산) 현재.
2) ㈜LG: [2세대] 구자경 1명, [3·4세대] 구자경 자녀 4남2녀 일가 (1남 구본무, 1녀 구훤미, 2남 구본능, 3남 구본준, 2녀 구미정, 4남 구본식).
3) ㈜두산: [3세대] 박용곤 형제·자매 5남1녀 일가 (1남 박용곤, 1녀 박용언, 2남 박용오, 3남 박용성, 4남 박용현, 5남 박용만; 박용언 (2000-2002년), 박용오 (2000-2007년) 일가는 일부 연도에만 지분 보유함.

출처: <표 2.6>, <표 3.5>.

2.3 4세대 구광모와 박정원의 소유권 승계

2.3.1 개관

2000-2019년 사이 지주회사 지분을 보유한 가족구성원은 ㈜LG 구광모 일가 23명, ㈜두산 박정원 일가 34명이며, 매년 지분에 참여한 인원은 각각 18-22명, 15-27명이다:

[㈜LG] 19명 (2000-2001년), 20명 (2002년), 22명 (2003년), 21명 (2004-2005년), 22명 (2006년), 21명 (2007-2014), 22명 (2015-2016년), 19명 (2017년), 18명 (2018-2019년);

[㈜두산] 18명 (2000-2001년), 17명 (2002년), 15명 (2003-2004년), 16명 (2005-2006년), 29명 (2007년), 28명 (2008-2018년), 27명 (2019년).

세대별로는, 구광모 일가 '2세대 1명, 3세대 10명, 4세대 12명'이며, 박정원 일가 '3세대 7명, 4세대 14명, 5세대 13명'이다. 이들 중 보다 많은 지분을 보유한 사람은 각각 5명(3세대 4명, 4세대 1명), 14명(4명, 10명)이다 (<표 4.3>; <표 4.2> 참조).

㈜LG 관련 5명은 3세대 구본무 및 남자 형제 3명 (구본능, 구본준, 구본식) 그리고 구본무 양자 구광모이다. 또 ㈜두산 관련 14명은 3세대 박용곤 및 남자 형제 3명 (박용성, 박용현, 박용만) 그리고 이들 4명의 자녀 3·2·3·2명씩 모두 10명이다 (박정원, 박지원, 박혜원; 박진원, 박석원; 박태원, 박형원, 박인원; 박서원, 박재원).

〈표 4.3〉 ㈜LG와 ㈜두산의 친족 지분, 2000-2019년:
(2) 주요 개인별 지분 (%)

(1) ㈜LG 구본무 일가

	[3세대]				[4세대]
	1남 구본무	2남 구본능	3남 구본준	4남 구본식	1남 구광모
2000	0.69	0.34	0.54	0.31	0.04
2001	4.62	2.03	2.89	1.66	0.12
2002	4.62	1.99	3.71	1.66	0.14
2003	5.46	2.37	3.58	2.12	0.27
2004	10.26	4.76	7.34	4.30	2.80
2005	10.33	4.76	7.50	4.30	2.80
2006	10.51	4.99	7.58	4.46	2.85
2007	10.51	5.01	7.58	4.46	4.45
2008	10.51	5.01	7.58	4.46	4.58
2009	10.68	5.01	7.58	4.46	4.67
2010	10.72	5.04	7.63	4.48	4.72
2011	10.83	5.07	7.72	4.48	4.72
2012	10.91	5.13	7.72	4.48	4.72
2013	11.00	5.13	7.72	4.48	4.84
2014	11.00	4.03	7.72	4.48	5.94
2015	11.28	3.45	7.72	4.48	6.03
2016	11.28	3.45	7.72	4.48	6.24
2017	11.28	3.45	7.72	4.48	6.24
2018		3.45	7.72	4.48	15.00
2019		3.45	7.72	4.48	15.00

(2) ㈜두산 박용곤 일가

	[3세대]			
	1남 박용곤	3남 박용성	4남 박용현	5남 박용만
2000	5.12	3.58	3.52	1.86
2001	5.00	3.49	3.44	1.82
2002	4.17	2.92	2.87	1.73
2003	4.14	2.90	2.85	3.88
2004	3.98	2.79	2.74	3.72
2005	3.70	2.59	2.55	3.46
2006	3.69	2.58	2.55	3.45
2007	3.63	2.54	2.51	3.40
2008	3.52	2.49	2.46	3.33
2009	3.46	2.47	2.44	3.31
2010	3.43	2.45	2.42	3.43
2011	1.05	2.48	2.45	3.47
2012	1.39	3.04	3.00	4.17
2013	1.38	3.04	3.00	4.17
2014	1.36	2.98	2.95	4.09
2015	1.36	2.98	2.95	3.65
2016	1.43	3.14	3.10	3.84
2017	1.51	3.31	3.26	4.04
2018	1.59	3.48	3.44	4.26
2019		3.48	3.44	4.26

(2) ㈜두산 박용곤 일가 (계속)

	[4세대]				
	1남 박정원	1녀 박혜원	2남 박지원	1남 박진원	2남 박석원
2000	0.15	0.02	0.08	0.06	0.05
2001	0.15	0.02	0.08	0.06	0.05
2002	0.13	0.02	0.07	0.05	0.04
2003	0.13	0.02	0.07	0.05	0.04
2004	0.12	0.02	0.07	0.05	0.04
2005	0.68	0.21	0.42	0.46	0.38
2006	1.46	0.47	0.94	1.03	0.85
2007	4.24	1.41	2.82	3.10	2.54
2008	4.15	1.38	2.77	3.04	2.49
2009	4.13	1.37	2.75	3.03	2.48
2010	4.10	1.36	2.73	3.00	2.46
2011	5.35	1.78	3.57	3.04	2.48
2012	6.41	2.13	4.27	3.64	2.98
2013	6.40	2.13	4.27	3.64	2.98
2014	6.29	2.09	4.19	3.57	2.92
2015	6.29	2.09	4.19	3.57	2.92
2016	6.62	2.20	4.41	3.76	3.08
2017	6.96	2.32	4.64	3.96	3.24
2018	7.33	2.44	4.89	4.17	3.41
2019	7.41	2.46	4.94	3.64	2.98

(3) ㈜두산 박용곤 일가 (계속)

	[4세대]				
	1남 박태원	2남 박형원	3남 박인원	1남 박서원	1녀 박재원
2000	0.09	0.03	0.03		
2001	0.09	0.03	0.03		
2002	0.08	0.03	0.03		
2003	0.08	0.03	0.03		
2004	0.08	0.03	0.03		
2005	0.37	0.25	0.25	0.22	0.18
2006	0.79	0.56	0.56	0.53	0.43
2007	2.29	1.69	1.69	1.67	1.37
2008	2.25	1.66	1.66	1.64	1.34
2009	2.24	1.65	1.65	1.63	1.34
2010	2.22	1.64	1.64	1.62	1.34
2011	2.24	1.66	1.66	1.63	1.35
2012	2.69	1.99	1.99	1.96	1.62
2013	2.69	1.99	1.99	1.96	1.62
2014	2.64	1.95	1.95	1.92	1.59
2015	2.64	1.95	1.95	1.92	1.59
2016	2.78	2.05	2.05	2.02	1.67
2017	2.93	2.16	2.16	2.13	1.76
2018	3.08	2.27	2.27	2.24	1.85
2019	2.70	1.99	1.99	1.96	1.63

주: (2000-2018년) 12월 또는 이듬해 3월 현재, (2019년) 6월(㈜LG) 또는 7월(㈜두산) 현재.
출처: <표 2.7>, <표 3.6>.

4세대로의 '최대주주 신분 및 소유권' 승계는 ㈜LG(구광모)에서는 2018년에, ㈜두산(박정원)에서는 2019년에 진행되었다. 박정원은 2007년에 1위 주주가 되었으며, 2019년에 뒤늦게 공식적인 최대주주 신분을 가지게 되었다.

2.3.2 박정원의 소유권 승계

4세대 박정원의 소유권 승계는 2007년 시작되었다. 2006년 1.4%대에서 2007년 4.2%대로 2.9배 증가하면서 ㈜두산의 '1위 주주'가 된 것이다. 이후 지분은 꾸준히 늘어나 2018년에는 7.33%였다. 하지만, ㈜두산의 공식적인 최대주주 그리고 그룹 동일인은 아버지 박용곤(지분 1-3%대)이었으며, 따라서 소유권의 완전한 승계는 이루어지지 못한 상태가 계속되었다.

2019년 3월 박용곤이 세상을 떠나고 7월 지분(1.59%) 상속이 마무리되면서 박정원은 지주회사 최대주주 겸 그룹 동일인으로 비로소 자리매김하게 되었다. 지분은 7.41%로 조금 늘어났다. 2007년 1위 주주가 된지 12년 그리고 2016년 대표이사회장이 되어 경영권을 승계한지 3년이 지난 뒤였다.

2.3.3 구광모의 소유권 승계

4세대 구광모의 소유권 승계는 2018년에 완료되었다. 구본능의 아들인 구광모는 2004년 구본무의 양자로 입적되었으며, 이후 그의 지분은 꾸준히 늘어나 2004년 2.8%대에서 2017년에는

6.2%대가 되었다. 2014-2017년 구광모는 구본무와 구본준에 이어 3위 주주였다.

2018년에 이러한 상황은 급변하였다. 5월 구본무가 세상을 떠났고, 11월 지분(11.28%)의 거의 대부분이 구광모에게로 상속되면서 그의 지분은 2017년 6.24%에서 2018년에는 15%로 2.4배 증가하였고 최대주주 및 그룹동일인 신분 또한 물려받았다. 6월 대표이사회장 및 그룹회장에 취임하여 경영권을 계승한 지 5개월 만에 소유권 또한 계승하였다.

3. LG그룹과 두산그룹의 경영권 승계

3.1 친족 임원: 지주회사 포함 5개 상장회사

3.1.1 개관

2000-2019년 사이 그룹의 주요 5개 상장회사 경영에 참여한 가족구성원은 LG 구광모 일가 4명(2세대 1명 + 3세대 2명 + 4세대 1명) 그리고 두산 박정원 일가 14명(2세대 0명 + 3세대 4명 + 4세대 10명)이다. 2019년 현재 직책을 유지하고 있는 사람은 각각 1명(0+0+1명), 9명(0+1+8명)이다 (<표 4.4>).

'구광모 일가 4명'은 2세대 구자경, 3세대 구본무와 둘째 동생 구본준, 그리고 구본무의 양자 4세대 구광모이다. '박정원 일가 14명' 중 4명은 3세대 박용곤, 박용성, 박용현, 박용만 4형제이며, 4세대 10명은 3세대 4명의 자녀 10명(남자 8명, 여자 2명) 모두이다: [박용곤] 1남 박정원, 1녀 박혜원, 2남 박지원; [박용성] 1남 박진원, 2남 박석원; [박용현] 1남 박태원, 2남 박형원, 3남 박인원; [박용만] 1남 박서원, 1녀 박재원.

박정원 일가 14명은 모두 지주회사 ㈜두산의 주요 주주들이다. 반면, 구본무 일가 4명 중에서는 3·4세대 3명이 지주회사 ㈜LG의 주요 주주이며, 다른 주요 주주 2명(구본능, 구본식; 구본무의 첫째, 셋째 동생)은 경영에 참여하지 않았다.

LG의 경영은 3세대 구본무·구본준 형제 '2인 체제'로 진행되어 오다가 2018년 4세대 구광모 '1인 체제'로 바뀌었다. 이에 비해, 두산의 경영은 3·4세대 '공동 체제'가 유지되는 가운데 4세대의 역할이 점차 커졌고 2016년부터 박정원 중심의 4세대 '공동 체제'가 구축되어 오고 있다.

3.1.2 LG그룹

LG 4명 중 구본준은 5개 상장회사 모두에 임원 직책을 가졌다. 구본무와 구광모는 같은 2개 회사(㈜LG, LG전자)에, 구자경은 1개 회사(LG화학)에 관여하였다. 회사별로 보면 주력 3개 회사인 ㈜LG에 3명, LG전자에 3명, LG화학에 2명이고, LG상사와 LG디스플레이에 각각 1명씩이다.

〈표 4.4〉 친족 임원, 2000-2019년: (1) 5개 상장회사

(1) 개관

[친족 임원]	[2세대 + 3세대 + 4세대]
LG그룹	4명 = 1명 + 2명 + 1명 (2019년) 1명 = 0명 + 0명 + 1명
두산그룹	14명 = 0명 + 4명 + 10명 (2019년) 9명 = 0명 + 1명 + 8명
[회사별 임원]	[3세대 + 4세대]
LG그룹	㈜LG 3명 (2명+1명), LG전자 3 (2+1), LG화학 1 (1+0), LG디스플레이 1 (1+0), LG상사 1 (1+0) * 2세대 1명은 LG화학
두산그룹	㈜두산 10명 (4명+6명), 두산중공업 6 (3+3), 두산인프라코어 6 (2+4), 두산건설 5 (3+2), 오리콤 4 (2+2)

(2) LG 구본무 일가: 임원직 보유 연도 (년)

	회사 (개)	기간 (년)	㈜LG	LG전자	LG화학	LG디스플레이	LG상사
[2세대]							
구자경	1	1			07		
[3세대]							
구본무	2	18	00-17*	00-02*			
구본준	5	19	16-18	02, 10-18*	16-18*	00-06*	07-09*
[4세대]							
구광모	2	5	15-16, 18-19*	17			

(3) 두산 박용곤 일가: 임원직 보유 연도 (년)

	회사 (개)	기간 (년)	㈜두산	두산 중공업	두산 건설	두산인프라코어	오리콤
[3세대]							
박용곤	2	10	00-02, 11-14*		08-10		
박용성	4	15	00-02, 09-11*	00-14*		05-07, 09-14*	00-01*
박용현	3	13	09-11*	11, 13-16	05-17*		
박용만	5	20	00-05, 07-19*	00-11, 15-16*	04, 09-10*	05-19*	00-04, 07-10*
[4세대]							
박정원	3	20	00-19*		05-19*	08-11*	
박혜원	2	14	05-06				08-19
박지원	2	20	09-19*	00-19*			
박진원	2	8	13-14			05-10	
박석원	2	5	18-19	07-09			
박태원	1	15			05-19		
박형원	1	8				07-14	
박인원	1	10		10-19			
박서원	2	6	15-19				14-19
박재원	1	2				18-19	

주: 1) (2000-2018년) 12월 또는 이듬해 3월 현재, (2019년) 6월 현재; * 등기임원 포함.

2) LG그룹: 구본무 일가 외의 '기타 친족' 8명은 제외; [구씨 4개 일가 6명] 2세대 3명 (구자학; 구자민; 구자홍), 3세대 3명 (구본걸, 구본순, 구본진) – LG전자 (2000-2010년), LG상사 (2000-2005년); [허씨 1개 일가 2명] 3세대 (허창수, 허명수) – ㈜LG (2000-2004년), LG전자 (2000-2002년).

3) 두산그룹: 박용오 일가 2명은 제외; [3세대] 박용오 – ㈜두산 (2000-2005년), 두산건설 (2004-2006년); [4세대] 박중원 (박용오 2남) – 두산건설 (2004년).

출처: <표 2.8>, <표 3.7>.

직책 보유 기간에서도 구본준이 19년(2000-2018년)으로 가장 길다. 그다음이 구본무 18년 (2000-2017년), 구광모 5년 (2015-2019년), 구자경 1년 (2007년) 등이다.

구본무는 지주회사 ㈜LG(2000-2017년)에 주력한 반면 구본준은 LG전자(2010-2018년)를 중심으로 그 이전에는 다른 2개 회사에 (LG디스플레이 2000-2006년, LG상사 2007-2009년) 그리고 그 이후에는 나머지 2개 회사에도 (㈜LG 2016-2018년, LG화학 2016-2018년) 관여하였다. 2016년부터는 주력 3개 회사(㈜LG, LG전자, LG화학)의 임원이었다. 그룹의 경영은 3세대 구본무·구본준 형제의 '투톱 체제'로 진행되어 온 것으로 볼 수 있다. 2018년 6월 4세대 구광모가 경영권을 계승하면서, 2019년 3월 구본준이 경영 일선에 물러나고 구광모 '원톱 체제'가 구축되었다.

3.1.3 두산그룹

두산의 14명 중에서는 4명 3세대(2-5개 회사)가 10명 4세대(1-3개 회사)에 비해 보다 많은 회사의 경영에 관여하였다. 3세대 박용만이 유일하게 5개 회사 모두에 임원직을 보유하였다. 그리고 4개 회사 관련 1명 (3세대 박용성), 3개 회사 관련 2명 (3세대 박용현, 4세대 박정원), 2개 회사 관련 6명 (3세대 박용곤, 4세대 박혜원, 박지원, 박진원, 박석원, 박서원), 1개 회사 관련 4명 (4세대 박태원, 박형원, 박인원, 박재원) 등이다.

회사별로 보면, 주력 2개 회사인 ㈜두산에 10명(3세대 4명 + 4세대 6명), 두산중공업에 6명(3+3명)이 관련되어 있고, 두산인프라코어 6명 (2+4명), 두산건설 5명 (3+2명), 오리콤 4명 (2+2명) 등이다.

임원직 보유 기간에서도 3세대가 대체로 더 길다. 3세대 4명과 4세대 5명이 10년 이상 동안 임원직을 보유하였다. 3세대 박용만과 4세대 박정원, 박지원이 전 기간인 20년(2000-2019년)으로 가장 길다. 박정원은 ㈜두산에 그리고 박지원은 두산중공업에 2000년 이후 줄곧 관여하였으며, 박용만은 ㈜두산에 2006년을 제외하고 임원직을 보유하였다. 그다음이 박용성 15년 (3세대; 2000-2014년), 박태원 15년 (4세대; 2005-2019년), 박혜원 14년 (4세대; 2005-2006, 2008-2019년), 박용현 13년 (3세대; 2005-2017년), 박용곤 10년 (3세대; 2000-2002, 2008-2010, 2011-2014년), 박인원 10년 (4세대; 2010-2019년) 등이다.

14명 중 나머지 4세대 5명은 8-2년 사이의 기간 동안 임원이었다 (박진원 8년, 박형원 8년, 박서원 6년, 박석원 5년, 박재원 2년). 4세대 박재원은 2018년에 처음 두산인프라코어의 임원이 되어, 아버지 박용만과 함께 경영에 참여하고 있다.

2019년 현재에는 14명 중 9명(3세대 1명 + 2세대 8명)이 5개 상장회사의 임원이다. ㈜두산 5명, 나머지 4개 회사 각각 2명씩이다. ㈜두산(1+4명)과 두산인프라코어(1+1명)에는 3·4세대가 함께 임원이고 3개 회사에는 4세대 임원만 있다. 또 9명 중 3세대 박용만과 4세대 3명(박정원, 박지원, 박서원)은 각각 2개 회사에, 4세대 5명은 각각 1개 회사에 임원 직책을 가지고 있다.

전체적으로 보면, 2000년 이후 3세대와 4세대가 '공동 경영'을 하는 가운데 경영권이 4세대로 서서히 이동해 4세대 '공동 경영'이 구축된 것으로 볼 수 있다. 3세대 박용곤은 2014년까지 그리고 박용성과 박용현은 2017년까지 임원이었고, 4세대 박인원, 박서원, 박재원은 2010-2018년 사이에 임원이 되었다.

3.2 4세대 구광모와 박정원의 경영권 승계

3.2.1 개관

2000-2019년 사이 지주회사의 경영에 참여한 가족구성원은 ㈜LG 구광모 일가 3명, ㈜두산 박정원 일가 10명이다. 세대별로 보면, 구광모 일가 '3세대 2명, 4세대 1명', 박정원 일가 '3세대 4명, 4세대 6명'이다. 이들 중 2019년 현재에도 직책을 가지고 있는 사람은 각각 1명(3세대 0명 + 4세대 1명), 5명(1명+4명)이다 (<표 4.5>, <표 4.6>; <표 4.4> 참조).

㈜LG 3명은 3세대 구본무와 구본준, 4세대 구광모이다. ㈜두산 10명 중 4명은 3세대 박용곤, 박용성, 박용현, 박용만이고, 4세대 6명(남자 5명, 여자 1명)은 3세대 3명의 자녀 7명 중 일부이다: [박용곤] 1남 박정원, 1녀 박혜원, 2남 박지원; [박용성] 1남 박진원, 2남 박석원; [박용만] 1남 박서원.

㈜LG 3명 그리고 ㈜두산 10명은 모두 지주회사의 주요 주주

들이다. 4세대로의 경영권 승계는 ㈜LG(구광모)에서는 2018년에 그리고 ㈜두산(박정원)에서는 2016년에 진행되었다.

3.2.2 구광모의 경영권 승계

3세대 구본무는 2000년 이후 줄곧 ㈜LG의 대표이사회장 및 그룹회장 직책을 보유하였다. 다만, 지주회사로 전환되기 직전인 2000년의 LG화학에서는 가족소유권이 뒷받침되지 않은 상태였다. 최대주주도 비영리법인인 LG연암학원이었다. 2001년 지주회사로 전환되면서 구본무는 최대주주가 되었고 가족소유권 또한 확보되었다.

구본무의 동생 구본준은 2016-2018년 3년 동안 ㈜LG 미등기부회장이었다. 2010년부터 LG전자 경영에 주력해 왔는데(2010년 등기부회장, 2011-2015년 대표이사부회장, 2016-2018년 비상근이사부회장), 2016년에 ㈜LG(미등기부회장)와 LG화학(비상근이사부회장) 임원직도 보유한 후 3년 동안 일시적으로 관여하였다. 4세대로의 경영권 이양을 위한 사전포석이었던 것으로 짐작된다. 구본무가 건강 문제로 경영에 집중할 수 없게 되면서 동생을 대리인으로 내세우는 한편으로, 2015년 ㈜LG 상무로서 경영의 첫발을 내디딘 후계자 구광모의 후견인 역할도 함께 수행하도록 하기 위함이었던 것으로 추측된다.

4세대 구광모는 2015년 초에 ㈜LG 상무로서 경영수업을 받기 시작하였다. 2017년 초까지 2년 동안에는 시너지팀에서 그리고 2017년 말까지 1년 남짓은 경영전략팀에서 근무하였다. 2017년 말부터는 LG전자 상무로 자리를 옮겨 ID사업부장직을 수행하였다. 2018년 5월 구본무는 세상을 떠났고, 1개월 뒤인 6월 '상무 경력 3년 차'인 구광모는 ㈜LG의 대표이사회장 및 그룹회장 신분을 갑작스럽게 계승하였다. 이후 6개월여가 지난 2019년 초 구본준은 3개 회사 모두의 임원직을 내놓고 경영 일선에서 물러났다.

〈표 4.5〉 친족 임원, 2000-2019년: (2) ㈜LG와 ㈜두산

(1) 개관

[친족 임원]	[3세대 + 4세대]	
㈜LG	3명 = 2명 + 1명	(2019년) 1명 = 0명 + 1명
㈜두산	10명 = 4명 + 6명	(2019년) 5명 = 1명 + 4명
[임원 연도]		
㈜LG	[3세대] 구본무 18년 (00-17년)	구본준 3년 (16-18)
	[4세대] 구광모 4년 (15-16, 18-19)	
㈜두산	[3세대] 박용곤 7년 (00-02, 11-14)	박용성 6년 (00-02, 09-11)
	박용현 3년 (09-11)	박용만 19년 (00-05, 07-19)
	[4세대] 박정원 20년 (00-19)	박혜원 2년 (05-06)
	박지원 11년 (09-19)	박진원 2년 (13-14)
	박석원 2년 (18-19)	박서원 5년 (15-19)

(2) ㈜LG

	[3세대]		[4세대]
	구본무	구본준	구광모
2000	대표이사회장		
2001	대표이사회장		
2002	대표이사회장		
2003	대표이사회장		
2004	대표이사회장		
2005	대표이사회장		
2006	대표이사회장		
2007	대표이사회장		
2008	대표이사회장		
2009	대표이사회장		
2010	대표이사회장		
2011	대표이사회장		
2012	대표이사회장		
2013	대표이사회장		
2014	대표이사회장		
2015	대표이사회장		상무
2016	대표이사회장	부회장	상무
2017	대표이사회장	부회장	
2018		부회장	대표이사회장
2019			대표이사회장

(3) ㈜두산

	[3세대]			
	박용곤	박용성	박용현	박용만
2000	비상근이사	비상근이사		대표이사사장
2001	비상근이사	비상근이사		대표이사사장
2002	비상근이사	비상근이사		대표이사사장
2003				대표이사사장
2004				대표이사부회장
2005				대표이사
2006				
2007				상근이사
2008				상근이사
2009		비상근이사	대표이사회장	대표이사회장
2010		비상근이사	대표이사회장	대표이사회장
2011	명예회장	비상근이사	비상근이사	대표이사회장
2012	명예회장			대표이사회장
2013	명예회장			대표이사회장
2014	명예회장			대표이사회장
2015				대표이사회장
2016				회장
2017				회장
2018				회장
2019				회장

	[4세대]					
	박정원	박혜원	박지원	박진원	박석원	박서원
2000	대표이사 부사장					
2001	대표이사 사장					
2002	대표이사 사장					
2003	상근이사					
2004	상근이사					
2005	비상근 이사	상무				
2006	비상근 이사	상무				
2007	비상근 이사					
2008	비상근 이사					
2009	비상근 이사		등기사장			
2010	비상근 이사		등기사장			
2011	등기회장		사장			
2012	등기회장		부회장			
2013	등기회장		부회장	사장		
2014	등기회장		부회장	사장		

	[4세대]					
	박정원	박혜원	박지원	박진원	박석원	박서원
2015	등기회장		부회장			전무
2016	대표이사 회장		부회장			전무
2017	대표이사 회장		부회장			전무
2018	대표이사 회장		부회장		부사장	전무
2019	대표이사 회장		부회장		부사장	전무

주: 1) (2000-2018년) 12월 또는 이듬해 3월 현재, (2019년) 6월 현재.
2) 등기 회장·사장 = 상근이사; 대표·상근·비상근 이사 = 등기임원; 명예회장, 회장, 부회장, 사장, 부사장, 전무, 상무 = 미등기임원.
3) ㈜LG: 3세대 허창수는 제외함 (2000-2004년, 비상근이사).
4) ㈜두산: 2005-2008년 – 회장 등의 직책 표시 없음; 3세대 박용오는 제외함 (2000-2004년 대표이사회장, 2005년 비상근이사).

출처: <표 2.9>, <표 3.9>.

〈표 4.6〉 주요 4세대 친족 임원, 2000-2019년

	구광모		박정원	
	㈜LG	LG전자	㈜두산	두산건설
2000			대표이사부사장	
2001			대표이사사장	
2002			대표이사사장	
2003			상근이사	
2004			상근이사	
2005			비상근이사	부회장
2006			비상근이사	상근이사
2007			비상근이사	등기부회장
2008			비상근이사	등기부회장
2009			비상근이사	대표이사회장
2010			비상근이사	등기회장
2011			등기회장	등기회장
2012			등기회장	회장
2013			등기회장	회장
2014			등기회장	회장
2015	상무		등기회장	회장
2016	상무		대표이사회장	회장
2017		상무	대표이사회장	회장
2018	대표이사회장		대표이사회장	회장
2019	대표이사회장		대표이사회장	회장

	박지원		박태원	박인원
	㈜두산	두산중공업	두산건설	두산중공업
2000		상근이사		
2001		상근이사		
2002		상근이사		
2003		상근이사		
2004		부사장		
2005		부사장	상무	
2006		부사장	상무	
2007		대표이사사장	상무	
2008		대표이사사장	전무	
2009	등기사장	대표이사사장	전무	
2010	등기사장	대표이사사장	전무	상무
2011	사장	대표이사사장	부사장	상무
2012	부회장	대표이사부회장	부사장	상무
2013	부회장	대표이사부회장	부사장	상무
2014	부회장	대표이사부회장	사장	전무
2015	부회장	대표이사부회장	사장	전무
2016	부회장	대표이사회장	부회장	전무
2017	부회장	대표이사회장	부회장	부사장
2018	부회장	대표이사회장	부회장	부사장
2019	부회장	대표이사회장	부회장	부사장

주: 1) (2000-2018년) 12월 또는 이듬해 3월 현재, (2019년) 6월 현재.
2) 등기 회장·부회장·사장 = 상근이사; 대표·상근·비상근 이사 = 등기임원; 회장, 부회장, 사장, 부사장, 전무, 상무 = 미등기임원.

출처: <표 2.9>, <표 3.9>, <표 3.10>, <표 3.11>.

3.2.3 박정원의 경영권 승계

㈜두산에서는 가족 경영권에 우여곡절이 있었다. 2000년 현재 대표이사회장 및 그룹회장은 박용오였다. 3세대 맏형인 박용곤의 바로 아래 동생이다. 박용오는 2004년까지 그룹 경영을 이끌었는데, 2005년 7월 그룹회장직을 두고 박용오와 다른 형제들 간에 '형제의 난'이 일어나면서 박용오는 그룹회장직을 박탈당하고 가문에서 퇴출당하였다.

대신 5형제 중 셋째인 박용성이 ㈜두산 임원직이 없는 상태에서 갑작스럽게 그룹회장이 되었고, 그 또한 사회적 물의에 책임을 지고 11월 그룹회장직을 내놓았다. 이후 두산그룹에는 2008년까지 그룹회장이 없는 상태가 계속 되었으며, 2009년부터 2015년까지 나머지 두 형제(넷째 박용현 2009-2010년; 다섯째 박용만 2011-2015년)가 연이어 ㈜두산 대표이사회장직 및 그룹회장직을 수행하였다. 박용곤은 1981년부터 그룹회장이었으며, 이후 동생 4명이 차례로 그룹회장직을 수행하면서 '형제 공동 경영 체제'가 유지되어 왔다.

3세대 중 2000년 이후 ㈜두산의 경영에 깊숙이 관여해 오고 있는 사람은 박용만 뿐이다. 2015년까지 2006년 한 해를 제외하고 대표이사(사장, 부사장, 회장) 또는 상근이사로서 이사회에 참여하였으며, 2016년 4세대 박정원이 대표이사회장직을 계승하면서 박용만의 직책은 미등기회장으로 변경되었다. 다른 3명 3세대는 2011년(박용성, 비상근이사; 박용현, 대표이사회장·비상근이사) 또는 2014년(박용곤, 비상근이사·명예회장)까지만 경영에 관여하였고, 직책도 대체로 한직(閑職)이었다.

4세대 중 선두주자인 박정원은 박용곤의 장남이다. 2000년부터 ㈜두산의 경영에 관여하기 시작하였으며 줄곧 이사회 멤버였다. 2000-2002년에는 대표이사(부사장, 사장), 2003-2010년에는 상근이사 또는 비상근이사, 2011-2015년에는 상근이사(회장)였다. 이어 2016년 54세(1962년 생)의 늦은 나이에 대표이사회장 겸 그룹회장에 취임하여 경영권을 공식 계승하였다. 2007년 ㈜두산의 1위 주주가 되어 소유권을 실질적으로 계승한지 9년 만이었다. 경영권 승계 3년 뒤인 2019년 7월에는 최대주주 및 그룹 동일인 신분 또한 물려받아 12년 만에 소유·경영 승계를 마무리하였다.

박정원 외에 ㈜두산에는 4세대 6명이 더 경영에 관여하였으며, 2명(박혜원, 박진원)을 제외한 4명은 2019년 현재에도 임원이다. 친동생 박지원(등기사장, 미등기 사장·부회장)은 2009년부터, 사촌인 박서원(전무)과 박석원(부사장)은 각각 2015년, 2018년부터 경영에 관여하였다.

박지원은 ㈜두산의 자회사로서 중간지주회사 역할을 하고 있는 핵심 계열회사 두산중공업의 경영에 2000년 이후 깊숙이 관여해 오고 있다. 상근이사, 부사장을 거쳐 2007-2015년에는 대표이사(사장, 부회장)였으며, 2016년부터 대표이사회장이다. 같은 해 형 박정원은 ㈜두산의 대표이사회장으로 승진하여 핵심 2개 회사를 형제가 나누어 담당하는 구도가 형성되었다. 박정원·

박지원의 투톱을 중심으로 하는 4세대 '공동 경영' 체제가 구축된 것으로 볼 수 있다.

4. 맺음말

(1) LG그룹의 '4세 경영'은 이제 막 시작되었으며, 앞으로의 추이를 계속 지켜보면서 변화의 내용과 의미에 대한 추가적인 분석이 이루어져야 할 것으로 보인다.

무엇보다, 4세대의 경영권 승계가 '조급하게' 진행된 것은 아닌가 하는 점이 관심사이다. 구광모의 임원 경력은 '상무 3년'이 전부인데, 경영수업이 부족하고 경영능력이 검증되지 않은 상태에서 73개 계열회사(2019년 6월 현재)라는 거대 조직을 제대로 이끌어 갈 수 있을지에 대해서는 언뜻 수긍하기가 쉽지 않다.

더구나, 경영 경험이 풍부하고 구본무와 함께 그룹을 실질적으로 이끌어 온 '3세대 구본준의 퇴장'은 더 큰 의문점이다. 그는 2015-2018년에 주요 3개 회사(㈜LG, LG전자, LG화학)의 경영에 깊숙이 관여하다가 2019년 3월 갑자기 임원직을 모두 내놓았다. '장자(長子) 상속'의 전통을 무리하게 고수하려고 한 결과인 것으로 보인다. 소유권은 구광모가 가진 상태에서 경영권은 일정 기간 구본준이 행사하는 것이 더 바람직하지 않았을까 하는 생각이 드는 한편으로 ㈜LG의 2위 주주인 구본준의 앞으로의 행보가 주목된다.

'소유권의 4세대로의 완전한 승계'가 언제 이루어질지도 주목해야 할 점이다. 4세대 구광모가 ㈜LG의 최대주주이기는 하지만, 2019년 6월 현재 4세대 지분(20.29%)은 3세대 지분(21.28%)보다 여전히 적은 상태이며, 지분 보유 4세대 9명 중 구광모(15%)와 여동생 구연경(2.92%)을 제외한 7명의 지분은 1%미만으로 미미하다.

한편, 구본무의 6명 형제·자매 일가 외의 친족 지분은 2005년(5.96%) 이후 2019년(1.67%)까지 지속적으로 감소하였는데, 어느 시기가 되면 또 다른 분가가 진행되어 '기타 친족 지분'이 완전히 사라지고 구본무 일가 친정 체제가 구축될 수도 있지 않을까 추측된다.

(2) 두산그룹의 '4세대 시대'는 앞으로 상당 기간 지속될 것으로 보인다. 2019년 현재, 경영 참여 4세대 8명 중 최연장자인 박정원(1962년 생; ㈜두산 대표이사회장 겸 그룹회장)은 59세이며, 최연소자인 박재원(1985년 생; 두산인프라코어 상무)은 34세이다. 4세대 8명은 3세대 4명(박용곤, 박용성, 박용현, 박용만)의 자녀들이며, 3세대 일가 각각의 소유·경영권을 계승하고 있다.

관건은 4세대의 '화목(和睦)'이다. 3세대는 2005년 그룹회장직 쟁탈전인 '형제의 난'으로 사회적 물의를 일으킨 바 있으며, 그 결과 박용곤의 바로 아래 동생인 박용오와 그 자녀들이 두산그룹의 소유와 경영에서 배제되었다. 3세대 중 박용곤(1932년 생, 2019년 사망)을 제외한 3명이 4세대를 잘 이끌어 갈 것으로 보이지만, 박용성(1940년 생)과 박용현(1943년 생)이 70대 후반 그리고 박용만(1955년 생)이 60대인 점을 감안하면 머지않은 장래에는 4세대들만 남아 소유·경영권을 조정해야 한다.

5세대의 경영 참여가 언제부터 시작될지도 관심사이다. 3세대 3명(박용곤, 박용성, 박용현)의 손자·손녀 13명은 2007년부터 ㈜두산의 지분을 보유해 오고 있다. 아직은 미미한 상태이다. 2019년 현재 4세대 박정원의 장녀 박상민(0.10%)과 장남 박상수(0.12%)만 0.1%이상을 가지고 있고, 나머지 11명의 지분은 0.05% 이하이다. 하지만, 박정원과 동생 박지원이 2000년 4세대 중 처음으로 임원이 되었을 때(38세, 37세)의 ㈜두산 지분은 각각 0.15%, 0.08%였다. 아버지 박정원이 그랬던 것처럼, 박상수가 5세대 중에서는 가장 먼저 경영에 참여할 수 있을 것으로 짐작된다.

다른 한 가지 점은, 두산그룹의 경영실적이 최근 들어 좋지 않은데, 4세대들이 이를 잘 극복할 수 있을지 하는 점이다. 매출액은 2012년 이후 하락세이고, 2016년과 2019년에는 매우 큰 규모의 당기순손실이 발생하였다. 경영실적은 그룹 내외의 다양한 요인들의 결과이지만, 최고경영자의 경영능력이 가장 중요한 요인임은 부정할 수 없다. 4세대의 선두주자인 박정원과 박지원은 2000년 이후 20년 동안 경영수업을 받아오고 있는데, 아직 경영 일선에 있는 3세대 박용만과 함께, 실적 개선을 위한 조치

들을 제시할 수 있을지 주목된다.

(3) 본 연구를 통해 확인할 수 있는 중요한 두 가지 점은 다음과 같다: ‘가족 소유·경영은 영속적이다’ 그리고 ‘이는 지주회사 체제라는 새로운 지배구조를 통해 가능했다’.

오너 가족의 소유권에 대한 집착은 LG 구광모의 지분 변화를 통해 짐작할 수 있다. 2000년 ‘0.04%’에서 2019년 ‘15.00%’에 이르기까지 감소 없이 거의 매년 조금씩 증가하는 20개 숫자를 보면 ‘가족소유영속프로그램’에 입력된 소유방정식에 따라 자동적으로 변하는 것처럼 신비스럽게 느껴진다. 두산 박정원의 지분도 크게 다르지 않다. 0.15%에서 시작하여 증가·감소를 거듭하면서 7.41%를 향해 증가해 간다. 4세대 장남 두 사람은 소유권을 장악하도록 예정되어 있었고 결국 장악하였다.

경영권 집착에 대한 증거는 보다 확실하다. 승계를 위해 양자로 입양된 구광모가 상무 경력 3년차에 벼락출세하여 4위 재벌의 총수가 된 사실 그리고 두산 3세대 4형제 자녀 10명 모두가 임원직을 가진 사실이 그것이다.

가족의 소유·경영권 장악은 지주회사체제를 통해 보다 확실하게 진행되었다. LG에서는 2001년부터, 두산에서는 2008년부터 소유구조가 기존의 순환출자구조에서 지주회사 중심의 하향계층구조로 변경되었다. 지주회사만 장악하면 그룹 계열회사 전체를 장악할 수 있는 ‘비밀 병기(兵器)’가 생긴 것이다. 가족 소유권은 일시에 급증하였고 30-40%대의 안정적인 지분이 확보되었으며 4세대로의 충분한 배정이 용이해졌다. 대표이사회장직 그리고 그룹회장직은 정당하게 가족 몫이 되었다.

본 연구의 한계는 다음 질문에 답할 수 없다는 점이다: 'LG·두산 외의 다른 28개 재벌들에서도 가족 소유·경영은 영속적이며 이는 지주회사체제 때문인가?' (제1부 제1장·제2장 참조)

현재 말할 수 있는 것은 '가족 지배는 대체로 영속적인 것으로 짐작되지만 지주회사체제 때문만은 아닌 것 같다'이다. 이는 추후의 연구과제와도 연결된다. 다른 재벌들에 대한 사례연구가 필요하다는 것이다.

'새해 한자리에 앉은 4대 그룹 수장(首長)들'에 대한 개별연구 및 비교연구가 우선적으로 진행될 수 있을 것으로 보인다. 수장들이 2·3·4세대인 점은 차치하고라도 4개 그룹은 한국의 대표적인 재벌로서 가족 소유·경영의 역사가 길다. LG와 SK는 지주회사체제를 구축하였고, 현대자동차는 여전히 순환출자구조를 유지하고 있으며, 삼성은 그 중간쯤의 지배구조를 가지고 있다 (아래 참조).

한편, 두산과 LG에 대한 보다 심층적인 개별·비교연구 또한 요구된다. 4세대 구광모가 2018년 6월 이후 그룹회장으로서 어떤 행보를 보이고 있는지, 3세대 구본준은 왜 경영에서 물러났고 지주회사 2대 주주인 그의 지분은 유지될지 처분될지, 유일한 3세대인 박용만은 언제까지 경영에 관여하면서 4세대와의 관계를 어떻게 설정해 나갈지 등이 관심사이다. 또, 1·2세대 간의 승계, 2·3세대 간의 승계, 3·4세대 간의 승계 간에 어떤 차이

점과 공통점이 각 그룹 내에서 그리고 두 그룹 간에 있는지도 주요 연구주제이다.

(4) 2019년 현재 '4대 재벌' 중 삼성의 역사는 82년(1938년 창립), LG는 73년(1947년), SK는 67년(1953년)이다. 현대자동차는 계열 분리된 2001년을 기준으로 하면 19년이지만, 이전의 현대그룹을 기준으로 하면 LG와 같은 73년이다.

SK그룹의 SK㈜는 2007년 지주회사로 전환하였으며, 2015년 최대주주 SK C&C(최대주주 최태원)가 SK㈜로 변신하면서 최태원이 최대주주로서 SK㈜를 직접 지배하게 되었다. 2017년에는 SK케미칼이 지주회사 SK디스커버리(최대주주 사촌동생 최창원)로 전환하여, SK그룹은 2개 지주회사를 중심으로 가족 지배가 더욱 강화된 상태이다.

현대자동차그룹에서는 현대자동차(최대주주 현대모비스), 현대모비스(기아자동차), 기아자동차(현대자동차) 간에 소유가 얽혀 있으며, 2위 주주 정몽구 지분을 포함하여 친족 지분은 2019년 6월 현재 각각 7%대, 7%대, 1%대에 불과하다.

삼성그룹에서는 삼성물산, 삼성생명보험, 삼성전자 등 3개 핵심 기업들 간의 지분구조가 다소 애매한 상태이다. 삼성에버랜드가 제일모직으로 변신한(2014년) 뒤 또 변신한(2015년) 삼성물산에서는 이전 두 기업 최대주주인 이재용이 최대주주이고 친족 지분은 2019년 6월 현재 30%대로 안정적이다. 삼성생명보험에서는 최대주주 이건희가 20%대, 삼성물산이 19%대를 보유하고 있다. 삼성전자에서는 최대주주 이건희 포함 친족 지분이 5.7%대이고, 삼성생명보험(8.5%대)이 1위 주주, 삼성물산(5%대)이 3위 주주이다.

[부록 1]

LG그룹과 두산그룹의 소유지분도, 2012-2019년

〈부록 표 1.1〉 LG그룹과 두산그룹의 성장, 2012-2019년

(1) LG그룹 [* 당기순이익 (조 원)]

연도	순위 (위)	동일인	계열회사 (개)	자산총액 (조 원)	매출액 (조 원)	당기순이익
2012	4	구본무	63	100.8	111.8	2.1
2013	4	구본무	61	102.4	115.9	2.4
2014	4	구본무	61	102.1	116.5	2.2
2015	4	구본무	63	105.5	115.9	2.9
2016	4	구본무	67	105.8	114.3	3.3
2017	4	구본무	68	112.3	114.6	4.0
2018	4	구본무	70	123.1	127.4	7.1
2019	4	구광모	75	129.6	126.5	3.4

(2) 두산그룹 [* 당기순이익 (10억 원)]

2012	12	박용곤	24	29.9	20.6	753
2013	13	박용곤	25	29.4	20.0	-755
2014	13	박용곤	22	30.0	16.6	585
2015	13	박용곤	22	33.1	16.0	60
2016	12	박용곤	25	32.4	14.3	-1,607
2017	13	박용곤	26	30.4	12.0	-33
2018	13	박용곤	26	30.5	12.7	123
2019	15	박정원	23	28.5	12.6	-897

출처: <표 2.1>, <표 3.1>; 공정거래위원회.

1. 대규모기업집단

1) 지정: 2012-2016년 4월, 2017년 9월, 2018-2019년 5월.

2) 순위

2012-2016년: 공기업집단을 제외한 사기업집단의 순위.

2017-2019년: 사기업집단만 지정됨.

2. 소유지분도

1) 발표: 2012-2019년.

2) 기준 시점

2012-2016년: 4월

2017-2019년: 5월

〈부록 그림 1.1〉 LG그룹 소유지분도, 2012년 4월

[순위] 4위, [계열회사] 63개, [동일인] 구본무

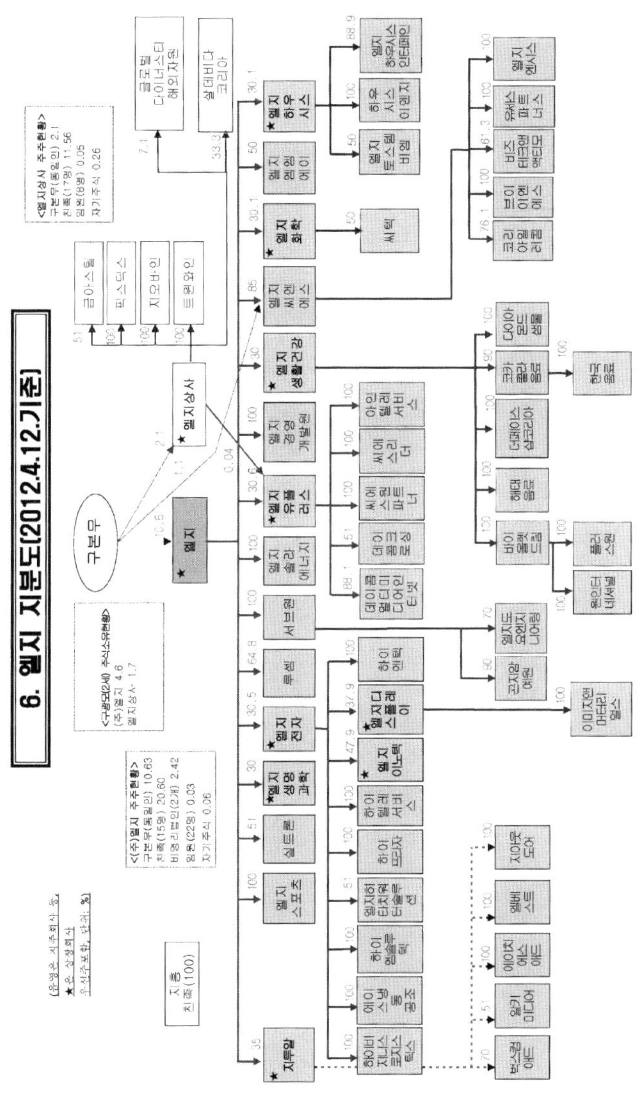

〈부록 그림 1.2〉 LG그룹 소유지분도, 2013년 4월

[순위] 4위, [계열회사] 61개, [동일인] 구본무

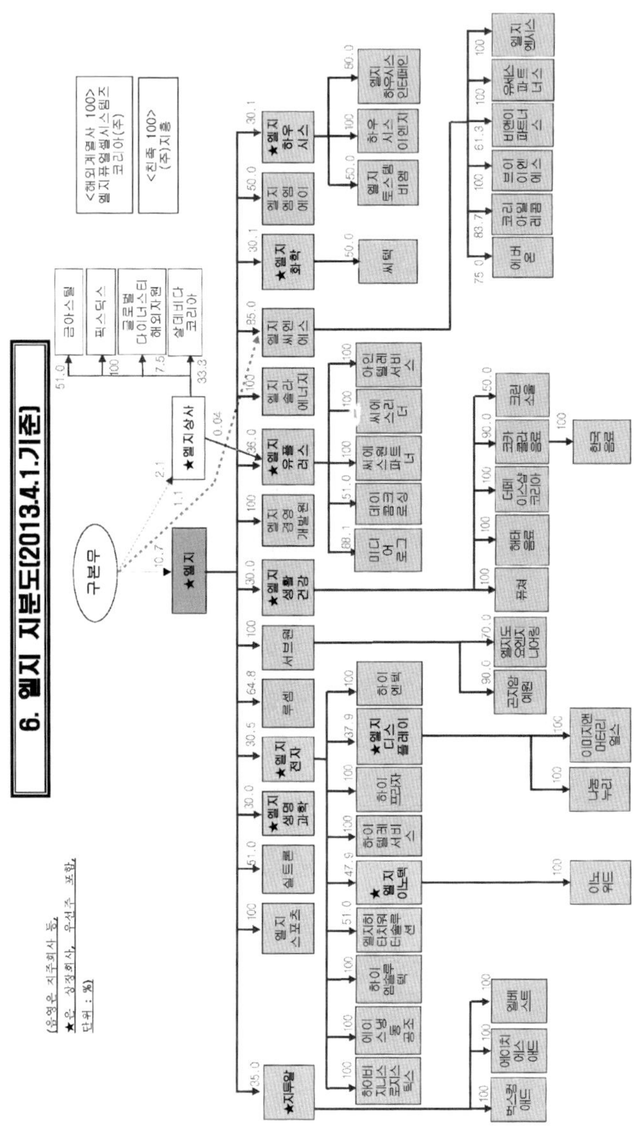

<부록 그림 1.3> LG그룹 소유지분도, 2014년 4월

[순위] 4위, [계열회사] 61개, [동일인] 구본무

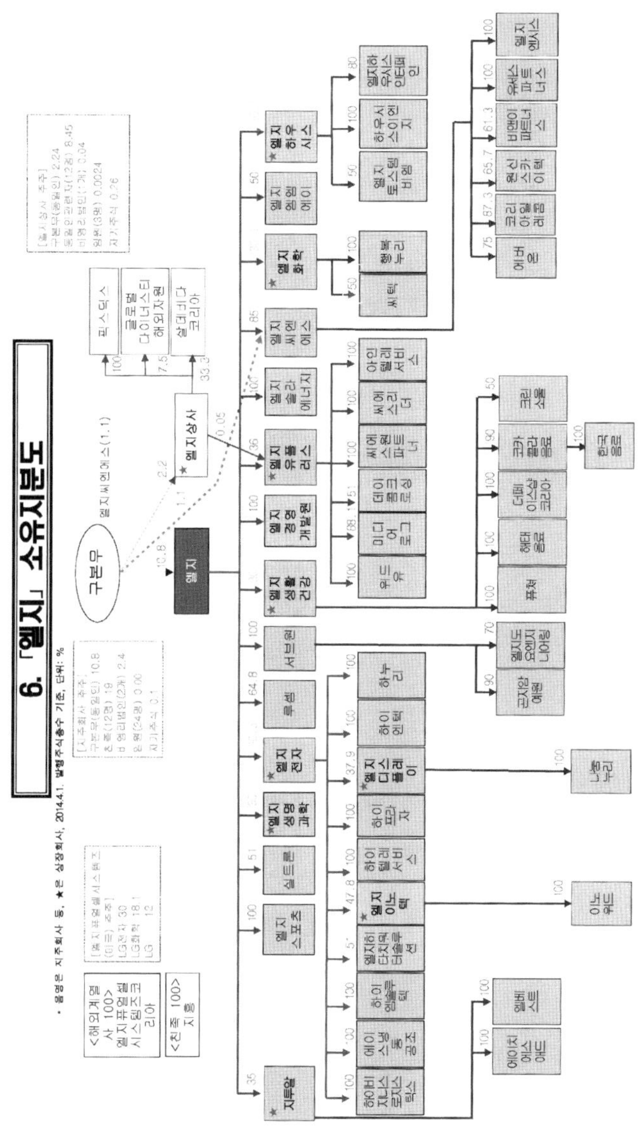

<u>〈부록 그림 1.4〉 LG그룹 소유지분도, 2015년 4월</u>

[순위] 4위, [계열회사] 63개, [동일인] 구본무

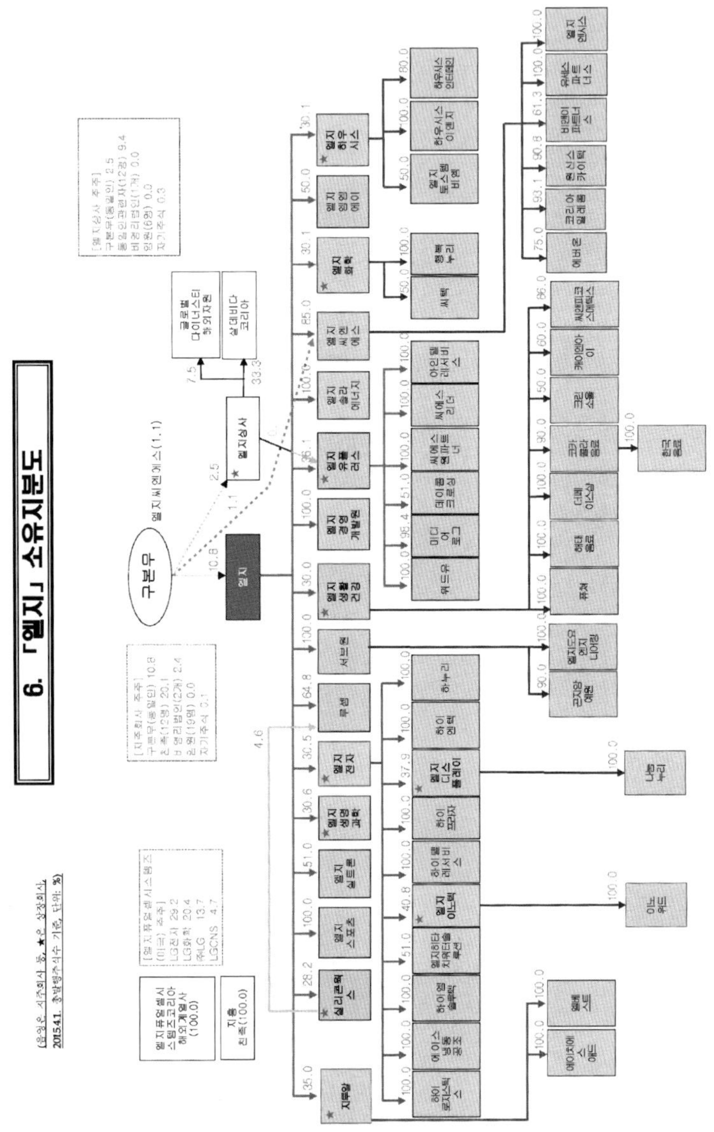

〈부록 그림 1.5〉 LG그룹 소유지분도, 2016년 4월

[순위] 4위, [계열회사] 67개, [동일인] 구본무

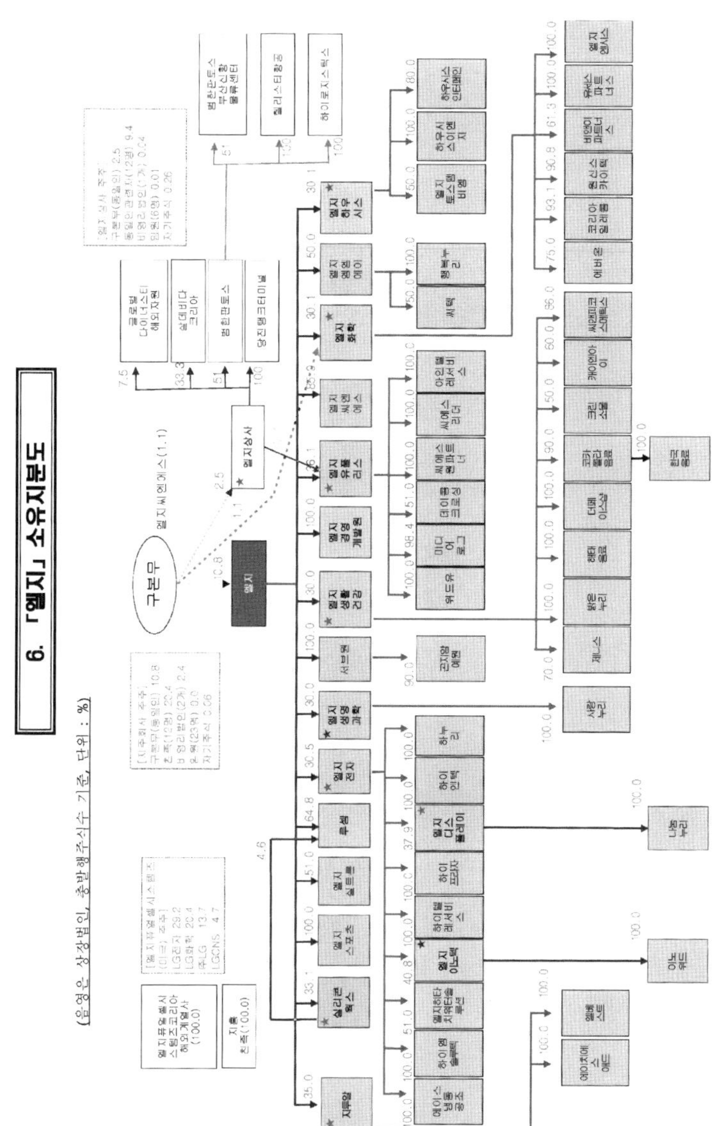

〈부록 그림 1.6〉 LG그룹 소유지분도, 2017년 5월

[순위] 4위, [계열회사] 68개, [동일인] 구본무

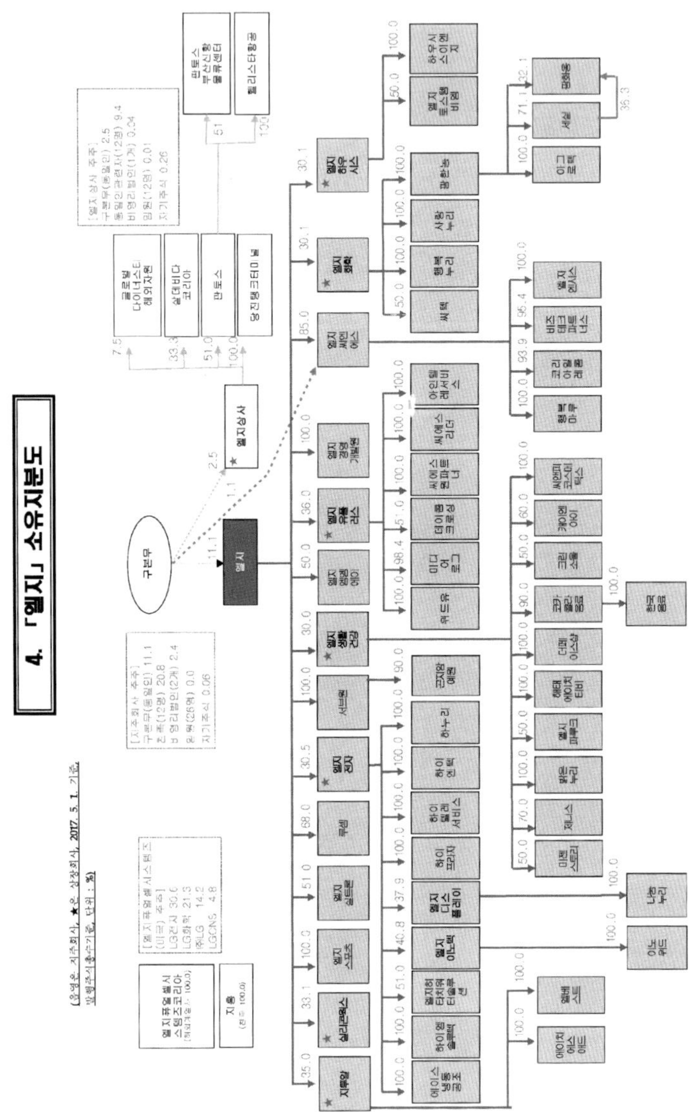

〈부록 그림 1.7〉 LG그룹 소유지분도, 2018년 5월

[순위] 4위, [계열회사] 70개, [동일인] 구본무

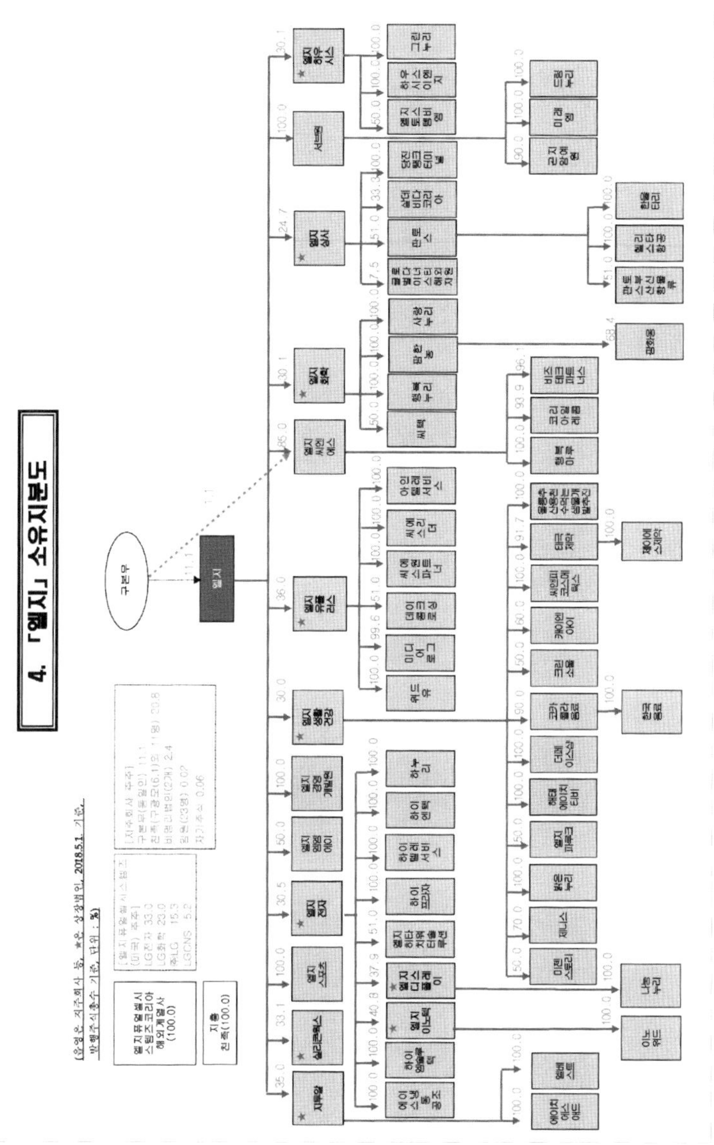

〈부록 그림 1.8〉 LG그룹 소유지분도, 2019년 5월

[순위] 4위, [계열회사] 75개, [동일인] 구광모

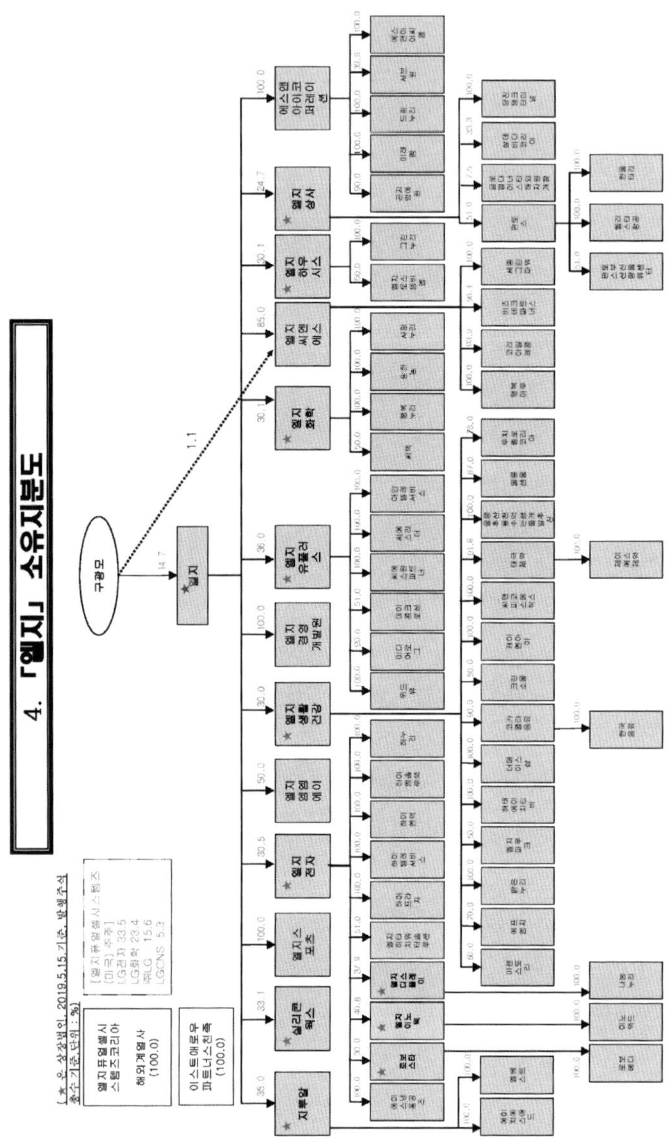

<부록 그림 1.9> 두산그룹 소유지분도, 2012년 4월

[순위] 12위, [계열회사] 24개, [동일인] 박용곤

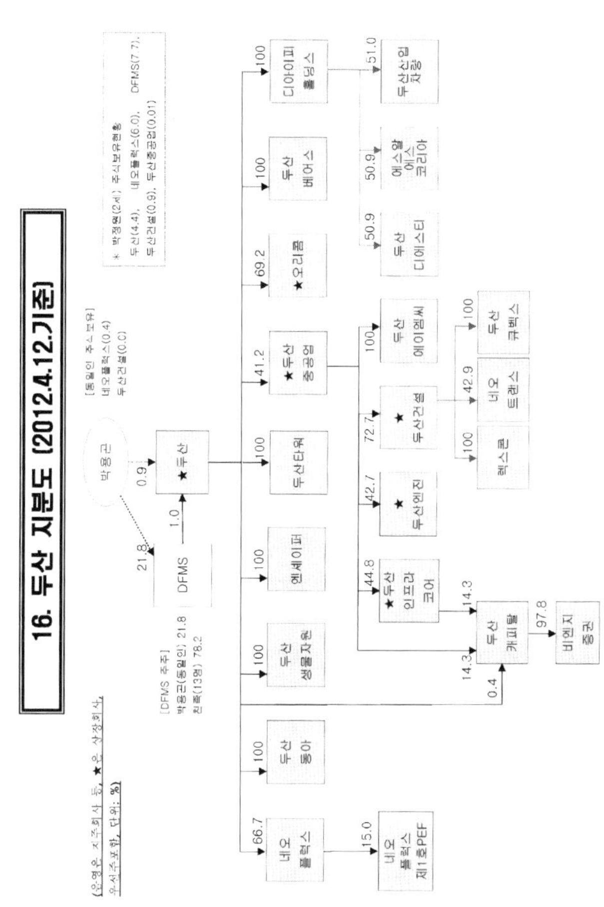

〈부록 그림 1.10〉 두산그룹 소유지분도, 2013년 4월

[순위] 13위, [계열회사] 25개, [동일인] 박용곤

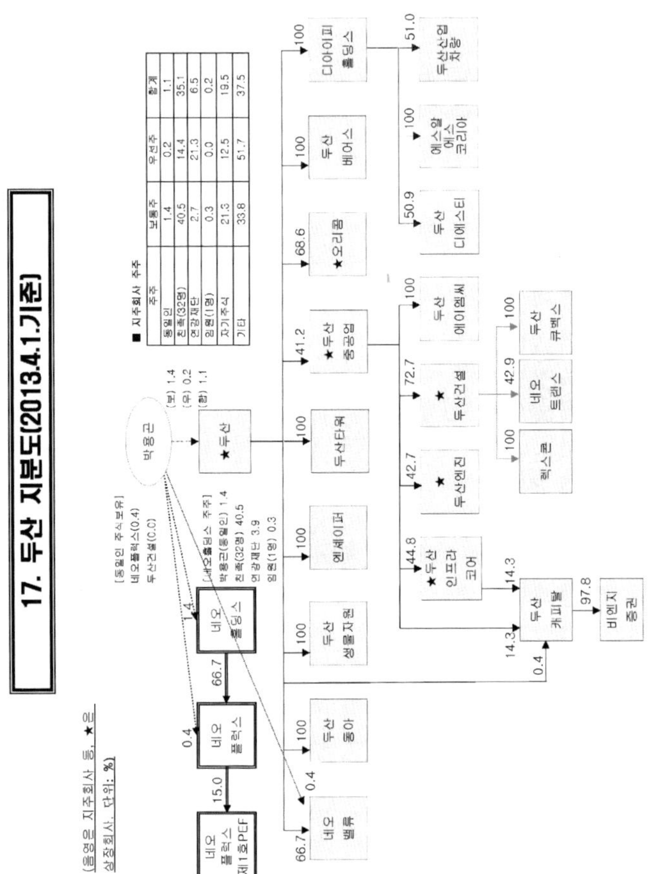

주주	보통주	우선주	합계
동일인	1.4	0.2	1.1
친족(32명)	40.5	14.4	35.1
연강재단	2.7	21.3	6.5
임원(1명)	0.3	0.0	0.2
자기주식	21.3	12.5	19.5
기타	33.8	51.7	37.5

〈부록 그림 1.11〉 두산그룹 소유지분도, 2014년 4월

[순위] 13위, [계열회사] 22개, [동일인] 박용곤

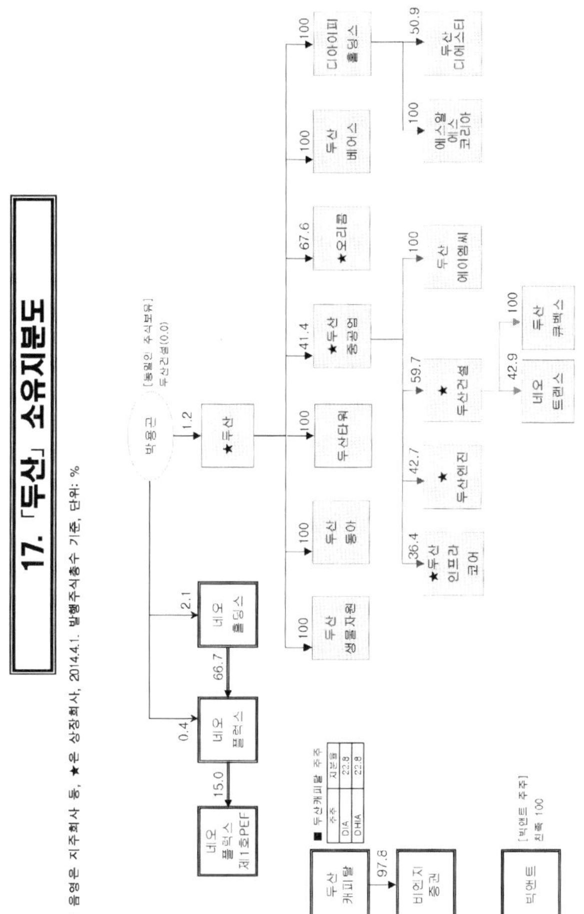

〈부록 그림 1.12〉 두산그룹 소유지분도, 2015년 4월

[순위] 13위, [계열회사] 22개, [동일인] 박용곤

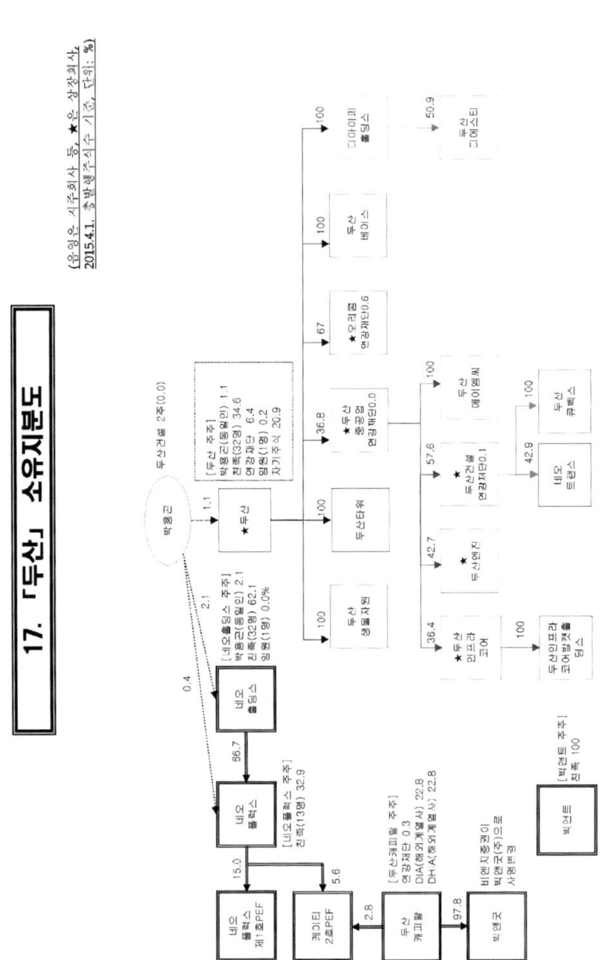

<u>〈부록 그림 1.13〉 두산그룹 소유지분도, 2016년 4월</u>

[순위] 12위, [계열회사] 25개, [동일인] 박용곤

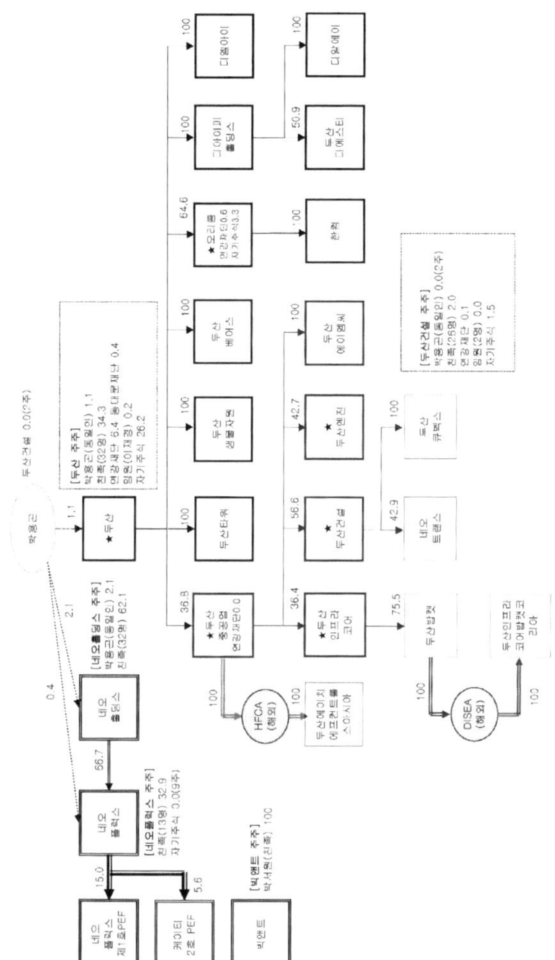

<u>〈부록 그림 1.14〉 두산그룹 소유지분도, 2017년 5월</u>

[순위] 13위, [계열회사] 26개, [동일인] 박용곤

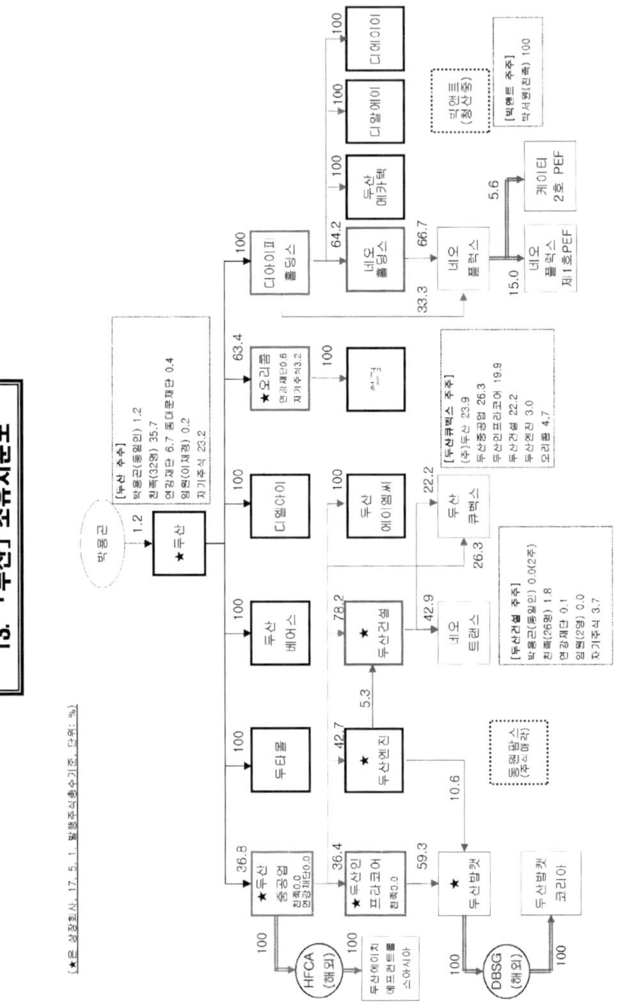

〈부록 그림 1.15〉 두산그룹 소유지분도, 2018년 5월

[순위] 13위, [계열회사] 26개, [동일인] 박용곤

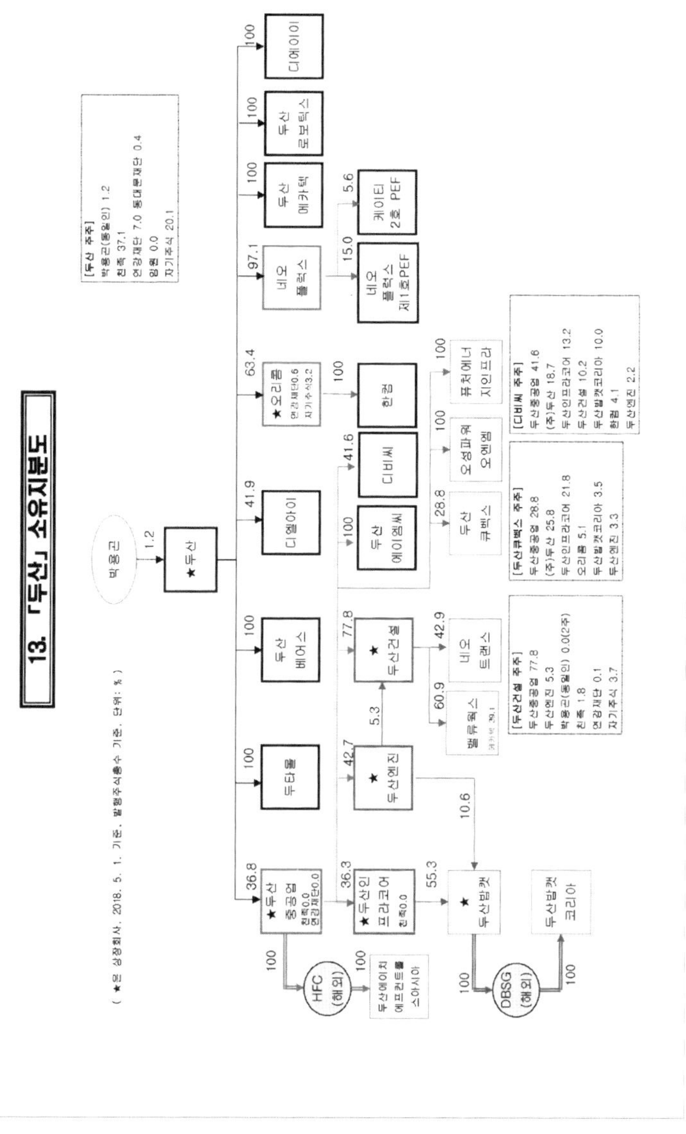

〈부록 그림 1.16〉 두산그룹 소유지분도, 2019년 5월

[순위] 15위, [계열회사] 23개, [동일인] 박정원

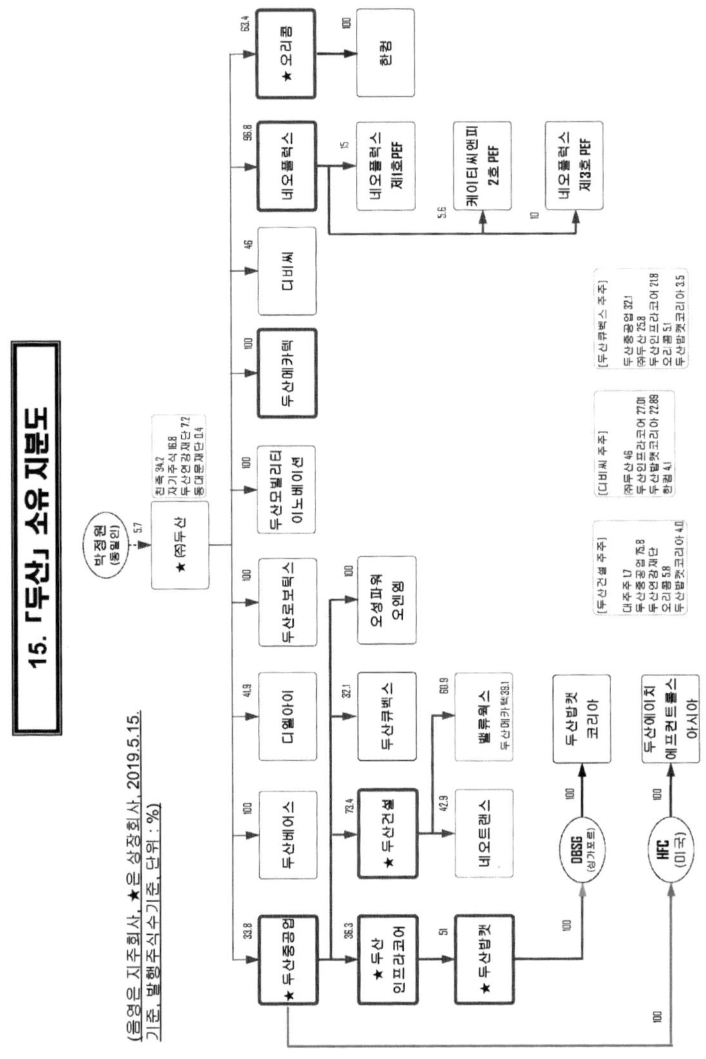

[부록 2]

㈜LG의 친족 및 특수관계인 지분, 2000-2019년

1

〈부록 표 2.1〉 ㈜LG의 친족 및 특수관계인 지분, 2000–2019년 (%)

(1) 친족 및 특수관계인 지분

	친족			특수관계인				A+B
	최대 주주	친족	합 (A)	계열 회사	비영리 법인	임원	합 (B)	
2000	(1.57)	8.26	8.26	7.80	0.28	0.00	8.08	17.91
2001	4.62	32.00	36.62	4.38	4.85	0.00	9.23	45.85
2002	4.62	30.18	34.80	4.39	4.85	0.00	9.24	44.04
2003	5.46	32.95	38.41	9.50	2.46	0.00	11.96	50.37
2004	10.26	38.88	49.14		2.46	0.00	2.46	51.60
2005	10.33	38.52	48.85		2.46	0.00	2.46	51.31
2006	10.51	36.48	46.99		2.46	0.00	2.46	49.45
2007	10.51	35.73	46.24		2.46	0.00	2.46	48.70
2008	10.51	35.63	46.14		2.46	0.00	2.46	48.60
2009	10.68	35.45	46.13		2.46	0.00	2.46	48.59
2010	10.72	35.41	46.13		2.46	0.00	2.46	48.59
2011	10.83	35.30	46.13		2.46	0.00	2.46	48.59
2012	10.91	35.22	46.13		2.46	0.00	2.46	48.59
2013	11.00	35.12	46.12		2.46		2.46	48.58
2014	11.00	35.08	46.08		2.46		2.46	48.54
2015	11.28	34.70	45.98		2.46		2.46	48.44
2016	11.28	34.38	45.66		2.46		2.46	48.12
2017	11.28	32.91	44.19		2.46		2.46	46.65
2018	15.00	29.09	44.09		2.46		2.46	46.55
2019	15.00	29.10	44.10		2.46	0.00	2.46	46.56

(2) 친족 지분: 구본무 일가 vs. 기타 친족

	구본무 일가 (A)	기타 친족 일가			A+B
		구씨 일가	허씨 일가	합 (B)	
2000	3.74	3.66	0.86	4.52	8.26
2001	16.41	14.32	5.89	20.21	36.62
2002	17.17	11.04	6.59	17.63	34.80
2003	21.54	6.14	10.73	16.87	38.41
2004	42.52	6.62	0.00	6.62	49.14
2005	42.89	5.96		5.96	48.85
2006	41.88	5.11		5.11	46.99
2007	42.49	3.75		3.75	46.24
2008	42.64	3.50		3.50	46.14
2009	42.76	3.37		3.37	46.13
2010	42.94	3.19		3.19	46.13
2011	43.17	3.01		3.01	46.13
2012	43.31	2.82		2.82	46.13
2013	43.36	2.76		2.76	46.12
2014	43.33	2.75		2.75	46.08
2015	43.66	2.32		2.32	45.98
2016	43.69	1.70		1.70	45.66
2017	42.56	1.63		1.63	44.19
2018	42.43	1.66		1.66	44.09
2019	42.43	1.67		1.67	44.10

출처: <표 2.3>, <표 2.4>.

1. 보통주 기준.

2. 1) 2000-2001년: 이듬해 3월 현재.
   2) 2002-2018년: 12월 현재.
   3) 2019년: 6월 현재.

3. ㈜LG
   1) 2000년: LG화학.
   2) 2001-2002년: ㈜LGCI.
   3) 2003-2019년: ㈜LG.

4. 최대주주
   1) 2000년: LG연암학원.
   2) 2001-2017년: 구본무.
   3) 2018-2019년: 구광모.

5. 친족
   1) 2000-2004년: 구본무 일가 + 기타 구씨 일가 + 허씨 일가.
   2) 2005-2019년: 구본무 일가 + 기타 구씨 일가.

6. 구본무 일가 구성원
   1) 2000-2001년: 19명.
   2) 2002년: 20명.

3) 2003년: 22명.

4) 2004-2005년: 21명.

5) 2006년: 22명.

6) 2007-2014년: 21명.

7) 2015-2016년: 22명.

8) 2017년: 19명.

9) 2018-2019년: 18명.

6. 계열회사

1) 2000년: 자기주식 6.66%, LG캐피탈 1.14%.

2) 2001년: 자기주식 1.25%, LG카드 3.13%.

3) 2002년: 자기주식 1.26%, LG카드 3.13%.

4) 2003년: 자기주식 8.47%, LG전선 1.03%.

7. 비영리법인

1) 2000년: LG연암재단 0.28%.

2) 2001-2002년: LG연암학원 4.11%, LG연암재단 0.74%.

3) 2003-2019년: LG연암학원 2.13%, LG연암문화재단 0.33%.

8. 임원

1) 2000-2002년: 1명.

2) 2003-2007년: 2명.

3) 2008-2012, 2019년: 1명.

9. 출처

<부록 표 2.2>: LG화학, 사업보고서 제39기 (2000.1.1.-12.31).

<부록 표 2.3>: ㈜LGCI, 사업보고서 제40기 (2001.1.1.-12.31).

<부록 표 2.4>: ㈜LG, 사업보고서 제41기 (2002.1.1.-12.31).

<부록 표 2.5>: ㈜LG, 사업보고서 제42기 (2003.1.1.-12.31).

<부록 표 2.6>: ㈜LG, 사업보고서 제43기 (2004.1.1.-12.31).

<부록 표 2.7>: ㈜LG, 사업보고서 제44기 (2005.1.1.-12.31).

<부록 표 2.8>: ㈜LG, 사업보고서 제45기 (2006.1.1.-12.31).

<부록 표 2.9>: ㈜LG, 사업보고서 제46기 (2007.1.1.-12.31).

<부록 표 2.10>: ㈜LG, 사업보고서 제47기 (2008.1.1.-12.31).

<부록 표 2.11>: ㈜LG, 사업보고서 제48기 (2009.1.1.-12.31).

<부록 표 2.12>: ㈜LG, 사업보고서 제49기 (2010.1.1.-12.31).

<부록 표 2.13>: ㈜LG, 사업보고서 제50기 (2011.1.1.-12.31).

<부록 표 2.14>: ㈜LG, 사업보고서 제51기 (2012.1.1.-12.31).

<부록 표 2.15>: ㈜LG, 사업보고서 제52기 (2013.1.1.-12.31).

<부록 표 2.16>: ㈜LG, 사업보고서 제53기 (2014.1.1.-12.31).

<부록 표 2.17>: ㈜LG, 사업보고서 제54기 (2015.1.1.-12.31).

<부록 표 2.18>: ㈜LG, 사업보고서 제55기 (2016.1.1.-12.31).

<부록 표 2.19>: ㈜LG, 사업보고서 제56기 (2017.1.1.-12.31).

<부록 표 2.20>: ㈜LG, 사업보고서 제57기 (2018.1.1.-12.31).

<부록 표 2.21>: ㈜LG, 반기보고서 제58기 (2019.1.1.-6.30).

〈부록 표 2.2〉 ㈜LG: 최대주주 및 특수관계인 주식 소유 현황, 2001년 3월

[2001년 3월 29일 현재] (단위 : 주)

성 명	관 계	주식의 종류	소유주식수(지분율%)				변동 원인
			기 초	증 가	감 소	기 말	
LG연암학원	본인	보통주	1,528,663	-	-	1,528,663	
			(1.57%)	-	-	(1.57%)	
구본무	제2호다목	보통주	500,966	173,000	-	673,966	장내매수
			(0.51%)	(0.18%)	-	(0.69%)	
구자경	제2호다목	보통주	173,784	-	75,000	98,784	증여
			(0.18%)	-	(0.08%)	(0.10%)	
구경미	제2호다목	보통주	0	1,700	-	1,700	장내매수
			(0.00%)	(0.00%)	-	(0.00%)	
구근희	제2호다목	보통주	0	27,000	-	27,000	장내매수
			(0.00%)	(0.03%)	-	(0.03%)	
구동범	제2호다목	보통주	902	-	-	902	
			(0.00%)	-	-	(0.00%)	
구동진	제2호다목	보통주	941	-	-	941	
			(0.00%)	-	-	(0.00%)	
구동휘	제2호다목	보통주	0	9,900	-	9,900	장내매수
			(0.00%)	(0.01%)	-	(0.01%)	
구명진	제2호다목	보통주	61,113	11,800	61,113	11,800	장내매매
			(0.06%)	(0.01%)	(0.06%)	(0.01%)	
구미정	제2호다목	보통주	79,148	144,900	-	224,048	장내매수
			(0.08%)	(0.15%)	-	(0.23%)	
구미현	제2호다목	보통주	34,168	2,800	34,168	2,800	장내매매
			(0.04%)	(0.00%)	(0.04%)	(0.00%)	
구본걸	제2호다목	보통주	143,891	523,400	-	667,291	장내매수
			(0.15%)	(0.53%)	-	(0.68%)	
구본규	제2호다목	보통주	0	11,800	-	11,800	장내매수
			(0.00%)	(0.01%)	-	(0.01%)	
구본근	제2호다목	보통주	0	21,600	-	21,600	장내매수
			(0.00%)	(0.02%)	-	(0.02%)	
구본길	제2호다목	보통주	78,040	12,600	-	90,640	수증
			(0.08%)	(0.01%)	-	(0.09%)	
구본능	제2호다목	보통주	326,098	9,500	-	335,598	장내매수
			(0.33%)	(0.01%)	-	(0.34%)	
구본식	제2호다목	보통주	0	2,100	-	2,100	장내매수
			(0.00%)	(0.00%)	-	(0.00%)	
구본성	제2호다목	보통주	132,934	173,000	305,934	0	장내매매

			(0.14%)	(0.18%)	(0.32%)	(0.00%)	
구본순	제2호다목	보통주	25,915	-	-	25,915	
			(0.03%)	-	-	(0.03%)	
구본식	제2호다목	보통주	303,298	-	-	303,298	
			(0.31%)	-	-	(0.31%)	
구본완	제2호다목	보통주	0	5,100	-	5,100	장내매수
			(0.00%)	(0.01%)	-	(0.01%)	
구본욱	제2호다목	보통주	149,037	-	149,037	0	장내매도
			(0.15%)	-	(0.15%)	(0.00%)	
구본웅	제2호다목	보통주	0	15,800	-	15,800	장내매수
			(0.00%)	(0.02%)	-	(0.02%)	
구본준	제2호다목	보통주	345,834	180,080	-	525,914	장내매수
			(0.35%)	(0.19%)	-	(0.54%)	
구본진	제2호다목	보통주	4	10,000	-	10,004	장내매수
			(0.00%)	(0.01%)	-	(0.01%)	
구본혁	제2호다목	보통주	0	8,900	-	8,900	장내매수
			(0.00%)	(0.01%)	-	(0.01%)	
구본현	제2호다목	보통주	2,101	49,700	-	51,801	장내매수
			(0.00%)	(0.05%)	-	(0.05%)	
구본호	제2호다목	보통주	0	16,500	-	16,500	장내매수
			(0.00%)	(0.02%)	-	(0.02%)	
구본희	제2호다목	보통주	14,986	-	-	14,986	
			(0.02%)	-	-	(0.02%)	
구성모	제2호다목	보통주	0	5,100	-	5,100	장내매수
			(0.00%)	(0.01%)	-	(0.01%)	
구소연	제2호다목	보통주	0	3,600	-	3,600	장내매수
			(0.00%)	(0.00%)	-	(0.00%)	
구숙희	제2호다목	보통주	47,680	28,700	-	76,380	장내매수
			(0.05%)	(0.03%)	-	(0.08%)	
구순자	제2호다목	보통주	68,743	900	-	69,643	장내매수
			(0.07%)	(0.00%)	-	(0.06%)	
구광모	제2호다목	보통주	25,335	17,000	-	42,335	장내매수
			(0.03%)	(0.01%)	-	(0.04%)	
구형모	제2호다목	보통주	48,452	3,200	-	51,652	장내매수
			(0.05%)	(0.00%)	-	(0.05%)	
구웅모	제2호다목	보통주	39,891	4,900	-	44,791	장내매수
			(0.04%)	(0.01%)	-	(0.05%)	

〈부록 표 2.2〉 ㈜LG: 최대주주 및 특수관계인 주식 소유 현황, 2001년 3월 (계속)

구연승	제2호다목	보통주	49,293	3,100	-	52,393	장내매수
			(0.05%)	(0.00%)	-	(0.05%)	
구연제	제2호다목	보통주	48,744	2,800	-	51,544	장내매수
			(0.05%)	(0.00%)	-	(0.05%)	
구연경	제2호다목	보통주	55,190	10,000	-	65,190	장내매수
			(0.06%)	(0.01%)	-	(0.07%)	
구연수	제2호다목	보통주	0	3,300	-	3,300	장내매수
			(0.00%)	(0.00%)	-	(0.00%)	
구원희	제2호다목	보통주	0	1,000	-	1,000	장내매수
			(0.00%)	(0.00%)	-	(0.00%)	
구윤정	제2호다목	보통주	1,229	-	1,229	0	장내매도
			(0.00%)	-	(0.00%)	(0.00%)	
구윤희	제2호다목	보통주	0	5,100		5,100	장내매수
			(0.00%)	(0.00%)		(0.00%)	
구은미	제2호다목	보통주	20,716	8,800	2,700	26,816	수증,장내매매
			(0.02%)	(0.01%)	(0.00%)	(0.03%)	
구은영	제2호다목	보통주	22,799	-	-	22,799	
			(0.02%)	-	-	(0.02%)	
구은진	제2호다목	보통주	0	17,000	-	17,000	장내매수
			(0.00%)	(0.02%)	-	(0.02%)	
구은희	제2호다목	보통주	0	2,700	-	2,700	장내매수
			(0.00%)	(0.00%)	-	(0.00%)	
구자균	제2호다목	보통주	0	18,200	-	18,200	장내매수
			(0.00%)	(0.02%)	-	(0.02%)	
구자극	제2호다목	보통주	429,941	-	-	429,941	
			(0.44%)	-	-	(0.44%)	
구자명	제2호다목	보통주	0	18,000	-	18,000	장내매수
			(0.00%)	(0.02%)	-	(0.02%)	
구자민	제2호다목	보통주	82,118	39,000	3,969	117,149	장내매매
			(0.08%)	(0.04%)	(0.00%)	(0.12%)	
구자섭	제2호다목	보통주	62,871	13,000	-	75,871	장내매수
			(0.06%)	(0.01%)	-	(0.08%)	
구자엽	제2호다목	보통주	0	105,500	-	105,500	장내매수
			(0.00%)	(0.11%)	-	(0.11%)	
구자영	제2호다목	보통주	64,791	46,400	-	111,191	장내매수
			(0.07%)	(0.04%)	-	(0.11%)	
구자용	제2호다목	보통주	0	6,200	-	6,200	장내매수

			(0.00%)	(0.01%)	-	(0.01%)	
구자원	제2호다목	보통주	25,384	-	25,384	0	장내매도
			(0.03%)	-	(0.03%)	(0.00%)	
구자은	제2호다목	보통주	0	4,300	-	4,300	장내매수
			(0.00%)	(0.00%)	-	(0.00%)	
구자준	제2호다목	보통주	7,127	-	-	7,127	
			(0.01%)	-	-	(0.01%)	
구자철	제2호다목	보통주	0	12,700	-	12,700	장내매수
			(0.00%)	(0.01%)	-	(0.01%)	
구자학	제2호다목	보통주	4,022	93,700	4,022	93,700	장내매매
			(0.00%)	(0.10%)	(0.00%)	(0.10%)	
구자헌	제2호다목	보통주	3,224	-	3,224	0	특별관계해소
			(0.00%)	-	(0.00%)	(0.00%)	
구자혜	제2호다목	보통주	44,655	49,300	-	93,955	장내매수
			(0.05%)	(0.05%)	-	(0.10%)	
구자홍	제2호다목	보통주	73,304	27,000	-	100,304	장내매수
			(0.08%)	(0.03%)	-	(0.10%)	
구재모	제2호다목	보통주	0	3,900	-	3,900	장내매수
			(0.00%)	(0.00%)	-	(0.00%)	
구정은	제2호다목	보통주	0	7,600	-	7,600	장내매수
			(0.00%)	(0.01%)	-	(0.01%)	
구지은	제2호다목	보통주	58,436	47,500	58,436	47,500	장내매매
			(0.06%)	(0.05%)	(0.06%)	(0.05%)	
구진아	제2호다목	보통주	0	7,500	-	7,500	장내매수
			(0.00%)	(0.01%)	-	(0.01%)	
구진희	제2호다목	보통주	0	1,900	-	1,900	장내매수
			(0.00%)	(0.00%)	-	(0.00%)	
구태희	제2호다목	보통주	0	5,600	-	5,600	장내매수
			(0.00%)	(0.01%)	-	(0.01%)	
구평회	제2호다목	보통주	0	8,400	-	8,400	장내매수
			(0.00%)	(0.01%)	-	(0.01%)	
구현모	제2호다목	보통주	0	4,300	-	4,300	장내매수
			(0.00%)	(0.00%)	-	(0.00%)	
구현정	제2호다목	보통주	18,948	-	18,948	0	장내매도
			(0.02%)	-	(0.02%)	(0.00%)	
구형우	제2호다목	보통주	16,908	27,800	-	44,708	장내매수
			(0.02%)	(0.03%)	-	(0.05%)	
구혜정	제2호다목	보통주	56,045	46,230	-	102,275	장내매수

〈부록 표 2.2〉 ㈜LG: 최대주주 및 특수관계인 주식 소유 현황, 2001년 3월 (계속)

			(0.06%)	(0.05%)	-	(0.10%)	
구훤미	제2호다목	보통주	86,252	53,800	-	140,052	장내매수
			(0.09%)	(0.05%)	-	(0.14%)	
김서영	제2호다목	보통주	0	1,900	-	1,900	장내매수
			(0.00%)	(0.00%)	-	(0.00%)	
김서은	제2호다목	보통주	0	1,900	-	1,900	장내매수
			(0.00%)	(0.00%)	-	(0.00%)	
김선정	제2호다목	보통주	9,608	1,800	-	11,408	장내매수
			(0.01%)	(0.00%)	-	(0.01%)	
김선혜	제2호다목	보통주	64,757	374,000	-	438,757	장내매수
			(0.07%)	(0.38%)	-	(0.45%)	
김영식	제2호다목	보통주	133,352	550,000	683,352	0	장내매매
			(0.14%)	(0.56%)	(0.70%)	(0.00%)	
김은미	제2호다목	보통주	0	1,700	-	1,700	장내매수
			(0.00%)	(0.00%)	-	(0.00%)	
김화중	제2호다목	보통주	166,941	8,200	-	175,141	장내매수
			(0.17%)	(0.01%)	-	(0.18%)	
박미나	제2호다목	보통주	79,238	33,340	-	112,578	수증,장내매수
			(0.08%)	(0.04%)	-	(0.12%)	
LG연암재단	제2호다목	보통주	274,905	-	-	274,905	
			(0.28%)	-	-	(0.28%)	
유용선	제2호다목	보통주	19,339	28,400	-	47,739	수증,장내매수
			(0.02%)	(0.03%)	-	(0.05%)	
유준선	제2호다목	보통주	8,337	7,500	2,000	13,837	수증,장내매도
			(0.01%)	(0.01%)	(0.00%)	(0.01%)	
유한선	제2호다목	보통주	0	36,200	-	36,200	장내매수
			(0.00%)	(0.04%)	-	(0.04%)	
유희영	제2호다목	보통주	23,850	7,500	4,000	27,350	수증,장내매도
			(0.02%)	(0.01%)	(0.00%)	(0.03%)	
이선용	제2호다목	보통주	51,740	36,400	-	88,140	수증,장내매수
			(0.05%)	(0.04%)	-	(0.09%)	
이욱진	제2호다목	보통주	45,199	380,600	-	425,799	수증,장내매수
			(0.05%)	(0.39%)	-	(0.44%)	
이재연	제2호다목	보통주	9,047	3,400	-	12,447	장내매수
			(0.01%)	(0.00%)	-	(0.01%)	
이재원	제2호다목	보통주	0	2,400	-	2,400	장내매수
			(0.00%)	(0.00%)	-	(0.00%)	

이지용	제2호다목	보통주	38,973	33,400	-	72,373	수증,장내매수
			(0.04%)	(0.03%)	-	(0.07%)	
이혜정	제2호다목	보통주	25,282	28,600	-	53,882	수증,장내매수
			(0.03%)	(0.03%)	-	(0.06%)	
최병민	제2호다목	보통주	477,030	-	45,000	432,030	장내매도
			(0.49%)	-	(0.05%)	(0.44%)	
성재갑	임원	보통주	2,000	-	-	2,000	
			(0.00%)	-	-	(0.00%)	
조명재	임원	보통주	9,000	-	9,000	0	장내매도, 임원퇴임
			(0.01%)	-	(0.01%)	(0.00%)	
허동수	계열임원	보통주	98,247	331,000	654,247	0	장내매수, 임원퇴임
			(0.10%)	(0.57%)	(0.67%)	(0.00%)	
허창수	계열임원	보통주	295,330	543,750	-	839,080	장내매수
			(0.30%)	(0.56%)	-	(0.86%)	
허정수	계열임원	보통주	267,012	40,000	307,012	0	장내매수, 특별관계해소
			(0.27%)	(0.04%)	(0.31%)	(0.00%)	
자기주식	-	보통주	2,500,000	4,000,000	-	6,500,000	장내매수
			(2.56%)	(4.10%)	-	(6.66%)	
LG캐피탈	계열회사	보통주	1,115,000	-	-	1,115,000	
			(1.14%)	-	-	(1.14%)	
계		보통주 (지분율%)	11,078,108	8,853,200	2,447,775	17,483,533	
			11.35	9.07	2.51	17.91	
		우선주 (지분율%)	0	0	0	0	
			0.00	0.00	0.00	0.00	
		기타 (지분율%)	0	0	0	0	
			0.00	0.00	0.00	0.00	
		합 계	11,078,108	8,853,200	2,447,775	17,483,533	

최대주주명: 연암학원 특수관계인의 수: 91명

〈부록 표 2.3〉 ㈜LG: 최대주주 및 특수관계인 주식 소유 현황, 2002년 3월

[2002년 03월 31일 현재] (단위 : 주)

성 명	관 계	주식의 종류	소유주식수(지분율%)				변동 원인
			기 초	증 가	감 소	기 말	
구본무	본인	보통주 (지분율%)	673,966 (0.69%)	4,254,208	552,653	4,375,521 (4.62%)	회사분할, 유상신주취득
LG연암학원	제2호다목	보통주 (지분율%)	1,528,663 (1.57%)	3,616,386	1,253,504	3,891,545 (4.11%)	회사분할, 유상신주취득
구자경	제2호다목	보통주 (지분율%)	98,784 (0.10%)	353,618	81,003	371,399 (0.39%)	회사분할, 장내매수, 유상신주취득
구경미	제2호다목	보통주 (지분율%)	1,700 (0.00%)	3,961	1,700	3,961 (0.00%)	회사분할, 장내매도,유상 신주취득
구근희	제2호다목	보통주 (지분율%)	27,000 (0.03%)	62,921	27,000	62,921 (0.07%)	회사분할, 장내매도,유상 신주취득
구통범	제2호다목	보통주 (지분율%)	902 (0.00%)	2,237	740	2,399 (0.00%)	회사분할, 유상신주취득
구통진	제2호다목	보통주 (지분율%)	941 (0.00%)	2,334	772	2,503 (0.00%)	회사분할, 유상신주취득
구통휘	제2호다목	보통주 (지분율%)	9,900 (0.01%)	23,070	9,900	23,070 (0.02%)	회사분할, 장내매도,유상 신주취득
구명진	제2호다목	보통주 (지분율%)	11,800 (0.01%)	27,499	35,800	3,499 (0.00%)	회사분할, 장내매도,유상 신주취득
구미정	제2호다목	보통주 (지분율%)	224,048 (0.23%)	556,537	183,720	596,865 (0.63%)	회사분할, 유상신주취득
구미현	제2호다목	보통주 (지분율%)	2,800 (0.00%)	6,525	2,800	6,525 (0.01%)	회사분할, 장내매도,유상 신주취득
구본걸	제2호다목	보통주 (지분율%)	667,291 (0.68%)	2,024,562	562,179	2,129,674 (2.25%)	회사분할, 장내매도, 유상신주취득
구본규	제2호다목	보통주 (지분율%)	11,800 (0.01%)	40,700	11,800	40,700 (0.04%)	회사분할, 장내매도,유상 신주취득
구본근	제2호다목	보통주 (지분율%)	21,600 (0.02%)	53,654	17,712	57,542 (0.06%)	회사분할, 유상신주취득
구본길	제2호다목	보통주 (지분율%)	90,640 (0.09%)	225,149	74,325	241,464 (0.25%)	회사분할, 유상신주취득
구본능	제2호다목	보통주 (지분율%)	326,098 (0.33%)	1,875,159	275,191	1,926,066 (2.03%)	장내매수, 회사분할, 유상신주취득
구본식	제2호다목	보통주 (지분율%)	2,100 (0.00%)	4,893	2,100	4,893 (0.01%)	회사분할, 장내매도,유상

							신주취득
구본성	제2호다목	보통주 (지분율%)	0 (0.00%)	598,577	0	598,577 (0.63%)	유상신주취득
구본순	제2호다목	보통주 (지분율%)	25,915 (0.03%)	64,368	21,251	69,032 (0.07%)	회사분할, 유상신주취득
구본식	제2호다목	보통주 (지분율%)	303,298 (0.31%)	1,515,920	248,705	1,570,513 (1.66%)	회사분할, 장내매수, 유상신주취득
구본완	제2호다목	보통주 (지분율%)	5,100 (0.01%)	330,049	5,100	330,049 (0.35%)	회사분할, 장내매도,유상신주취득
구본용	제2호다목	보통주 (지분율%)	15,800 (0.02%)	36,820	15,800	36,820 (0.04%)	회사분할, 장내매도,유상신주취득
구본준	제2호다목	보통주 (지분율%)	503,914 (0.52%)	2,670,022	431,250	2,742,686 (2.89%)	장내매수, 회사분할, 유상신주취득
구본진	제2호다목	보통주 (지분율%)	10,004 (0.01%)	24,843	8,204	26,643 (0.03%)	회사분할, 유상신주취득
구본천	제2호다목	보통주 (지분율%)	0 (0.00%)	2,064,046	0	2,064,046 (2.18%)	유상신주취득
구본혁	제2호다목	보통주 (지분율%)	8,900 (0.01%)	32,584	8,900	32,584 (0.03%)	회사분할, 장내매도,유상신주취득
구본현	제2호다목	보통주 (지분율%)	51,801 (0.05%)	44,776	59,757	36,820 (0.04%)	회사분할,유상신주취득, 장내매도
구본호	제2호다목	보통주 (지분율%)	16,500 (0.02%)	40,985	13,530	43,955 (0.05%)	회사분할, 유상신주취득
구본희	제2호다목	보통주 (지분율%)	14,986 (0.02%)	37,218	12,289	39,915 (0.04%)	회사분할, 유상신주취득
구성모	제2호다목	보통주 (지분율%)	5,100 (0.01%)	12,667	4,182	13,585 (0.01%)	회사분할, 유상신주취득
구소연	제2호다목	보통주 (지분율%)	3,600 (0.00%)	8,388	3,600	8,388 (0.01%)	회사분할, 장내매도,유상신주취득
구숙희	제2호다목	보통주 (지분율%)	76,380 (0.08%)	159,723	62,632	173,471 (0.18%)	회사분할, 유상신주취득
구순자	제2호다목	보통주 (지분율%)	69,643 (0.06%)	162,292	69,643	162,292 (0.17%)	회사분할, 장내매도,유상신주취득
구광모	제2호다목	보통주 (지분율%)	42,335 (0.04%)	105,158	34,715	112,778 (0.12%)	회사분할, 유상신주취득
구형모	제2호다목	보통주 (지분율%)	51,652 (0.05%)	132,101	42,355	141,398 (0.15%)	회사분할, 장내매수, 유상신주취득

〈부록 표 2.3〉 ㈜LG: 최대주주 및 특수관계인 주식 소유 현황, 2002년 3월 (계속)

구용모	제2호다목	보통주 (지분율%)	44,791	111,259	36,729	119,321	회사분할, 유상신주취득
			(0.05%)			(0.13%)	
구연승	제2호다목	보통주 (지분율%)	52,393	130,139	42,963	139,569	회사분할, 유상신주취득
			(0.05%)			(0.15%)	
구연제	제2호다목	보통주 (지분율%)	51,544	128,034	42,267	137,311	회사분할, 유상신주취득
			(0.05%)			(0.14%)	
구연경	제2호다목	보통주 (지분율%)	65,190	156,995	53,456	168,729	회사분할,유상신주취득
			(0.07%)			(0.18%)	
구연수	제2호다목	보통주 (지분율%)	3,300	14,683	2,706	15,277	회사분할, 장내매수, 유상신주취득
			(0.00%)			(0.02%)	
구원희	제2호다목	보통주 (지분율%)	1,000	2,329	1,000	2,329	회사분할, 장내매도,유상신주취득
			(0.00%)			(0.00%)	
구윤희	제2호다목	보통주 (지분율%)	5,100	21,261	5,100	21,261	회사분할, 장내매도,유상신주취득
			(0.00%)			(0.02%)	
구은미	제2호다목	보통주 (지분율%)	26,816	66,606	21,990	71,432	회사분할, 유상신주취득
			(0.03%)			(0.08%)	
구은영	제2호다목	보통주 (지분율%)	22,799	56,627	18,696	60,730	회사분할, 유상신주취득
			(0.02%)			(0.06%)	
구은정	제2호다목	보통주 (지분율%)	-	13,899	0	13,899	장내매수, 유상신주취득
			-			(0.01%)	
구은진	제2호다목	보통주 (지분율%)	17,000	42,227	13,940	45,287	회사분할, 유상신주취득
			(0.02%)			(0.05%)	
구은희	제2호다목	보통주 (지분율%)	2,700	6,292	2,700	6,292	회사분할, 장내매도,유상신주취득
			(0.00%)			(0.01%)	
구자균	제2호다목	보통주 (지분율%)	18,200	121,028	61,800	77,428	회사분할, 장내매수, 장내매도,유상신주취득
			(0.02%)			(0.08%)	
구자극	제2호다목	보통주 (지분율%)	429,941	1,893,607	495,552	1,827,996	회사분할, 유상신주취득, 장내매도
			(0.44%)			(1.93%)	
구자명	제2호다목	보통주 (지분율%)	18,000	41,947	18,000	41,947	회사분할, 장내매도,유상신주취득
			(0.02%)			(0.04%)	
구자민	제2호다목	보통주 (지분율%)	117,149	290,996	96,063	312,082	회사분할, 유상신주취득
			(0.12%)			(0.33%)	
구자섭	제2호다목	보통주 (지분율%)	75,871	188,459	62,215	202,115	회사분할, 유상신주취득
			(0.08%)			(0.21%)	
구자업	제2호다목	보통주 (지분율%)	55,500	245,860	55,500	245,860	회사분할, 장내매도
			(0.06%)			(0.26%)	

구자영	제2호다목	보통주 (지분율%)	111,191 (0.11%)	276,198	91,177	296,212 (0.31%)	회사분할, 유상신주취득
구자용	제2호다목	보통주 (지분율%)	6,200 (0.01%)	14,448	6,200	14,448 (0.02%)	회사분할, 장내매도,유상 신주취득
구자은	제2호다목	보통주 (지분율%)	4,300 (0.00%)	629,896	3,526	630,670 (0.67%)	회사분할, 유상신주취득
구자준	제2호다목	보통주 (지분율%)	7,127 (0.01%)	1,093	8,220	0 (0.00%)	회사분할, 유상신주취득, 기타(+/-) 장내매도
		우선주 (지분율%)	0 (0.00%)	79	79	0 (0.00%)	기타(+/-) 장내매도
구자철	제2호다목	보통주 (지분율%)	12,700 (0.01%)	29,595	12,700	29,595 (0.03%)	회사분할, 장내매도,유상 신주취득
구자학	제2호다목	보통주 (지분율%)	27,700 (0.03%)	249,347	93,700	183,347 (0.19%)	회사분할, 장내매도,유상 신주취득
구자혜	제2호다목	보통주 (지분율%)	93,955 (0.10%)	233,382	77,044	250,293 (0.26%)	회사분할, 유상신주취득
구자홍	제2호다목	보통주 (지분율%)	100,304 (0.10%)	233,748	100,304	233,748 (0.25%)	회사분할, 장내매도,유상 신주취득
구재모	제2호다목	보통주 (지분율%)	3,900 (0.00%)	9,088	3,900	9,088 (0.01%)	회사분할, 장내매도,유상 신주취득
구정은	제2호다목	보통주 (지분율%)	7,600 (0.01%)	17,711	7,600	17,711 (0.02%)	회사분할, 장내매도
구지은	제2호다목	보통주 (지분율%)	47,500 (0.05%)	104,897	71,500	80,897 (0.09%)	회사분할, 장내매도,유상 신주취득
구지회	제2호다목	보통주 (지분율%)	0 (0.00%)	20,836	0	20,836 (0.02%)	유상신주취득
구진아	제2호다목	보통주 (지분율%)	7,500 (0.01%)	17,478	7,500	17,478 (0.02%)	회사분할, 장내매도,유상 신주취득
구진회	제2호다목	보통주 (지분율%)	1,900 (0.00%)	4,427	1,900	4,427 (0.00%)	회사분할, 장내매도,유상 신주취득
구태회	제2호다목	보통주 (지분율%)	5,600 (0.01%)	13,050	5,600	13,050 (0.01%)	회사분할, 장내매도,유상 신주취득
구평회	제2호다목	보통주 (지분율%)	8,400 (0.01%)	19,575	8,400	19,575 (0.02%)	회사분할, 장내매도,유상 신주취득
구현모	제2호다목	보통주	4,300 (0.00%)	10,680	3,526	11,454 (0.01%)	회사분할,

〈부록 표 2.3〉 ㈜LG: 최대주주 및 특수관계인 주식 소유 현황, 2002년 3월 (계속)

		(지분율%)					유상신주취득
구형우	제2호다목	보통주	44,708	104,187	44,708	104,187	회사분할,
		(지분율%)	(0.05%)			(0.11%)	장내매도,유상 신주취득
구혜정	제2호다목	보통주	102,275	247,474	102,275	247,474	회사분할,
		(지분율%)	(0.10%)			(0.26%)	장내매도,유상 신주취득
구훤미	제2호다목	보통주	140,052	347,890	114,843	373,099	회사분할,
		(지분율%)	(0.14%)			(0.39%)	유상신주취득
김서영	제2호다목	보통주	1,900	4,718	1,558	5,060	회사분할,
		(지분율%)	(0.00%)			(0.01%)	유상신주취득
김서온	제2호다목	보통주	1,900	4,718	1,558	5,060	회사분할,
		(지분율%)	(0.00%)			(0.01%)	유상신주취득
김선정	제2호다목	보통주	11,408	28,334	9,355	30,387	회사분할,
		(지분율%)	(0.01%)			(0.03%)	유상신주취득
김선혜	제2호다목	보통주	438,757	1,018,328	359,781	1,097,304	회사분할,
		(지분율%)	(0.45%)			(1.16%)	유상신주취득
김온미	제2호다목	보통주	1,700	4,222	1,394	4,528	회사분할,
		(지분율%)	(0.00%)			(0.00%)	유상신주취득
김화중	제2호다목	보통주	175,141	464,446	143,616	495,971	회사분할,
		(지분율%)	(0.18%)			(0.52%)	장내매수, 유상신주취득
박미나	제2호다목	보통주	112,578	279,642	92,314	299,906	회사분할,
		(지분율%)	(0.12%)			(0.32%)	유상신주취득
LG연암재단	제2호다목	보통주	274,905	650,297	225,423	699,779	회사분할,
		(지분율%)	(0.28%)			(0.74%)	유상신주취득
유용선	제2호다목	보통주	47,739	118,581	39,146	127,174	회사분할,
		(지분율%)	(0.05%)			(0.13%)	유상신주취득
유준선	제2호다목	보통주	13,837	34,364	11,347	36,854	회사분할,
		(지분율%)	(0.01%)			(0.04%)	유상신주취득
유한선	제2호다목	보통주	36,200	40,809	36,200	40,809	회사분할,
		(지분율%)	(0.04%)			(0.04%)	장내매도,유상 신주취득
유희영	제2호다목	보통주	27,350	67,937	22,427	72,860	회사분할,
		(지분율%)	(0.03%)			(0.08%)	유상신주취득
이선용	제2호다목	보통주	88,140	199,356	88,140	199,356	회사분할,
		(지분율%)	(0.09%)			(0.21%)	장내매도,유상 신주취득
이욱진	제2호다목	보통주	425,799	1,007,136	356,356	1,076,579	회사분할,
		(지분율%)	(0.44%)			(1.14%)	장내매도, 유상신주취득
이재연	제2호다목	보통주	12,447	30,915	10,207	33,155	회사분할,
		(지분율%)	(0.01%)			(0.03%)	유상신주취득
이재원	제2호다목	보통주	2,400	5,960	1,968	6,392	회사분할,

		(지분율%)	(0.00%)			(0.01%)	유상신주취득
이지용	제2호다목	보통주	72,373	179,772	59,346	192,799	회사분할,
		(지분율%)	(0.07%)			(0.20%)	유상신주취득
이혜정	제2호다목	보통주	53,882	133,842	44,184	143,540	회사분할,
		(지분율%)	(0.06%)			(0.15%)	유상신주취득
최병민	제2호다목	보통주	477,030	1,064,166	399,265	1,141,931	장내매도, 회사분할,
		(지분율%)	(0.49%)			(1.20%)	유상신주취득
성재갑	임원	보통주	2,000	307	1,947	360	회사분할,
		(지분율%)	(0.00%)			(0.00%)	유상신주취득, 장내매도
조명재	임원	보통주	7,000	0	7,000	0	임원퇴임
		(지분율%)	(0.00%)			(0.00%)	
허동수	계열임원	보통주	654,247	1,625,170	536,483	1,742,934	회사분할,
		(지분율%)	(0.67%)			(1.84%)	유상신주취득
허창수	계열임원	보통주	839,080	3,566,451	688,046	3,717,485	회사분할, 장내매수,
		(지분율%)	(0.86%)			(3.92%)	유상신주취득
허승조	계열임원	보통주	0	119,224	0	119,224	장내매수,
		(지분율%)	(0.00%)			(0.13%)	유상신주취득
LG카드	계열회사	보통주	1,115,000	2,769,703	914,300	2,970,403	회사분할,
		(지분율%)	(1.14%)			(3.13%)	유상신주취득
자기주식	-	보통주	6,500,000	11,675	5,330,000	1,181,675	회사분할,단주
		(지분율%)	(6.66%)			(1.25%)	매입
		우선주	0	3,584	3,550	34	단주매입,
		(지분율%)	(0.00%)			(0.00%)	장내매도
계		보통주	18,042,280	40,721,271	15,311,473	43,452,078	
		(지분율%)	(18.48%)			45.85	
		우선주	0	3,663	3,629	34	
		(지분율%)	(0.00%)			0.00	
		기타	0	0	0	0	
		(지분율%)	(0.00%)			(0.00%)	
		합 계	18,042,280	40,724,934	15,315,102	43,452,112	

최대주주명: 구본무　　　　특수관계인의 수: 96명

〈부록 표 2.4〉 ㈜LG: 최대주주 및 특수관계인 주식 소유 현황, 2002년 12월

[2002년 12월 31일 현재] (단위 : 주, %)

성 명	관 계	주식의 종류	소유주식수(지분율)						변동 원인
			기 초		증 가	감 소	기 말		
			주식수	지분율	주식수	주식수	주식수	지분율	
구본무	본인	보통주	4,375,521	4.50	0	437,553	3,937,968	4.62	회사분할
LG연암학원	제2호다목	보통주	3,891,545	4.01	0	389,155	3,502,390	4.11	회사분할
구자경	제2호다목	보통주	371,399	0.38	0	47,140	324,259	0.38	회사분할 장내매도
구경미	제2호다목	보통주	3,961	0.00	45,000	48,961	0	0.00	수증 장내매도 회사분할
구근희	제2호다목	보통주	62,921	0.06	0	6,293	56,628	0.07	회사분할
구동범	제2호다목	보통주	2,399	0.00	0	240	2,159	0.00	회사분할
구동진	제2호다목	보통주	2,503	0.00	0	251	2,252	0.00	회사분할
구동휘	제2호다목	보통주	23,070	0.02	0	2,307	20,763	0.02	회사분할
구명진	제2호다목	보통주	27,499	0.03	0	27,499	0	0.00	장내매도
구미정	제2호다목	보통주	596,865	0.61	0	66,347	530,518	0.62	장내매도 회사분할
구미현	제2호다목	보통주	6,525	0.01	0	6,525	0	0.00	장내매도
구본걸	제2호다목	보통주	2,129,674	2.19	171,300	258,748	2,042,226	2.39	장내매수 장내매도 회사분할
구본규	제2호다목	보통주	40,700	0.04	0	4,070	36,630	0.04	회사분할
구본근	제2호다목	보통주	57,542	0.06	0	5,755	51,787	0.06	회사분할
구본길	제2호다목	보통주	241,464	0.25	35,000	97,847	178,617	0.21	장내매수 장내매도 회사분할
구본능	제2호다목	보통주	1,926,066	1.98	7,500	238,357	1,695,209	1.99	장내매수 장내매도 회사분할

구본석	제2호다목	보통주	4,893	0.01	0	4,893	0	0.00	장내매도
구본성	제2호다목	보통주	598,577	0.62	0	598,577	0	0.00	장내매도 회사분할
구본순	제2호다목	보통주	69,032	0.07	50,500	10,604	108,928	0.13	장내매수 장내매도 회사분할
구본식	제2호다목	보통주	1,570,513	1.62	6,530	157,705	1,419,338	1.66	장내매수 회사분할
구본영	제2호다목	보통주	0	0.00	45,000	45,000	0	0.00	수증 장내매도
구본완	제2호다목	보통주	330,049	0.34	0	75,755	254,294	0.30	장내매도 회사분할
구본웅	제2호다목	보통주	36,820	0.04	0	3,682	33,138	0.04	회사분할
구본준	제2호다목	보통주	2,742,686	2.82	698,720	274,269	3,167,137	3.71	회사분할 장내매수
구본진	제2호다목	보통주	26,643	0.03	25,000	2,665	48,978	0.06	회사분할 장내매수
구본천	제2호다목	보통주	2,064,046	2.12	0	1,575,405	488,641	0.57	장내매도 회사분할
구본혁	제2호다목	보통주	32,584	0.03	0	3,259	29,325	0.03	회사분할
구본현	제2호다목	보통주	36,820	0.04	0	3,682	33,138	0.04	회사분할
구본호	제2호다목	보통주	43,955	0.05	0	4,396	39,559	0.05	회사분할
구본희	제2호다목	보통주	39,915	0.04	0	3,992	35,923	0.04	회사분할
구성모	제2호다목	보통주	13,585	0.01	0	1,359	12,226	0.01	회사분할
구소연	제2호다목	보통주	8,388	0.01	0	839	7,549	0.01	회사분할
구숙희	제2호다목	보통주	173,471	0.18	0	171,515	1,956	0.00	장내매도 회사분할
구순자	제2호다목	보통주	162,292	0.17	20,000	18,230	164,062	0.19	장내매수 회사분할
구광모	제2호다목	보통주	112,778	0.12	22,000	13,478	121,300	0.14	장내매수

〈부록 표 2.4〉 ㈜LG: 최대주주 및 특수관계인 주식 소유 현황, 2002년 12월 (계속)

									회사분할
구형모	제2호다목	보통주	141,398	0.15	0	14,140	127,258	0.15	회사분할
구용모	제2호다목	보통주	119,321	0.12	0	31,733	87,588	0.10	장내매도 회사분할
구연승	제2호다목	보통주	139,569	0.14	0	13,957	125,612	0.15	회사분할
구연제	제2호다목	보통주	137,311	0.14	0	13,732	123,579	0.14	회사분할
구연경	제2호다목	보통주	168,729	0.17	86,000	25,473	229,256	0.27	장내매수 회사분할
구연수	제2호다목	보통주	15,277	0.02	0	1,528	13,749	0.02	회사분할
구원희	제2호다목	보통주	2,329	0.00	0	233	2,096	0.00	회사분할
구위숙	제2호 다목	보통주	0	0.00	144,000	0	144,000	0.17	수증
구윤희	제2호다목	보통주	21,261	0.02	0	2,127	19,134	0.02	회사분할
구은미	제2호다목	보통주	71,432	0.07	0	7,144	64,288	0.08	회사분할
구은영	제2호다목	보통주	60,730	0.06	32,000	6,073	86,657	0.10	회사분할 장내매수
구은정	제2호다목	보통주	13,899	0.01	0	1,390	12,509	0.01	회사분할
구은진	제2호다목	보통주	45,287	0.05	0	4,529	40,758	0.05	회사분할
구은희	제2호다목	보통주	6,292	0.01	0	630	5,662	0.01	회사분할
구인경	제2호다목	보통주	0	0.00	45,000	45,000	0	0.00	수증 장내매도
구자균	제2호다목	보통주	77,428	0.08	35,000	112,428	0	0.00	장내매도 회사분할
구자극	제2호다목	보통주	1,827,996	1.88	0	325,796	1,502,200	1.76	장내매도 회사분할
구자명	제2호다목	보통주	41,947	0.04	0	41,947	0	0.00	회사분할 장내매도
구자민	제2호다목	보통주	312,082	0.32	98,050	41,014	369,118	0.43	장내매수

									회사분할
구자섭	제2호다목	보통주	202,115	0.21	0	20,212	181,903	0.21	회사분할
구자엽	제2호다목	보통주	245,860	0.25	0	245,860	0	0.00	장내매도 회사분할
구자영	제2호다목	보통주	296,212	0.30	0	29,622	266,590	0.31	회사분할
구자용	제2호다목	보통주	14,448	0.01	0	14,448	0	0.00	회사분할 장내매도
구자은	제2호다목	보통주	630,670	0.65	0	63,067	567,603	0.67	회사분할
구자철	제2호다목	보통주	29,595	0.03	0	2,960	26,635	0.03	회사분할
구자학	제2호다목	보통주	183,347	0.19	0	183,347	0	0.00	장내매도 회사분할
구자혜	제2호다목	보통주	250,293	0.26	0	25,030	225,263	0.26	회사분할
구자홍	제2호다목	보통주	233,748	0.24	45,000	278,748	0	0.00	장내매수 회사분할 장내매도
구재모	제2호다목	보통주	9,088	0.01	0	9,088	0	0.00	회사분할 장내매도
구정은	제2호다목	보통주	17,711	0.02	0	17,711	0	0.00	회사분할 장내매도
구지은	제2호다목	보통주	104,897	0.11	0	104,897	0	0.00	장내매도 회사분할
구지인	제2호다목	보통주	0	0.00	45,000	45,000	0	0.00	수증 장내매도
구지희	제2호다목	보통주	20,836	0.02	0	2,084	18,752	0.02	회사분할
구진아	제2호다목	보통주	17,478	0.02	0	17,478	0	0.00	회사분할 장내매도
구진희	제2호다목	보통주	4,427	0.00	0	443	3,984	0.00	회사분할
구태희	제2호다목	보통주	13,050	0.01	0	1,305	11,745	0.01	회사분할
구평회	제2호다목	보통주	19,575	0.02	0	1,958	17,617	0.02	회사분할

〈부록 표 2.4〉 ㈜LG: 최대주주 및 특수관계인 주식 소유 현황, 2002년 12월 (계속)

구현모	제2호다목	보통주	11,454	0.01	16,880	1,146	27,188	0.03	회사분할 장내매수
구형우	제2호다목	보통주	104,187	0.11	0	104,187	0	0.00	장내매도
구혜정	제2호다목	보통주	247,474	0.25	0	24,748	222,726	0.26	회사분할
구훤미	제2호다목	보통주	373,099	0.38	0	58,730	314,369	0.37	장내매도 회사분할
김서영	제2호다목	보통주	5,060	0.01	0	506	4,554	0.01	회사분할
김서온	제2호다목	보통주	5,060	0.01	0	506	4,554	0.01	회사분할
김선정	제2호다목	보통주	30,387	0.03	0	3,039	27,348	0.03	회사분할
김선혜	제2호다목	보통주	1,097,304	1.13	0	109,731	987,573	1.16	회사분할
김영식	제2호다목	보통주	0	0.00	59,760	42,976	16,784	0.02	장내매수 회사분할 장내매도
김온미	제2호다목	보통주	4,528	0.00	0	453	4,075	0.00	회사분할
김화중	제2호다목	보통주	495,971	0.51	80,000	86,818	489,153	0.57	장내매수 장내매도 회사분할
박미나	제2호다목	보통주	299,906	0.31	13,000	120,391	192,515	0.23	장내매수 장내매도 회사분할
LG연암 재단	제2호다목	보통주	699,779	0.72	0	69,978	629,801	0.74	회사분할
유용선	제2호다목	보통주	127,174	0.13	0	12,718	114,456	0.13	회사분할
유준선	제2호다목	보통주	36,854	0.04	0	3,686	33,168	0.04	회사분할
유한선	제2호다목	보통주	40,809	0.04	0	10,651	30,158	0.04	장내매도 회사분할
유희영	제2호다목	보통주	72,860	0.08	0	7,286	65,574	0.08	회사분할
이선용	제2호다목	보통주	199,356	0.21	11,000	19,936	190,420	0.22	회사분할 장내매수

이옥진	제2호다목	보통주	1,076,579	1.11	0	107,658	968,921	1.14	회사분할
이재연	제2호다목	보통주	33,155	0.03	0	8,155	25,000	0.03	장내매도 회사분할
이재원	제2호다목	보통주	6,392	0.01	6,200	1,260	11,332	0.01	장내매수 회사분할
이지용	제2호다목	보통주	192,799	0.20	2,000	19,280	175,519	0.21	회사분할 장내매수
이혜정	제2호다목	보통주	143,540	0.15	0	14,354	129,186	0.15	회사분할
최병민	제2호다목	보통주	1,141,931	1.18	42,000	271,664	912,267	1.07	장내매수 장내매도 회사분할
성재갑	임원	보통주	360	0.00	0	36	324	0.00	회사분할
허동수	계열 임원	보통주	1,742,934	1.79	35,000	177,794	1,600,140	1.88	장내매수 회사분할
허창수	계열 임원	보통주	3,717,485	3.83	298,000	371,749	3,643,736	4.27	회사분할 장내매수
허승조	계열 임원	보통주	119,224	0.12	269,870	14,023	375,071	0.44	장내매수 회사분할
LG카드	계열 회사	보통주	2,970,403	3.06	0	297,041	2,673,362	3.13	회사분할
자기 주식	-	보통주	1,181,675	1.25	10,581	118,168	1,074,088	1.26	기타(+) 회사분할
자기 주식	-	우선주	34	0.00	2,901	2,933	2	0.00	장내매도 회사분할 기타(+)
계		보통주	43,500,078	45.90	2,500,891	8,437,153	37,563,816	44.04	
		우선주	34	0.00	2,901	2,933	2	0.00	
		합 계	43,500,112	44.78	2,503,792	8,440,086	37,563,818	42.97	

최대주주명: 구본무 특수관계인의 수: 82명

〈부록 표 2.5〉 ㈜LG: 최대주주 및 특수관계인 주식 소유 현황, 2003년 12월

[2003년 12월 31일 현재] (단위 : 주, %)

성 명	관 계	주식의 종류	소유주식수(지분율)						변동 원인
			기 초		증 가	감 소	기 말		
			주식수	지분율	주식수	주식수	주식수	지분율	
구본무	본인	보통주	3,937,968	4.62	10,544,649	0	14,482,617	5.46	합병, 자사주상여(+)
구근회	제2호다목	보통주	56,628	0.07	38,010	94,638	0	0.00	합병(+), 장내매각(-)
구동휘	제2호다목	보통주	20,763	0.02	0	20,763	0	0.00	장내매각(-)
구두회	제2호다목	보통주	0	0	53,213	53,213	0	0.00	장내매수(+), 장내매각(-)
구미란	제2호다목	보통주	0	0	15,298	0	15,298	0.01	합병(+)
구미정	제2호다목	보통주	530,518	0.62	1,367,442	0	1,897,960	0.71	합병(+)
구민정	제2호다목	보통주	0	0	11,877	11,877	0	0.00	합병(+), 장내매각(-)
구본걸	제2호다목	보통주	2,042,226	2.39	952,655	2,994,881	0	0.00	합병(+), 장내매각(-)
구본규	제2호다목	보통주	35,630	0.04	0	35,630	0	0.00	장내매각(-)
구본근	제2호다목	보통주	51,787	0.06	409,264	60,000	401,051	0.15	합병(+),기타(+), 장내매각(-), 장내매수(+)
구본길	제2호다목	보통주	178,617	0.21	699,568	363,185	515,000	0.19	합병(+), 장내매각(-), 장내매수(+)
구본능	제2호다목	보통주	1,695,209	1.99	4,686,149	81,000	6,300,358	2.37	합병(+), 장내매수(+)
구본순	제2호다목	보통주	108,928	0.13	254,971	363,899	0	0.00	합병(+), 장내매각(-)
구본식	제2호다목	보통주	1,419,338	1.66	4,207,859	0	5,627,197	2.12	합병(+), 장내매수(+)
구본완	제2호다목	보통주	254,294	0.30	120,000	0	374,294	0.14	합병(+), 장내매수(+)

구본우	제2호다목	보통주	0	0	441,470	0	441,470	0.17	합병(+), 기타(+)
구본용	제2호다목	보통주	303,138	0.36	25,655	328,793	0	0.00	합병(+), 장내매각(-)
구본준	제2호다목	보통주	3,167,137	3.71	8,868,569	2,522,000	9,513,706	3.58	합병(+),장내매각(-), 장내매수(+)
구본진	제2호다목	보통주	48,978	0.06	664,644	713,622	0	0.00	합병(+),기타(+), 장내매각(-)
구본천	제2호다목	보통주	282,641	0.33	822,000	282,641	822,000	0.31	장내매각(-), 장내매수(+)
구본혁	제2호다목	보통주	25,325	0.03	0	25,325	0	0.00	장내매각(-)
구본현	제2호다목	보통주	33,138	0.04	379,557	80,000	332,695	0.13	합병(+), 기타(-). 장내매각(-)
구본호	제2호다목	보통주	39,559	0.05	233,755	0	273,314	0.10	합병(+)
구성모	제2호다목	보통주	12,226	0.01	19,477	31,703	0	0.00	합병(+), 장내매각(-)
구소연	제2호다목	보통주	7,549	0.01	0	7,549	0	0.00	장내매각(-)
구소희	제2호다목	보통주	0	0	4,749	4,749	0	0.00	합병(+), 장내매각(-)
구수연	제2호다목	보통주	0	0	8,550	8,550	0	0.00	합병(+), 장내매각(-)
구순자	제2호다목	보통주	364,062	0.43	587,725	0	951,787	0.36	합병(+), 장내매수(+)
구광모	제2호다목	보통주	121,300	0.14	592,293	0	713,593	0.27	합병(+),기타(+)
구웅모	제2호다목	보통주	87,588	0.10	562,936	0	650,524	0.25	합병(+),기타(+), 장내매수(+)
구연승	제2호다목	보통주	125,612	0.15	85,384	0	210,996	0.08	합병(+)
구연제	제2호다목	보통주	123,579	0.14	111,631	0	235,210	0.09	합병(+)
구연진	제2호다목	보통주	0	0	38,755	30,000	8,755	0.00	합병(+),

〈부록 표 2.5〉 ㈜LG: 최대주주 및 특수관계인 주식 소유 현황, 2003년 12월 (계속)

									장내매각(-), 장내매수(+)
구연경	제2호다목	보통주	229,256	0.27	1,056,421	120,000	1,165,677	0.44	합병(+), 장내매각(-), 장내매수(+)
구연수	제2호다목	보통주	13,749	0.02	34,042	0	47,791	0.02	합병(+), 장내매수(+)
구원희	제2호다목	보통주	2,096	0.00	7,363	9,459	0	0.00	합병(+), 장내매각(-)
구윤희	제2호다목	보통주	19,134	0.02	0	19,134	0	0.00	장내매각(-)
구은미	제2호다목	보통주	64,288	0.08	140,522	204,810	0	0.00	장내매각(-)
구은영	제2호다목	보통주	86,657	0.10	61,765	148,422	0	0.00	합병(+), 장내매각(-)
구은정	제2호다목	보통주	12,509	0.01	188,624	201,133	0	0.00	합병(+), 장내매각(-)
구은진	제2호다목	보통주	40,758	0.05	63,902	42,000	62,660	0.02	합병(+), 장내매각(-)
구은희	제2호다목	보통주	5,662	0.01	0	5,662	0	0.00	장내매각(-)
구자경	제2호다목	보통주	324,259	0.38	1,212,491	0	1,536,750	0.58	합병(+)
구자극	제2호다목	보통주	1,502,200	1.76	4,078,714	1,420,000	4,160,914	1.57	합병(+),기타(+), 장내매각(-), 장내매수(+)
구자민	제2호다목	보통주	369,118	0.43	798,775	0	1,167,893	0.44	합병(+), 장내매수(+)
구자섭	제2호다목	보통주	181,903	0.21	837,785	0	1,019,688	0.38	합병(+), 장내매수(+)
구자열	제2호다목	보통주	411,930	0.48	109,692	521,622	0	0.00	합병(+), 장내매각(-)
구자영	제2호다목	보통주	266,590	0.31	558,228	0	824,818	0.31	합병(+), 장내매수(+)
구자온	제2호다목	보통주	567,603	0.67	673,519	1,241,122	0	0.00	장내매각(-)
구자철	제2호다목	보통주	26,635	0.03	436,442	463,077	0	0.00	합병(+), 장내매각(-)

구자혜	제2호다목	보통주	225,263	0.26	684,422	0	909,685	0.34	합병(+), 장내매수(+)
구자홍	제2호다목	보통주	0	0	2,518,870	2,370,582	148,288	0.06	합병(+), 장내매각(-)
구재희	제2호다목	보통주	0	0	186,487	186,487	0	0.00	합병(+), □장내매각(-)
구지희	제2호다목	보통주	18,752	0.02	86,947	105,699	0	0.00	합병(+), 장내매각(-)
구진희	제2호다목	보통주	3,984	0.00	0	3,984	0	0.00	장내매각(-)
구태희	제2호다목	보통주	11,745	0.01	0	11,745	0	0.00	장내매각(-)
구평희	제2호다목	보통주	17,617	0.02	0	17,617	0	0.00	장내매각(-)
구현모	제2호다목	보통주	27,188	0.03	55,357	0	82,545	0.03	합병(+), 장내매수(+)
구형모	제2호다목	보통주	127,258	0.15	621,446	0	748,704	0.28	합병(+), 기타(+), 장내매수(+)
구형우	제2호다목	보통주	0	0	399,222	0	399,222	0.15	기타(+)
구혜원	제2호다목	보통주	0	0	40,673	40,673	0	0.00	합병(+), 장내매각(-)
구혜정	제2호다목	보통주	222,726	0.26	39,787	262,513	0	0.00	장내매각(-)
구훤미	제2호다목	보통주	314,369	0.37	731,683	0	1,046,052	0.39	합병(+), 장내매수(+)
김서영	제2호다목	보통주	4,554	0.01	0	0	4,554	0.00	-
김서온	제2호다목	보통주	4,554	0.01	0	0	4,554	0.00	-
김선정	제2호다목	보통주	27,348	0.03	19,479	23,000	23,827	0.01	합병(+), 장내매각(-)
김선혜	제2호다목	보통주	932,573	1.09	281,614	0	1,214,187	0.46	합병(+), 장내매수(+)
김영식	제2호다목	보통주	16,784	0.02	6,580,393	0	6,597,177	2.49	합병(+), 장내매수(+)

〈부록 표 2.5〉 ㈜LG: 최대주주 및 특수관계인 주식 소유 현황, 2003년 12월 (계속)

김은미	제2호다목	보통주	8,075	0.01	75,462	0	83,537	0.03	합병(+)
김화중	제2호다목	보통주	489,153	0.57	840,588	0	1,329,741	0.50	합병(+), 장내매수(+)
박미나	제2호다목	보통주	192,515	0.23	758,231	302,000	648,746	0.24	합병(+), 장내매각(-), 장내매수(+)
유웅선	제2호다목	보통주	114,456	0.13	285,416	399,872	0	0.00	합병(+), 장내매각(-)
유준선	제2호다목	보통주	33,168	0.04	231,865	260,000	5,033	0.00	합병(+), 장내매각(-)
유한선	제2호다목	보통주	29,158	0.03	0	29,158	0	0.00	장내매각(-)
유희영	제2호다목	보통주	65,574	0.08	225,723	7[illegible]000	216,297	0.08	합병(+), 장내매각(-), 장내매수(+)
이선용	제2호다목	보통주	190,420	0.22	15,274	205,694	0	0.00	합병(+), 장내매각(-)
이욱진	제2호다목	보통주	968,921	1.14	486,806	0	1,455,727	0.55	합병(+), 장내매수(+)
이재연	제2호다목	보통주	25,000	0.03	242,856	0	267,856	0.10	합병(+)
이재원	제2호다목	보통주	11,332	0.01	147,836	132,868	26,300	0.01	합병(+), 장내매각(-), 장내매수(+)
이지용	제2호다목	보통주	175,519	0.21	223,506	0	399,025	0.15	합병(+)
이혜정	제2호다목	보통주	129,186	0.15	229,212	0	358,398	0.14	합병(+), 장내매수(+)
최병민	제2호다목	보통주	912,267	1.07	5,501,878	2,677,150	3,736,995	1.41	합병(+), 장내매각(-), 장내매수(+)
최현수	제2호다목	보통주	0	0	4,511	0	4,511	0.00	합병(+)
강유식	계열임원	보통주	0	0	1,544	0	1,544	0.00	신규임원선임
허동수	계열임원	보통주	2,386,930	2.80	3,949,955	669,000	5,667,885	2.14	합병(+), 기타(+), 장내매각(-),

									장내매수(+)
허명수	계열임원	보통주	0	0	2,693,596	510,000	2,183,596	0.82	합병(+), 장내매각(-)
허승조	계열임원	보통주	1,326,221	1.55	3,617,455	2,710,000	2,233,676	0.84	합병(+), 장내매각(-)
허진수	계열임원	보통주	0	0	5,706,391	548,000	5,158,391	1.94	합병(+), 장내매각(-), 장내매수(+)
허창수	계열임원	보통주	3,643,736	4.27	5,737,344	175,000	9,206,080	3.47	합병(+), 장내매각(-)
허태수	계열임원	보통주	0	0	4,036,666	0	4,036,666	1.52	합병(+), 장내매수(+)
성재갑	계열임원	보통주	324	0	0	0	324	0.00	합병(+)
LG연암학원	제2호다목	보통주	3,502,390	4.11	7,012,598	4,860,000	5,654,988	2.13	합병(+), 장내매각(-)
LG연암문화재단	제2호다목	보통주	629,801	0.74	251,008	0	880,809	0.33	합병(+)
LG전선㈜	계열회사	보통주	0	0	12,873,943	10,138,943	2,735,000	1.03	합병(+), 장내매각(-)
LG카드	계열회사	보통주	2,673,362	3.13	0	2,673,362	0	0.00	장내매각(-)
자기주식	-	보통주	19,416,620	22.76	22,390,123	19,321,384	22,485,359	8.47	매수청구,합병(+),기타(+), 장내매각(-), 상여지급(-)
자기주식	-	우선주	1,084,554	51.02	1,405,891	0	2,490,445	48.84	매수청구(+),기타(+)
		보통주	58,076,928	68.09	136,852,557	61,220,190	133,709,295	50.37	
계		우선주	1,084,554	51.02	1,405,886	0	2,490,440	48.84	
		합 계	59,161,482	67.68	138,258,448	61,220,190	136,199,740	50.34	

최대주주명: 구본무 특수관계인의 수: 94명

〈부록 표 2.6〉 ㈜LG: 최대주주 및 특수관계인 주식 소유 현황, 2004년 12월

[2004년 12월 31일 현재] (단위 : 주, %)

성 명	관 계	주식의 종류	소유주식수(지분율)						변동 원인
			기 초		증 가	감 소	기 말		
			주식수	지분율	주식수	주식수	주식수	지분율	
구본무	본인	보통주	14,482,617	5.46	8,324,928	-5,107,976	17,699,569	10.26	자사주상여(+), 분할(-), 장내매수(+)
구미란	제2호다목	보통주	15,298	0.01	0	-15,298	0	0.00	장내매각(-)
구미정	제2호다목	보통주	1,897,960	0.71	1,027,876	-697,536	2,228,300	1.29	장내매수(+), 분할(-)
구본근	제2호다목	보통주	401,051	0.15	75,993	-477,044	0	0.00	분할(-), 장내매각(-), 장내매수(+)
구본길	제2호다목	보통주	515,000	0.19	671,000	-534,250	651,750	0.38	장내매수(+), 분할(-)
구본능	제2호다목	보통주	6,300,358	2.37	4,577,281	-2,670,626	8,207,013	4.76	장내매수(+), 분할(-)
구본식	제2호다목	보통주	5,627,197	2.12	4,276,423	-2,484,019	7,419,601	4.30	장내매수(+), 분할(-)
구본영	제2호다목	보통주	0	0.00	195,000	0	195,000	0.11	장내매수(+)
구본완	제2호다목	보통주	374,294	0.14	130,000	-151,153	353,141	0.20	장내매각(-), 분할(-)
구본우	제2호다목	보통주	441,470	0.17	0	-441,470	0	0.00	장내매각(-), 분할(-)
구본준	제2호다목	보통주	9,513,706	3.58	9,233,640	-6,081,798	12,665,548	7.34	장내매각(-), 장내매수(+), 분할(-)
구본천	제2호다목	보통주	822,000	0.31	410,000	-371,700	860,300	0.50	장내매수(+), 분할(-)
구본현	제2호다목	보통주	332,695	0.13	0	-332,695	0	0.00	장내매각(-), 분할(-)
구본호	제2호다목	보통주	273,314	0.10	160,000	-95,660	337,654	0.20	분할(-)
구순자	제2호다목	보통주	951,787	0.36	441,997	-333,126	1,060,658	0.61	장내매수(+), 분할(-)
구광모	제2호다목	보통주	713,593	0.27	4,949,160	-834,958	4,827,795	2.80	장내매수(+), 분할(-)

구웅모	제2호다목	보통주	650,524	0.25	205,000	-232,934	622,590	0.36	장내매수(+), 분할(-)
구연승	제2호다목	보통주	210,996	0.08	128,000	-80,849	258,147	0.15	장내매수(+), 분할(-)
구연제	제2호다목	보통주	235,210	0.09	170,000	-99,824	305,386	0.18	장내매수(+), 분할(-)
구연진	제2호다목	보통주	8,755	0.00	46,000	-24,665	30,090	0.02	장내매수(+), 분할(-)
구연경	제2호다목	보통주	1,165,677	0.44	1,831,389	-1,555,487	1,441,579	0.84	장내매수(+), 분할(-)
구연수	제2호다목	보통주	47,791	0.02	55,000	-47,727	55,064	0.03	분할(-), 장내매수(+), 장내매각(-)
구은미	제2호다목	보통주	0	0.00	20,000	0	20,000	0.01	장내매수(+)
구은진	제2호다목	보통주	62,660	0.02	0	-62,660	0	0.00	분할(-), 장내매각(-)
구자경	제2호다목	보통주	1,536,750	0.58	650,000	-537,863	1,648,887	0.96	분할(-), 장내매수(+)
구자극	제2호다목	보통주	4,160,914	1.57	0	-2,275,213	1,885,701	1.09	장내매각(-), 분할(-)
구자민	제2호다목	보통주	1,167,893	0.44	75,993	-1,243,655	231	0.00	분할(-), 장내매각(-)
구자섭	제2호다목	보통주	1,019,688	0.38	20,000	-1,039,688	0	0.00	장내매각(-), 장내매수(+), 분할(-)
구자영	제2호다목	보통주	824,818	0.31	340,000	-288,687	876,131	0.51	분할(-), 장내매수(+)
구자혜	제2호다목	보통주	909,685	0.34	380,000	-318,390	971,295	0.56	분할(-), 장내매수(+)
구자홍	제2호다목	보통주	148,288	0.06	0	-148,288	0	0.00	장내매각(-), 분할(-)
구현모	제2호다목	보통주	82,545	0.03	100,000	-81,891	100,654	0.06	분할(-), 장내매수(+)
구형모	제2호다목	보통주	748,704	0.28	290,000	-262,047	776,657	0.45	분할(-), 장내매수(+)
구형우	제2호다목	보통주	399,222	0.15	0	-399,222	0	0.00	분할(-), 장내매각(-)

〈부록 표 2.6〉 ㈜LG: 최대주주 및 특수관계인 주식 소유 현황, 2004년 12월 (계속)

구훤미	제2호다목	보통주	1,046,052	0.39	794,750	-445,769	1,395,033	0.81	장내매각(-), 장내매수(+), 분할(-)
김서영	제2호다목	보통주	4,554	0.00	61,000	-4,594	60,960	0.04	분할(-), 장내매수(+)
김서은	제2호다목	보통주	4,554	0.00	51,000	-1,594	53,960	0.03	분할(-), 장내매수(+)
김선정	제2호다목	보통주	23,827	0.01	93,000	-23,340	93,487	0.05	분할(-), 장내매수(+)
김선혜	제2호다목	보통주	1,214,187	0.46	836,980	-479,216	1,571,951	0.91	장내매수(+), 분할(-)
김영식	제2호다목	보통주	6,597,177	2.49	3,083,135	-2,351,012	7,329,300	4.25	분할(-), 장내매수(+)
김은미	제2호다목	보통주	83,537	0.03	40,000	-29,238	94,299	0.05	분할(-), 장내매수(+)
김화중	제2호다목	보통주	1,329,741	0.50	0	-1,329,741	0	0.00	장내매각(-), 분할(-)
박미나	제2호다목	보통주	648,746	0.24	855,993	-724,062	780,677	0.45	장내매각(-), 분할(-)
유용선	제2호다목	보통주	0	0.00	50,000	0	50,000	0.03	장내매수(+)
유준선	제2호다목	보통주	5,033	0.00	155,000	-49,512	110,521	0.06	분할(-), 장내매수(+)
유희영	제2호다목	보통주	216,297	0.08	125,000	-87,704	253,593	0.15	분할(-), 장내매수(+)
이선용	제2호다목	보통주	0	0.00	30,000	0	30,000	0.02	장내매수(+)
이욱진	제2호다목	보통주	1,455,727	0.55	700,993	-518,255	1,638,465	0.95	분할(-), 장내매수(+)
이재연	제2호다목	보통주	267,856	0.10	110,000	-93,750	284,106	0.16	분할(-), 장내매수(+)
이재원	제2호다목	보통주	26,300	0.01	209,530	-110,955	124,875	0.07	장내매수(+), 분할(-)
이지용	제2호다목	보통주	399,025	0.15	210,000	-185,159	423,866	0.25	장내매각(-), 분할(-), 장내매수(+)
이혜정	제3호다목	보통주	358,398	0.14	120,000	-157,940	320,458	0.19	장내매각(-), 분할(-), 장내매수(+)

최병민	제4호다목	보통주	3,736,995	1.41	3,039,960	-2,104,149	4,672,806	2.71	장내매각(-), 장내매수(+), 분할(-)
최현수	제5호다목	보통주	4,511	0.00	1,000	-1,579	3,932	0.00	분할(-)
강유식	계열임원	보통주	1,544	0.00	7,557	-3,186	5,915	0.00	자사주상여(+) ,분할(-)
허동수	계열임원	보통주	5,667,885	2.14	139,741	-5,807,626	0	0.00	장내매각(-), 장내매수(+), 분할(-)
허명수	계열임원	보통주	2,183,596	0.82	70,000	-2,253,596	0	0.00	장내매각(-), 장내매수(+), 분할(-)
허승조	계열임원	보통주	2,233,676	0.84	1,455,000	-3,688,676	0	0.00	장내매각(-), 분할(-)
허진수	계열임원	보통주	5,158,391	1.94	0	-5,157,396	995	0.00	장내매각(-), 분할(-)
허창수	계열임원	보통주	9,206,080	3.47	0	-9,206,080	0	0.00	장내매각(-), 분할(-)
허태수	계열임원	보통주	4,036,666	1.52	70,000	-4,106,666	0	0.00	장내매수(+), 분할(-)
성재갑	계열임원	보통주	324	0.00	0	-114	210	0.00	분할(-)
LG연암 학원	제2호다목	보통주	5,654,988	2.13	0	-1,979,246	3,675,742	2.13	분할(-)
LG연암 문화재단	제2호다목	보통주	880,809	0.33	0	-308,284	572,525	0.33	분할(-)
계		보통주	108,488,936	40.87	51,094,319	-70,536,838	89,046,417	51.60	-
		우선주	0	0.00	0	0	0	0.00	
		합 계	108,488,936	40.10	51,094,319	-70,536,838	89,046,417	50.63	

최대주주명: 구본무

특수관계인의 수: 63명

〈부록 표 2.7〉 ㈜LG: 최대주주 및 특수관계인 주식 소유 현황, 2005년 12월

[2005년 12월 31일 현재] (단위 : 주, %)

성 명	관 계	주식의 종류	소유주식수(지분율)						변동 원인
			기 초		증 가	감 소	기 말		
			주식수	지분율	주식수	주식수	주식수	지분율	
구본무	본인	보통주	17,699,569	10.26	120,000	0	17,819,569	10.33	장내취득
구미정	제2호다목	보통주	2,228,300	1.29	0	0	2,228,300	1.29	
구본길	제2호다목	보통주	651,750	0.38	0	0	651,750	0.38	
구본능	제2호다목	보통주	8,207,013	4.76	10,000	0	8,217,013	4.76	장내취득
구본식	제2호다목	보통주	7,419,601	4.3	0	0	7,419,601	4.30	
구본영	제2호다목	보통주	195,000	0.11		195,000	0	0.00	장내매도
구본완	제2호다목	보통주	353,141	0.2	0	0	353,141	0.20	
구본준	제2호다목	보통주	12,665,548	7.34	280,000		12,945,548	7.50	장내취득
구본천	제2호다목	보통주	860,300	0.5	0	0	860,300	0.50	
구본호	제2호다목	보통주	337,654	0.2	322,230	99,565	560,319	0.32	장내취득, 매도
구순자	제2호다목	보통주	1,060,658	0.61	0	0	1,060,658	0.61	
구광모	제2호다목	보통주	4,827,795	2.8	0	0	4,827,795	2.80	
구융모	제2호다목	보통주	622,590	0.36	33,000	0	655,590	0.38	장내취득
구연승	제2호다목	보통주	258,147	0.15	0	0	258,147	0.15	
구연제	제2호다목	보통주	305,386	0.18	0	0	305,386	0.18	
구연진	제2호다목	보통주	30,090	0.02	0	0	30,090	0.02	
구연경	제2호다목	보통주	1,441,579	0.84	0	0	1,441,579	0.84	
구연수	제2호다목	보통주	55,064	0.03	0	0	55,064	0.03	
구은미	제2호다목	보통주	20,000	0.01	0	0	20,000	0.01	
구자경	제2호다목	보통주	1,648,887	0.96	0	0	1,648,887	0.96	
구자극	제2호다목	보통주	1,885,701	1.09	0	1,505,000	380,701	0.22	장내매도
구자민	제2호다목	보통주	231	0	0	0	231	0.00	
구자엽	제2호다목	보통주	0	0	440,000	0	440,000	0.25	장내취득
구자영	제2호다목	보통주	876,131	0.51	0	10,000	866,131	0.50	장내매도
구자혜	제2호다목	보통주	971,295	0.56	0	0	971,295	0.56	
구현모	제2호다목	보통주	100,654	0.06	0	0	100,654	0.06	
구형모	제2호다목	보통주	776,657	0.45	0	0	776,657	0.45	

구훤미	제2호다목	보통주	1,395,033	0.81	0	0	1,395,033	0.81	
김서영	제2호다목	보통주	60,960	0.04	0	0	60,960	0.04	
김서온	제2호다목	보통주	53,960	0.03	0	0	53,960	0.03	
김선정	제2호다목	보통주	93,487	0.05	0	0	93,487	0.05	
김선혜	제2호다목	보통주	1,571,951	0.91	0	0	1,571,951	0.91	
김영식	제2호다목	보통주	7,329,300	4.25	0	0	7,329,300	4.25	
김온미	제2호다목	보통주	94,299	0.05	0	0	94,299	0.05	
박미나	제2호다목	보통주	780,677	0.45	0	0	780,677	0.45	
유용선	제2호다목	보통주	50,000	0.03	0	0	50,000	0.03	
유준선	제2호다목	보통주	110,521	0.06	0	0	110,521	0.06	
유희영	제2호다목	보통주	253,593	0.15	0	60,000	193,593	0.11	장내매도
이선용	제2호다목	보통주	30,000	0.02	0	0	30,000	0.02	
이욱진	제2호다목	보통주	1,638,465	0.95	211,000		1,849,465	1.07	장내취득
이재연	제2호다목	보통주	284,106	0.16	0	0	284,106	0.16	
이재원	제2호다목	보통주	124,875	0.07	0	0	124,875	0.07	
이지용	제2호다목	보통주	423,866	0.25	0	50,000	373,866	0.22	장내매도
이혜정	제3호다목	보통주	320,458	0.19	0	202,230	118,228	0.07	장내매도
최병민	제4호다목	보통주	4,672,806	2.71	205,000	0	4,877,806	2.83	장내취득
최현수	제5호다목	보통주	3,932	0	0	0	3,932	0.00	
강유식	계열임원	보통주	5,915	0	0	0	5,915	0.00	
허진수	계열임원	보통주	995	0		995	0	0.00	특수관계 해소
성재갑	계열임원	보통주	210	0		210	0	0.00	임원퇴임
정도현	계열임원	보통주	0	0	663	0	663	0.00	신규임원 선임
LG연암학원	제2호다목	보통주	3,675,742	2.13	0	0	3,675,742	2.13	
LG연암문화재단	제2호다목	보통주	572,525	0.33	0	0	572,525	0.33	
계		보통주	89,046,417	51.60	1,621,893	2,123,000	88,545,310	51.31	
		우선주	0	0.00	0	0	0	0.00	
		합 계	89,046,417	50.63	1,621,893	2,123,000	88,545,310	50.35	

최대주주명: 구본무 특수관계인의 수: 48명

〈부록 표 2.8〉 ㈜LG: 최대주주 및 특수관계인 주식 소유 현황, 2006년 12월

[2006년 12월 31일 현재] (단위 : 주, %)

성 명	관 계	주식의 종류	소유주식수(지분율)						변동 원인
			기 초		증 가	감 소	기 말		
			주식수	지분율	주식수	주식수	주식수	지분율	
구본무	본인	보통주	17,819,569	10.33	316,600	-	18,136,169	10.51	장내매수
구미정	제2호다목	보통주	2,228,300	1.29	29,300	-	2,257,600	1.31	장내매수
구본길	제2호다목	보통주	651,750	0.38	94,000	-	745,750	0.43	장내매수
구본능	제2호다목	보통주	8,217,013	4.76	390,600	-	8,607,613	4.99	장내매수
구본식	제2호다목	보통주	7,419,601	4.30	284,000	-	7,703,601	4.46	장내매수
구본완	제2호다목	보통주	353,141	0.20	-	-	353,141	0.20	-
구본준	제2호다목	보통주	12,945,548	7.50	133,900	-	13,079,448	7.58	장내매수
구본천	제2호다목	보통주	860,300	0.50	-	420,000	440,300	0.26	장내매도
구본호	제2호다목	보통주	560,319	0.32	-	190,000	370,319	0.21	장내매도
구순자	제2호다목	보통주	1,060,658	0.61	-	400,000	660,658	0.38	장내매도
구광모	제2호다목	보통주	4,827,795	2.80	88,000	-	4,915,795	2.85	장내매수
구웅모	제2호다목	보통주	655,590	0.38	50,600	-	706,190	0.41	장내매수
구연승	제2호다목	보통주	258,147	0.15	5,000	-	263,147	0.15	장내매수
구연제	제2호다목	보통주	305,386	0.18	5,000	-	310,386	0.18	장내매수
구연진	제2호다목	보통주	30,090	0.02	-	-	30,090	0.02	-
구연경	제2호다목	보통주	1,441,579	0.84	44,700	-	1,486,279	0.86	장내매수
구연수	제2호다목	보통주	55,064	0.03	-	-	55,064	0.03	-
구온미	제2호다목	보통주	20,000	0.01	-	-	20,000	0.01	-
구자경	제2호다목	보통주	1,648,887	0.96	-	-	1,648,887	0.96	-
구자극	제2호다목	보통주	380,701	0.22	-	283,000	97,701	0.06	-
구자민	제2호다목	보통주	231	0.00	-	-	231	0.00	-
구자엽	제2호다목	보통주	440,000	0.25	-	-	440,000	0.25	-
구자영	제2호다목	보통주	866,131	0.50	-	-	866,131	0.50	-
구자일	제2호다목	보통주	0	0.00	25,000	-	25,000	0.01	장내매수
구자혜	제2호다목	보통주	971,295	0.56	30,000	180,000	821,295	0.48	장내매수/ 매도
구자홍	제2호다목	보통주	0	0.00	188,000	-	188,000	0.11	장내매수

구현모	제2호다목	보통주	100,654	0.06	-	-	100,654	0.06	-
구형모	제2호다목	보통주	776,657	0.45	14,200	-	790,857	0.46	장내매수
구훤미	제2호다목	보통주	1,395,033	0.81	-	65,000	1,330,033	0.77	장내매도
김서영	제2호다목	보통주	60,960	0.04	-	-	60,960	0.04	-
김서은	제2호다목	보통주	53,960	0.03	-	-	53,960	0.03	-
김선정	제2호다목	보통주	93,487	0.05	-	-	93,487	0.05	-
김선혜	제2호다목	보통주	1,571,951	0.91	19,400	-	1,591,351	0.92	장내매수
김영식	제2호다목	보통주	7,329,300	4.25	93,800	-	7,423,100	4.30	장내매수
김은미	제2호다목	보통주	94,299	0.05	-	-	94,299	0.05	-
김주영	제2호다목	보통주	0	0.00	25,300	-	25,300	0.01	장내매수
박미나	제2호다목	보통주	780,677	0.45	-	400,000	380,677	0.22	장내매도
유웅선	제2호다목	보통주	50,000	0.03	-	-	50,000	0.03	-
유준선	제2호다목	보통주	110,521	0.06	-	-	110,521	0.06	-
유희영	제2호다목	보통주	193,593	0.11	-	-	193,593	0.11	-
이선용	제2호다목	보통주	30,000	0.02	-	30,000	0	0.00	장내매도
이옥진	제2호다목	보통주	1,849,465	1.07	7,300	-	1,856,765	1.08	장내매수
이재연	제2호다목	보통주	284,106	0.16	63,000	-	347,106	0.20	장내매수
이재원	제2호다목	보통주	124,875	0.07	63,000	-	187,875	0.11	장내매수
이지용	제2호다목	보통주	373,866	0.22	-	90,000	283,866	0.16	장내매도
이혜경	제3호다목	보통주	118,228	0.07	-	-	118,228	0.07	-
최병민	제4호다목	보통주	4,877,806	2.83	-	3,131,970	1,745,836	1.01	장내매도
최현수	제5호다목	보통주	3,932	0.00	-	-	3,932	0.00	-
강유식	임원	보통주	5,915	0.00	-	-	5,915	0.00	-
정도현	임원	보통주	663	0.00	-	-	663	0.00	-
LG연암학원	제2호다목	보통주	3,675,742	2.13	-	-	3,675,742	2.13	-
LG연암문화재단	제2호다목	보통주	572,525	0.33	-	-	572,525	0.33	-
계		보통주	88,545,310	51.31	1,970,700	5,189,970	85,326,040	49.45	-
		우선주	0	0.00	0	0	0	0.00	
		합 계	88,545,310	50.35	1,970,700	5,189,970	85,326,040	48.52	

최대주주명: 구본무　　　　특수관계인의 수 : 50명

〈부록 표 2.9〉 ㈜LG: 최대주주 및 특수관계인 주식 소유 현황, 2007년 12월

[2007년 12월 31일 현재] (단위 : 주, %)

성 명	관 계	주식의 종류	소유주식수(지분율)						변동 원인
			기 초		증 가	감 소	기 말		
			주식수	지분율	주식수	주식수	주식수	지분율	
구본무	본인	보통주	18,136,169	10.51			18,136,169	10.51	-
구미정	특수관계인	보통주	2,257,600	1.31			2,257,600	1.31	-
구본길	특수관계인	보통주	745,750	0.43		20,000	725,750	0.42	장내매도
구본능	특수관계인	보통주	8,607,613	4.99	39,600		8,647,213	5.01	장내매수
구본식	특수관계인	보통주	7,703,601	4.46			7,703,601	4.46	-
구본완	특수관계인	보통주	353,141	0.20		353,141	0	0	장내매도
구본준	특수관계인	보통주	13,079,448	7.58			13,079,448	7.58	-
구본천	특수관계인	보통주	440,300	0.26		440,300	0	0	장내매도
구본호	특수관계인	보통주	370,319	0.21		280,000	90,319	0.05	장내매도
구순자	특수관계인	보통주	660,658	0.38		190,000	470,658	0.27	장내매도
구광모	특수관계인	보통주	4,915,795	2.85	2,758,920		7,674,715	4.45	장내매수
구용모	특수관계인	보통주	706,190	0.41			706,190	0.41	-
구연승	특수관계인	보통주	263,147	0.15			263,147	0.15	-
구연제	특수관계인	보통주	310,386	0.18			310,386	0.18	-
구연진	특수관계인	보통주	30,090	0.02			30,090	0.02	-
구연경	특수관계인	보통주	1,486,279	0.86			1,486,279	0.86	-
구연수	특수관계인	보통주	55,064	0.03			55,064	0.03	-
구은미	특수관계인	보통주	20,000	0.01			20,000	0.01	-
구자경	특수관계인	보통주	1,648,887	0.96			1,648,887	0.96	-
구자극	특수관계인	보통주	97,701	0.06	195,133	97,701	195,133	0.11	장내매수
구자민	특수관계인	보통주	231	0.00			231	0.00	-
구자엽	특수관계인	보통주	440,000	0.25		440,000	0	0	장내매도
구자영	특수관계인	보통주	866,131	0.50		3,100	863,031	0.50	장내매도
구자일	특수관계인	보통주	25,000	0.01			25,000	0.01	-
구자혜	특수관계인	보통주	821,295	0.48		162,000	659,295	0.38	장내매도
구자홍	특수관계인	보통주	188,000	0.11		188,000	0	0	장내매도

구현모	특수관계인	보통주	100,654	0.06			100,654	0.06	-
구형모	특수관계인	보통주	790,857	0.46			790,857	0.46	-
구훤미	특수관계인	보통주	1,330,033	0.77		4,000	1,326,033	0.77	장내매도
김서영	특수관계인	보통주	60,960	0.04			60,960	0.04	-
김서온	특수관계인	보통주	53,960	0.03			53,960	0.03	-
김선정	특수관계인	보통주	93,487	0.05			93,487	0.05	-
김선혜	특수관계인	보통주	1,591,351	0.92			1,591,351	0.92	-
김영식	특수관계인	보통주	7,423,100	4.30			7,423,100	4.30	-
김은미	특수관계인	보통주	94,299	0.05			94,299	0.05	-
김주영	특수관계인	보통주	25,300	0.01			25,300	0.01	-
박미나	특수관계인	보통주	380,677	0.22		380,677	0	0	장내매도
유용선	특수관계인	보통주	50,000	0.03			50,000	0.03	-
유준선	특수관계인	보통주	110,521	0.06			110,521	0.06	-
유희영	특수관계인	보통주	193,593	0.11		1,500	192,093	0.11	장내매도
이선용	특수관계인	보통주	0	0.00	105,000		105,000	0.06	장내매수
이욱진	특수관계인	보통주	1,856,765	1.08		7,000	1,849,765	1.07	장내매도
이재연	특수관계인	보통주	347,106	0.20		31,000	316,106	0.18	장내매도
이재원	특수관계인	보통주	187,875	0.11			187,875	0.11	-
이지용	특수관계인	보통주	283,866	0.16		35,000	248,866	0.14	장내매도
이혜정	특수관계인	보통주	118,228	0.07		15,000	103,228	0.06	장내매도
최병민	특수관계인	보통주	1,745,836	1.01		1,745,836	0	0	장내매도
최현수	특수관계인	보통주	3,932	0.00			3,932	0.00	-
강유식	특수관계인	보통주	5,915	0.00			5,915	0.00	-
정도현	특수관계인	보통주	663	0.00			663	0.00	-
LG연암학원	특수관계인	보통주	3,675,742	2.13			3,675,742	2.13	-
LG연암 문화재단	특수관계인	보통주	572,525	0.33			572,525	0.33	-
계		보통주	85,326,040	49.45	3,098,653	4,394,255	84,030,438	48.70	
		우선주	0		0	0	0	0	
		합 계	85,326,040	48.52	3,098,653	4,394,255	84,030,438	47.78	

최대주주명: 구본무 특수관계인의 수: 45명

〈부록 표 2.10〉 ㈜LG: 최대주주 및 특수관계인 주식 소유 현황, 2008년 12월

[2008년 12월 31일 현재] (단위 : 주, %)

성 명	관 계	주식의 종류	소유주식수(지분율)						변동 원인
			기 초		증 가	감 소	기 말		
			주식수	지분율	주식수	주식수	주식수	지분율	
구본무	본인	보통주	18,136,169	10.51	-	-	18,136,169	10.51	-
구광모	특수관계인	보통주	7,674,715	4.45	231,000	-	7,905,715	4.58	-
구미정	특수관계인	보통주	2,257,600	1.31	-	-	2,257,600	1.31	-
구본길	특수관계인	보통주	725,750	0.42	-	-	725,750	0.42	-
구본능	특수관계인	보통주	8,647,213	5.01	-	-	8,647,213	5.01	-
구본식	특수관계인	보통주	7,703,601	4.46	-	-	7,703,601	4.46	-
구본준	특수관계인	보통주	13,079,448	7.58	-	-	13,079,448	7.58	-
구본호	특수관계인	보통주	90,319	0.05	-	-	90,319	0.05	-
구순자	특수관계인	보통주	470,658	0.27	-	-	470,658	0.27	-
구연경	특수관계인	보통주	1,486,279	0.86	-	-	1,486,279	0.86	-
구연수	특수관계인	보통주	55,064	0.03	-	-	55,064	0.03	-
구연승	특수관계인	보통주	263,147	0.15	-	-	263,147	0.15	-
구연제	특수관계인	보통주	310,386	0.18	-	-	310,386	0.18	-
구연진	특수관계인	보통주	30,090	0.02	-	-	30,090	0.02	-
구용모	특수관계인	보통주	706,190	0.41	-	-	706,190	0.41	-
구은미	특수관계인	보통주	20,000	0.01	-	-	20,000	0.01	-
구자경	특수관계인	보통주	1,648,887	0.96	-	-	1,648,887	0.96	-
구자극	특수관계인	보통주	195,133	0.11	-	-195,133	0	0	-
구자민	특수관계인	보통주	231	0.00	-	-	231	0.00	-
구자영	특수관계인	보통주	863,031	0.50	-	-	863031	0.50	-
구자일	특수관계인	보통주	25,000	0.01	-	-	25,000	0.01	-
구자혜	특수관계인	보통주	659,295	0.38	-	-	659,295	0.38	-
구현모	특수관계인	보통주	100,654	0.06	-	-	100,654	0.06	-
구형모	특수관계인	보통주	790,857	0.46	-	-	790,857	0.46	-
구훤미	특수관계인	보통주	1,326,033	0.77	-	-	1,326,033	0.77	-

김서영	특수관계인	보통주	60,960	0.04	1,900	-	62,860	0.04	-
김서온	특수관계인	보통주	53,960	0.03	500	-	54,460	0.03	-
김선정	특수관계인	보통주	93,487	0.05	2,100	-	95,587	0.06	-
김선혜	특수관계인	보통주	1,591,351	0.92	11,500	-	1,602,851	0.93	-
김영식	특수관계인	보통주	7,423,100	4.30	-	-	7,423,100	4.30	-
김은미	특수관계인	보통주	94,299	0.05	-	-	94,299	0.05	-
김주영	특수관계인	보통주	25,300	0.01	-	-16,000	9,300	0.01	-
유용선	특수관계인	보통주	50,000	0.03	-	-	50,000	0.03	-
유준선	특수관계인	보통주	110,521	0.06	-	-	110,521	0.06	-
유희영	특수관계인	보통주	192,093	0.11	-	-	192,093	0.11	-
이선용	특수관계인	보통주	105,000	0.06	-	-44,000	61,000	0.04	-
이욱진	특수관계인	보통주	1,849,765	1.07	-	-33,000	1,816,765	1.05	-
이재연	특수관계인	보통주	316,106	0.18	-	-	316,106	0.18	-
이재원	특수관계인	보통주	187,875	0.11	-	-2,000	185,875	0.11	-
이지용	특수관계인	보통주	248,866	0.14	-	-50,000	198,866	0.12	-
이혜정	특수관계인	보통주	103,228	0.06	-	-68,000	35,228	0.02	-
최현수	특수관계인	보통주	3,932	0.00	-	-	3,932	0.00	-
강유식	특수관계인	보통주	5,915	0.00	-	-	5,915	0.00	-
정도현	특수관계인	보통주	663	0.00	-	-663	0	0	-
LG연암문화재단	특수관계인	보통주	572,525	0.33	-	-	572525	0.33	-
LG연암학원	특수관계인	보통주	3,675,742	2.13	-	-	3,675,742	2.13	-
계		보통주	84,030,438	48.70	247,000	-408,796	83,868,642	48.60	-
		우선주	0	0	-	-	0	0	
		합 계	84,030,438	48.70	247,000	-408,796	83,868,642	48.60	

최대주주명: 구 본 무 특수관계인의 수: 43명

〈부록 표 2.11〉 ㈜LG: 최대주주 및 특수관계인 주식 소유 현황, 2009년 12월

[2009년 12월 31일 현재] (단위 : 주, %)

성 명	관 계	주식의 종류	소유주식수(지분율)			
			기 초		기 말	
			주식수	지분율	주식수	지분율
구본무	본인	보통주	18,136,169	10.51	18,421,169	10.68
구광모	특수관계인	보통주	7,905,715	4.58	8,053,715	4.67
구미정	특수관계인	보통주	2,257,600	1.31	1,959,600	1.14
구본길	특수관계인	보통주	725,750	0.42	707,750	0.41
구본능	특수관계인	보통주	8,647,213	5.01	8,647,213	5.01
구본식	특수관계인	보통주	7,703,601	4.46	7,703,601	4.46
구본준	특수관계인	보통주	13,079,448	7.58	13,079,448	7.58
구본호	특수관계인	보통주	90,319	0.05	90,319	0.05
구순자	특수관계인	보통주	470,658	0.27	-	-
구연경	특수관계인	보통주	1,486,279	0.86	1,486,279	0.86
구연수	특수관계인	보통주	55,064	0.03	55,064	0.03
구연승	특수관계인	보통주	263,147	0.15	263,147	0.15
구연제	특수관계인	보통주	310,386	0.18	310,386	0.18
구연진	특수관계인	보통주	30,090	0.02	30,090	0.02
구용모	특수관계인	보통주	706,190	0.41	753,190	0.44
구은미	특수관계인	보통주	20,000	0.01	72,000	0.04
구자경	특수관계인	보통주	1,648,887	0.96	1,648,887	0.96
구자민	특수관계인	보통주	231	0.00	-	-
구자영	특수관계인	보통주	863,031	0.50	863,031	0.5
구자일	특수관계인	보통주	25,000	0.01	25,000	0.01
구자혜	특수관계인	보통주	659,295	0.38	-	-
구현모	특수관계인	보통주	100,654	0.06	100,654	0.06
구형모	특수관계인	보통주	790,857	0.46	828,857	0.48

구훤미	특수관계인	보통주	1,326,033	0.77	1,289,033	0.75
김서영	특수관계인	보통주	62,860	0.04	74,860	0.04
김서온	특수관계인	보통주	54,460	0.03	67,460	0.04
김선정	특수관계인	보통주	95,587	0.06	107,587	0.06
김선혜	특수관계인	보통주	1,602,851	0.93	1,602,851	0.93
김영식	특수관계인	보통주	7,423,100	4.30	7,423,100	4.3
김온미	특수관계인	보통주	94,299	0.05	94,299	0.05
김주영	특수관계인	보통주	9,300	0.01	9,300	0.01
유용선	특수관계인	보통주	50,000	0.03	406,955	0.24
유준선	특수관계인	보통주	110,521	0.06	224,224	0.13
유희영	특수관계인	보통주	192,093	0.11	192,093	0.11
이선용	특수관계인	보통주	61,000	0.04	475,295	0.28
이욱진	특수관계인	보통주	1,816,765	1.05	1,816,765	1.05
이재연	특수관계인	보통주	316,106	0.18	278,106	0.16
이재원	특수관계인	보통주	185,875	0.11	185,875	0.11
이지용	특수관계인	보통주	198,866	0.12	198,866	0.12
이혜정	특수관계인	보통주	35,228	0.02	35,228	0.02
최현수	특수관계인	보통주	3,932	0.00	3,932	0
강유식	특수관계인	보통주	5,915	0.00	5,915	0
LG연암문화재단	특수관계인	보통주	572,525	0.33	572,525	0.33
LG연암학원	특수관계인	보통주	3,675,742	2.13	3,675,742	2.13
계		보통주	83,868,642	48.60	83,839,411	48.59
		우선주	0	0	0	0
		합 계	83,868,642	47.69	83,839,411	47.67

최대주주명: 구 본 무　　　　특수관계인의 수: 40명

〈부록 표 2.12〉 ㈜LG: 최대주주 및 특수관계인 주식 소유 현황, 2010년 12월

(기준일: 2010년 12월 31일) (단위 : 주, %)

성 명	관 계	주식의 종류	소유주식수(지분율)				비고
			기 초		기 말		
			주식수	지분율	주식수	지분율	
구본무	본인	보통주	18,421,169	10.68	18,491,169	10.72	장내매수
구광모	특수관계인	보통주	8,053,715	4.67	8,146,715	4.72	장내매수
구미정	특수관계인	보통주	1,959,600	1.14	1,959,600	1.14	-
구본길	특수관계인	보통주	707,750	0.41	767,750	0.44	장내매수
구본능	특수관계인	보통주	8,647,213	5.01	8,691,713	5.04	장내매수
구본식	특수관계인	보통주	7,703,601	4.46	7,728,601	4.48	장내매수
구본준	특수관계인	보통주	13,079,448	7.58	13,169,448	7.63	장내매수
구본호	특수관계인	보통주	90,319	0.05	90,319	0.05	-
구연경	특수관계인	보통주	1,486,279	0.86	1,486,279	0.86	-
구연수	특수관계인	보통주	55,064	0.03	55,064	0.03	-
구연승	특수관계인	보통주	263,147	0.15	263,147	0.15	-
구연제	특수관계인	보통주	310,386	0.18	310,386	0.18	-
구연진	특수관계인	보통주	30,090	0.02	30,090	0.02	-
구융모	특수관계인	보통주	753,190	0.44	753,190	0.44	-
구은미	특수관계인	보통주	72,000	0.04	72,000	0.04	-
구자경	특수관계인	보통주	1,648,887	0.96	1,648,887	0.96	-
구자영	특수관계인	보통주	863,031	0.50	863,031	0.50	-
구자일	특수관계인	보통주	25,000	0.01	25,000	0.01	-
구현모	특수관계인	보통주	100,654	0.06	100,654	0.06	-
구형모	특수관계인	보통주	828,857	0.48	828,857	0.48	-
구훤미	특수관계인	보통주	1,289,033	0.75	1,289,033	0.75	-
김서영	특수관계인	보통주	74,860	0.04	74,860	0.04	-

김서은	특수관계인	보통주	67,460	0.04	67,460	0.04	-
김선정	특수관계인	보통주	107,587	0.06	107,587	0.06	-
김선혜	특수관계인	보통주	1,602,851	0.93	1,609,851	0.93	장내매수
김영식	특수관계인	보통주	7,423,100	4.30	7,423,100	4.30	-
김온미	특수관계인	보통주	94,299	0.05	94,320	0.05	장내매수
김주영	특수관계인	보통주	9,300	0.01	2,300	0.00	장내매도
유용선	특수관계인	보통주	406,955	0.24	147,955	0.09	장내매도
유준선	특수관계인	보통주	224,224	0.13	122,224	0.07	장내매도
유희영	특수관계인	보통주	192,093	0.11	192,093	0.11	-
이선용	특수관계인	보통주	475,295	0.28	475,295	0.28	-
이욱진	특수관계인	보통주	1,816,765	1.05	1,796,765	1.04	장내매도
이재연	특수관계인	보통주	278,106	0.16	278,106	0.16	-
이재원	특수관계인	보통주	185,875	0.11	185,875	0.11	-
이지용	특수관계인	보통주	198,866	0.12	197,366	0.11	장내매도
이혜정	특수관계인	보통주	35,228	0.02	35,228	0.02	-
최현수	특수관계인	보통주	3,932	0.00	3,932	0.00	-
강유식	특수관계인	보통주	5,915	0.00	5,915	0.00	-
LG연암문화재단	특수관계인	보통주	572,525	0.33	572,525	0.33	-
LG연암학원	특수관계인	보통주	3,675,742	2.13	3,675,742	2.13	-
계		보통주	83,839,411	48.59	83,839,432	48.59	-
		우선주	0	0	0	0	-
		기 타	0	0	0	0	-

〈부록 표 2.13〉 ㈜LG: 최대주주 및 특수관계인 주식 소유 현황, 2011년 12월

(기준일: 2011년 12월 31일) (단위 : 주, %)

성 명	관 계	주식의 종류	소유주식수(지분율)				비고
			기 초		기 말		
			주식수	지분율	주식수	지분율	
구본무	본인	보통주	18,491,169	10.72	18,688,169	10.83	장내매수
구광모	특수관계인	보통주	8,146,715	4.72	8,146,715	4.72	-
구미정	특수관계인	보통주	1,959,600	1.14	1,959,600	1.14	-
구본길	특수관계인	보통주	767,750	0.44	767,750	0.44	-
구본능	특수관계인	보통주	8,691,713	5.04	8,756,713	5.07	장내매수
구본식	특수관계인	보통주	7,728,601	4.48	7,728,601	4.48	-
구본준	특수관계인	보통주	13,169,448	7.63	13,317,448	7.72	장내매수
구본호	특수관계인	보통주	90,319	0.05	90,319	0.05	-
구연경	특수관계인	보통주	1,486,279	0.86	1,486,279	0.86	-
구연수	특수관계인	보통주	55,064	0.03	55,064	0.03	-
구연승	특수관계인	보통주	263,147	0.15	263,147	0.15	-
구연제	특수관계인	보통주	310,386	0.18	310,386	0.18	-
구연진	특수관계인	보통주	30,090	0.02	30,090	0.02	-
구융모	특수관계인	보통주	753,190	0.44	753,190	0.44	-
구은미	특수관계인	보통주	72,000	0.04	72,000	0.04	-
구자경	특수관계인	보통주	1,648,887	0.96	1,648,887	0.96	-
구자영	특수관계인	보통주	863,031	0.50	733,031	0.42	장내매도
구자일	특수관계인	보통주	25,000	0.01	19,000	0.01	장내매도
구현모	특수관계인	보통주	100,654	0.06	106,654	0.06	장내매수
구형모	특수관계인	보통주	828,857	0.48	828,857	0.48	-
구훤미	특수관계인	보통주	1,289,033	0.75	1,289,033	0.75	-

김서영	특수관계인	보통주	74,860	0.04	74,860	0.04	-
김서온	특수관계인	보통주	67,460	0.04	67,460	0.04	-
김선정	특수관계인	보통주	107,587	0.06	107,587	0.06	-
김선혜	특수관계인	보통주	1,609,851	0.93	1,609,851	0.93	-
김영식	특수관계인	보통주	7,423,100	4.30	7,423,100	4.30	-
김은미	특수관계인	보통주	94,320	0.05	94,299	0.05	장내매도
김주영	특수관계인	보통주	2,300	0.00	2,300	0.00	-
유용선	특수관계인	보통주	147,955	0.09	84,955	0.05	장내매도
유준선	특수관계인	보통주	122,224	0.07	57,224	0.03	장내매도
유희영	특수관계인	보통주	192,093	0.11	117,093	0.07	장내매도
이선용	특수관계인	보통주	475,295	0.28	470,295	0.27	장내매도
이옥진	특수관계인	보통주	1,796,765	1.04	1,731,765	1.00	장내매도
이재연	특수관계인	보통주	278,106	0.16	278,106	0.16	-
이재원	특수관계인	보통주	185,875	0.11	185,875	0.11	-
이지용	특수관계인	보통주	197,366	0.11	190,366	0.11	장내매도
이혜정	특수관계인	보통주	35,228	0.02	35,228	0.02	-
최현수	특수관계인	보통주	3,932	0.00	3,932	0.00	-
강유식	특수관계인	보통주	5,915	0.00	5,915	0.00	-
LG연암문화재단	특수관계인	보통주	572,525	0.33	572,525	0.33	-
LG연암학원	특수관계인	보통주	3,675,742	2.13	3,675,742	2.13	-
계		보통주	83,839,432	48.59	83,839,411	48.59	-
		우선주	0	0	0	0	-
		기 타	0	0	0	0	-

〈부록 표 2.14〉 ㈜LG: 최대주주 및 특수관계인 주식 소유 현황, 2012년 12월

(기준일: 2012년 12월 31일) (단위 : 주, %)

성 명	관 계	주식의 종류	소유주식수 및 지분율				비고
			기 초		기 말		
			주식수	지분율	주식수	지분율	
구본무	본인	보통주	18,688,169	10.83	18,818,169	10.91	-
구광모	특수관계인	보통주	8,146,715	4.72	8,146,715	4.72	-
구미정	특수관계인	보통주	1,959,600	1.14	1,959,600	1.14	-
구본길	특수관계인	보통주	767,750	0.44	776,750	0.45	-
구본능	특수관계인	보통주	8,756,713	5.07	8,855,032	5.13	-
구본식	특수관계인	보통주	7,728,601	4.48	7,728,601	4.48	-
구본준	특수관계인	보통주	13,317,448	7.72	13,317,448	7.72	-
구본호	특수관계인	보통주	90,319	0.05	0	0	-
구연경	특수관계인	보통주	1,486,279	0.86	1,486,279	0.86	-
구연수	특수관계인	보통주	55,064	0.03	55,064	0.03	-
구연승	특수관계인	보통주	263,147	0.15	263,147	0.15	-
구연제	특수관계인	보통주	310,386	0.18	310,386	0.18	-
구연진	특수관계인	보통주	30,090	0.02	30,090	0.02	-
구융모	특수관계인	보통주	753,190	0.44	753,190	0.44	-
구은미	특수관계인	보통주	72,000	0.04	72,000	0.04	-
구자경	특수관계인	보통주	1,648,887	0.96	1,648,887	0.96	-
구자영	특수관계인	보통주	733,031	0.42	733,031	0.42	-
구자일	특수관계인	보통주	19,000	0.01	19,000	0.01	-
구현모	특수관계인	보통주	106,654	0.06	110,654	0.06	-
구형모	특수관계인	보통주	828,857	0.48	828,857	0.48	-
구훤미	특수관계인	보통주	1,289,033	0.75	1,289,033	0.75	-

김서영	특수관계인	보통주	74,860	0.04	74,860	0.04	-
김서온	특수관계인	보통주	67,460	0.04	67,460	0.04	-
김선정	특수관계인	보통주	107,587	0.06	107,587	0.06	-
김선혜	특수관계인	보통주	1,609,851	0.93	1,609,851	0.93	-
김영식	특수관계인	보통주	7,423,100	4.3	7,423,100	4.3	-
김은미	특수관계인	보통주	94,299	0.05	94,299	0.05	-
김주영	특수관계인	보통주	2,300	0	2,300	0	-
유용선	특수관계인	보통주	84,955	0.05	84,955	0.05	-
유준선	특수관계인	보통주	57,224	0.03	57,224	0.03	-
유희영	특수관계인	보통주	117,093	0.07	117,093	0.07	-
이선용	특수관계인	보통주	470,295	0.27	588,401	0.34	-
이욱진	특수관계인	보통주	1,731,765	1	1,740,765	1.01	-
이재연	특수관계인	보통주	278,106	0.16	0	0	-
이재원	특수관계인	보통주	185,875	0.11	185,875	0.11	-
이지용	특수관계인	보통주	190,366	0.11	190,366	0.11	-
이혜정	특수관계인	보통주	35,228	0.02	35,228	0.02	-
최현수	특수관계인	보통주	3,932	0	3,932	0	-
강유식	특수관계인	보통주	5,915	0	5,915	0	-
LG연암 문화재단	특수관계인	보통주	572,525	0.33	572,525	0.33	-
LG연암학원	특수관계인	보통주	3,675,742	2.13	3,675,742	2.13	-
계		보통주	83,839,411	48.59	83,839,411	48.59	-
		우선주	0	0	0	0	-
		기타	0	0	0	0	-

〈부록 표 2.15〉 ㈜LG: 최대주주 및 특수관계인 주식 소유 현황, 2013년 12월

(기준일: 2013년 12월 31일) (단위 : 주, %)

성 명	관 계	주식의 종류	소유주식수 및 지분율				비고
			기 초		기 말		
			주식수	지분율	주식수	지분율	
구본무	본인	보통주	18,818,169	10.91	18,978,169	11.00	-
구광모	특수관계인	보통주	8,146,715	4.72	8,349,715	4.84	-
구미정	특수관계인	보통주	1,959,600	1.14	1,959,600	1.14	-
구본길	특수관계인	보통주	776,750	0.45	776,750	0.45	-
구본능	특수관계인	보통주	8,855,032	5.13	8,855,032	5.13	-
구본식	특수관계인	보통주	7,728,601	4.48	7,728,601	4.48	-
구본준	특수관계인	보통주	13,317,448	7.72	13,317,448	7.72	-
구연경	특수관계인	보통주	1,486,279	0.86	1,216,279	0.70	-
구연수	특수관계인	보통주	55,064	0.03	55,064	0.03	-
구연승	특수관계인	보통주	263,147	0.15	263,147	0.15	-
구연제	특수관계인	보통주	310,386	0.18	310,386	0.18	-
구연진	특수관계인	보통주	30,090	0.02	30,090	0.02	-
구용모	특수관계인	보통주	753,190	0.44	753,190	0.44	-
구은미	특수관계인	보통주	72,000	0.04	72,000	0.04	-
구자경	특수관계인	보통주	1,648,887	0.96	1,648,887	0.96	-
구자영	특수관계인	보통주	733,031	0.42	733,031	0.42	-
구자일	특수관계인	보통주	19,000	0.01	19,000	0.01	-
구현모	특수관계인	보통주	110,654	0.06	110,654	0.06	-
구형모	특수관계인	보통주	828,857	0.48	828,857	0.48	-
구훤미	특수관계인	보통주	1,289,033	0.75	1,289,033	0.75	-

김서영	특수관계인	보통주	74,860	0.04	74,860	0.04	-
김서온	특수관계인	보통주	67,460	0.04	67,460	0.04	-
김선정	특수관계인	보통주	107,587	0.06	107,587	0.06	-
김선혜	특수관계인	보통주	1,609,851	0.93	1,609,851	0.93	-
김영식	특수관계인	보통주	7,423,100	4.3	7,423,100	4.30	-
김은미	특수관계인	보통주	94,299	0.05	94,299	0.05	-
김주영	특수관계인	보통주	2,300	0	2,300	0.00	-
유용선	특수관계인	보통주	84,955	0.05	84,955	0.05	-
유준선	특수관계인	보통주	57,224	0.03	57,224	0.03	-
유희영	특수관계인	보통주	117,093	0.07	117,093	0.07	-
이선용	특수관계인	보통주	588,401	0.34	588,401	0.34	-
이욱진	특수관계인	보통주	1,740,765	1.01	1,647,765	0.95	-
이재원	특수관계인	보통주	185,875	0.11	185,875	0.11	-
이지용	특수관계인	보통주	190,366	0.11	190,366	0.11	-
이혜정	특수관계인	보통주	35,228	0.02	35,228	0.02	-
최현수	특수관계인	보통주	3,932	0	3,932	0.00	-
강유식	특수관계인	보통주	5,915	0	0	0.00	임원퇴임
LG연암문화재단	특수관계인	보통주	572,525	0.33	572,525	0.33	-
LG연암학원	특수관계인	보통주	3,675,742	2.13	3,675,742	2.13	-
계		보통주	83,839,411	48.59	83,833,496	48.58	-
		우선주	0	0	0	0	-
		기타	0	0	0	0	-

〈부록 표 2.16〉 ㈜LG: 최대주주 및 특수관계인 주식 소유 현황, 2014년 12월

(기준일: 2014년 12월 31일) (단위 : 주, %)

성 명	관 계	주식의 종류	소유주식수 및 지분율				비고
			기 초		기 말		
			주식수	지분율	주식수	지분율	
구본무	본인	보통주	18,978,169	11.00	18,978,169	11.00	-
구광모	특수관계인	보통주	8,349,715	4.84	10,249,715	5.94	-
구미정	특수관계인	보통주	1,959,600	1.14	1,959,600	1.14	-
구본길	특수관계인	보통주	776,750	0.45	768,750	0.45	-
구본능	특수관계인	보통주	8,855,032	5.13	6,955,032	4.03	-
구본식	특수관계인	보통주	7,728,601	4.48	7,728,601	4.48	-
구본준	특수관계인	보통주	13,317,448	7.72	13,317,448	7.72	-
구연경	특수관계인	보통주	1,216,279	0.70	1,216,279	0.70	-
구연수	특수관계인	보통주	55,064	0.03	55,064	0.03	-
구연승	특수관계인	보통주	263,147	0.15	263,147	0.15	-
구연제	특수관계인	보통주	310,386	0.18	310,386	0.18	-
구연진	특수관계인	보통주	30,090	0.02	30,090	0.02	-
구용모	특수관계인	보통주	753,190	0.44	753,190	0.44	-
구은미	특수관계인	보통주	72,000	0.04	72,000	0.04	-
구자경	특수관계인	보통주	1,648,887	0.96	1,648,887	0.96	-
구자영	특수관계인	보통주	733,031	0.42	733,031	0.42	-
구자일	특수관계인	보통주	19,000	0.01	19,000	0.01	-
구현모	특수관계인	보통주	110,654	0.06	110,654	0.06	-
구형모	특수관계인	보통주	828,857	0.48	828,857	0.48	-
구훤미	특수관계인	보통주	1,289,033	0.75	1,267,033	0.73	-

김서영	특수관계인	보통주	74,860	0.04	41,860	0.02	-
김서온	특수관계인	보통주	67,460	0.04	67,460	0.04	-
김선정	특수관계인	보통주	107,587	0.06	94,587	0.05	-
김선혜	특수관계인	보통주	1,609,851	0.93	1,609,851	0.93	-
김영식	특수관계인	보통주	7,423,100	4.30	7,423,100	4.30	-
김은미	특수관계인	보통주	94,299	0.05	94,299	0.05	-
김주영	특수관계인	보통주	2,300	0.00	2,300	0.00	-
유용선	특수관계인	보통주	84,955	0.05	84,955	0.05	-
유준선	특수관계인	보통주	57,224	0.03	57,224	0.03	-
유희영	특수관계인	보통주	117,093	0.07	117,093	0.07	-
이선용	특수관계인	보통주	588,401	0.34	588,401	0.34	-
이욱진	특수관계인	보통주	1,647,765	0.95	1,647,765	0.95	-
이재원	특수관계인	보통주	185,875	0.11	185,875	0.11	-
이지용	특수관계인	보통주	190,366	0.11	186,366	0.11	-
이혜정	특수관계인	보통주	35,228	0.02	35,228	0.02	-
최현수	특수관계인	보통주	3,932	0.00	3,932	0.00	-
LG연암문화재단	특수관계인	보통주	572,525	0.33	572,525	0.33	-
LG연암학원	특수관계인	보통주	3,675,742	2.13	3,675,742	2.13	-
계		보통주	83,833,496	48.58	83,753,496	48.54	-
		우선주	-	-	-	-	-
		기타	-	-	-	-	-

〈부록 표 2.17〉 ㈜LG: 최대주주 및 특수관계인 주식 소유 현황, 2015년 12월

(기준일: 2015년 12월 31일) (단위 : 주, %)

성 명	관 계	주식의 종류	소유주식수 및 지분율				비고
			기 초		기 말		
			주식수	지분율	주식수	지분율	
구본무	본인	보통주	18,978,169	11.00	19,458,169	11.28	-
구광모	특수관계인	보통주	10,249,715	5.94	10,409,715	6.03	-
구미정	특수관계인	보통주	1,959,600	1.14	1,359,600	0.79	-
구본길	특수관계인	보통주	768,750	0.45	631,750	0.37	-
구본능	특수관계인	보통주	6,955,032	4.03	5,955,032	3.45	-
구본식	특수관계인	보통주	7,728,601	4.48	7,728,601	4.48	-
구본준	특수관계인	보통주	13,317,448	7.72	13,317,448	7.72	-
구연경	특수관계인	보통주	1,216,279	0.70	1,216,279	0.7	-
구연수	특수관계인	보통주	55,064	0.03	55,064	0.03	-
구연승	특수관계인	보통주	263,147	0.15	363,147	0.21	-
구연제	특수관계인	보통주	310,386	0.18	450,386	0.26	-
구연진	특수관계인	보통주	30,090	0.02	30,090	0.02	-
구웅모	특수관계인	보통주	753,190	0.44	933,190	0.54	-
구은미	특수관계인	보통주	72,000	0.04	0	0.00	-
구자경	특수관계인	보통주	1,648,887	0.96	1,648,887	0.96	-
구자영	특수관계인	보통주	733,031	0.42	733,031	0.42	-
구자일	특수관계인	보통주	19,000	0.01	19,000	0.01	-
구현모	특수관계인	보통주	110,654	0.06	110,654	0.06	-
구형모	특수관계인	보통주	828,857	0.48	1,041,857	0.6	-
구훤미	특수관계인	보통주	1,267,033	0.73	877,033	0.51	-

김서영	특수관계인	보통주	41,860	0.02	28,860	0.02	-
김서온	특수관계인	보통주	67,460	0.04	67,460	0.04	-
김선정	특수관계인	보통주	94,587	0.05	94,587	0.05	-
김선혜	특수관계인	보통주	1,609,851	0.93	1,609,851	0.93	-
김영식	특수관계인	보통주	7,423,100	4.30	7,423,100	4.3	-
김온미	특수관계인	보통주	94,299	0.05	94,299	0.05	-
김주영	특수관계인	보통주	2,300	0.00	2,300	0	-
유용선	특수관계인	보통주	84,955	0.05	84,955	0.05	-
유준선	특수관계인	보통주	57,224	0.03	57,224	0.03	-
유희영	특수관계인	보통주	117,093	0.07	117,093	0.07	-
이선용	특수관계인	보통주	588,401	0.34	417,401	0.24	-
이욱진	특수관계인	보통주	1,647,765	0.95	1,527,765	0.89	-
이재원	특수관계인	보통주	185,875	0.11	185,875	0.11	-
이지용	특수관계인	보통주	186,366	0.11	0	0.00	-
이혜정	특수관계인	보통주	35,228	0.02	0	0.00	-
최현수	특수관계인	보통주	3,932	0.00	3,932	0.00	-
최병민	특수관계인	보통주	0	0.00	1,291,594	0.75	-
LG연암문화재단	특수관계인	보통주	572,525	0.33	572,525	0.33	-
LG연암학원	특수관계인	보통주	3,675,742	2.13	3,675,742	2.13	-
계		보통주	83,753,496	48.54	83,593,496	48.44	-
		우선주	-	-	-	-	-
		기타	-	-	-	-	-

〈부록 표 2.18〉 ㈜LG: 최대주주 및 특수관계인 주식 소유 현황, 2016년 12월

(기준일: 2016년 12월 31일) (단위 : 주, %)

성 명	관 계	주식의 종류	소유주식수 및 지분율				비고
			기 초		기 말		
			주식수	지분율	주식수	지분율	
구본무	본인	보통주	19,458,169	11.28	19,458,169	11.28	-
구광모	특수관계인	보통주	10,409,715	6.03	10,759,715	6.24	-
구미정	특수관계인	보통주	1,359,600	0.79	1,359,600	0.79	-
구본길	특수관계인	보통주	631,750	0.37	352,020	0.2	-
구본능	특수관계인	보통주	5,955,032	3.45	5,955,032	3.45	-
구본식	특수관계인	보통주	7,728,601	4.48	7,728,601	4.48	-
구본준	특수관계인	보통주	13,317,448	7.72	13,317,448	7.72	-
구연경	특수관계인	보통주	1,216,279	0.7	1,566,279	0.91	-
구연수	특수관계인	보통주	55,064	0.03	265,064	0.15	-
구연승	특수관계인	보통주	363,147	0.21	363,147	0.21	-
구연제	특수관계인	보통주	450,386	0.26	450,386	0.26	-
구연진	특수관계인	보통주	30,090	0.02	30,090	0.02	-
구웅모	특수관계인	보통주	933,190	0.54	933,190	0.54	-
구자경	특수관계인	보통주	1,648,887	0.96	1,648,887	0.96	-
구자영	특수관계인	보통주	733,031	0.42	733,031	0.42	-
구자일	특수관계인	보통주	19,000	0.01	19,000	0.01	-
구현모	특수관계인	보통주	110,654	0.06	110,654	0.06	-
구형모	특수관계인	보통주	1,041,857	0.6	1,041,857	0.6	-
구훤미	특수관계인	보통주	877,033	0.51	877,033	0.51	-

김서영	특수관계인	보통주	28,860	0.02	28,860	0.02	-
김서온	특수관계인	보통주	67,460	0.04	67,460	0.04	-
김선정	특수관계인	보통주	94,587	0.05	94,587	0.05	-
김선혜	특수관계인	보통주	1,609,851	0.93	1,609,851	0.93	-
김영식	특수관계인	보통주	7,423,100	4.3	7,253,100	4.2	-
김온미	특수관계인	보통주	94,299	0.05	94,299	0.05	-
김주영	특수관계인	보통주	2,300	0	2,300	0	-
유용선	특수관계인	보통주	84,955	0.05	84,955	0.05	-
유준선	특수관계인	보통주	57,224	0.03	57,224	0.03	-
유희영	특수관계인	보통주	117,093	0.07	117,093	0.07	-
이선용	특수관계인	보통주	417,401	0.24	177,401	0.1	-
이욱진	특수관계인	보통주	1,527,765	0.89	1,451,765	0.84	-
이재원	특수관계인	보통주	185,875	0.11	185,875	0.11	-
최병민	특수관계인	보통주	1,291,594	0.75	591,594	0.34	-
최현수	특수관계인	보통주	3,932	0.00	3,932	0	-
LG연암문화재단	특수관계인	보통주	572,525	0.33	572,525	0.33	-
LG연암학원	특수관계인	보통주	3,675,742	2.13	3,675,742	2.13	-
계		보통주	83,593,496	48.44	83,037,766	48.12	-
		우선주	-	-	-	-	-
		기타	-	-	-	-	-

〈부록 표 2.19〉 ㈜LG: 최대주주 및 특수관계인 주식 소유 현황, 2017년 12월

(기준일: 2017년 12월 31일) (단위 : 주, %)

성 명	관 계	주식의 종류	소유주식수 및 지분율				비고
			기 초		기 말		
			주식수	지분율	주식수	지분율	
구본무	본인	보통주	19,458,169	11.28	19,458,169	11.28	-
구광모	특수관계인	보통주	10,759,715	6.24	10,759,715	6.24	-
구미정	특수관계인	보통주	1,359,600	0.79	1,359,600	0.79	-
구본길	특수관계인	보통주	352,020	0.2	312,020	0.18	-
구본능	특수관계인	보통주	5,955,032	3.45	5,955,032	3.45	-
구본식	특수관계인	보통주	7,728,601	4.48	7,728,601	4.48	-
구본준	특수관계인	보통주	13,317,448	7.72	13,317,448	7.72	-
구연경	특수관계인	보통주	1,566,279	0.91	1,566,279	0.91	-
구연수	특수관계인	보통주	265,064	0.15	265,064	0.15	-
구연승	특수관계인	보통주	363,147	0.21	0	0	-
구연제	특수관계인	보통주	450,386	0.26	450,386	0.26	-
구연진	특수관계인	보통주	30,090	0.02	0	0	-
구용모	특수관계인	보통주	933,190	0.54	0	0	-
구자경	특수관계인	보통주	1,648,887	0.96	1,648,887	0.96	-
구자영	특수관계인	보통주	733,031	0.42	611,531	0.35	-
구자일	특수관계인	보통주	19,000	0.01	0	0	-
구현모	특수관계인	보통주	110,654	0.06	129,654	0.08	-
구형모	특수관계인	보통주	1,041,857	0.6	1,041,857	0.60	-
구훤미	특수관계인	보통주	877,033	0.51	477,533	0.28	-

김서영	특수관계인	보통주	28,860	0.02	15,860	0.01	-
김서윤	특수관계인	보통주	67,460	0.04	190,460	0.11	-
김선정	특수관계인	보통주	94,587	0.05	175,587	0.10	-
김선혜	특수관계인	보통주	1,609,851	0.93	1,299,851	0.75	-
김영식	특수관계인	보통주	7,253,100	4.2	7,253,100	4.20	-
김은미	특수관계인	보통주	94,299	0.05	94,299	0.05	-
김주영	특수관계인	보통주	2,300	0	2,300	0.00	-
유용선	특수관계인	보통주	84,955	0.05	84,955	0.05	-
유준선	특수관계인	보통주	57,224	0.03	57,224	0.03	-
유희영	특수관계인	보통주	117,093	0.07	117,093	0.07	-
이선용	특수관계인	보통주	177,401	0.1	0	0	-
이옥진	특수관계인	보통주	1,451,765	0.84	1,091,765	0.63	-
이재원	특수관계인	보통주	185,875	0.11	185,875	0.11	-
최병민	특수관계인	보통주	591,594	0.34	591,594	0.34	-
최현수	특수관계인	보통주	3,932	0	3,932	0.00	-
LG연암문화재단	특수관계인	보통주	572,525	0.33	572,525	0.33	-
LG연암학원	특수관계인	보통주	3,675,742	2.13	3,675,742	2.13	-
계		보통주	83,037,766	48.12	80,493,938	46.65	-
		우선주	-	-	-	-	-
		기타	-	-	-	-	-

〈부록 표 2.20〉 ㈜LG: 최대주주 및 특수관계인 주식 소유 현황, 2018년 12월

(기준일: 2018년 12월 31일) (단위 : 주, %)

성 명	관 계	주식의 종류	소유주식수 및 지분율				비고
			기 초		기 말		
			주식수	지분율	주식수	지분율	
구본무	-	보통주	19,458,169	11.28	0	0.00	피상속
구광모	최대주주 본인	보통주	10,759,715	6.24	25,881,884	15.00	상속
구미정	최대주주의 친인척	보통주	1,359,600	0.79	1,197,600	0.69	장내매도
구본길	최대주주의 친인척	보통주	312,020	0.18	312,020	0.18	-
구본능	최대주주의 친인척	보통주	5,955,032	3.45	5,955,032	3.45	-
구본식	최대주주의 친인척	보통주	7,728,601	4.48	7,728,609	4.48	장내매수
구본영	최대주주의 친인척	보통주	0	0.00	53,500	0.03	장내매수
구본준	최대주주의 친인척	보통주	13,317,448	7.72	13,317,448	7.72	-
구연경	최대주주의 친인척	보통주	1,566,279	0.91	5,030,279	2.92	상속
구연수	최대주주의 친인척	보통주	265,064	0.15	1,137,064	0.66	상속
구연제	최대주주의 친인척	보통주	450,386	0.26	450,386	0.26	-
구자경	최대주주의 친인척	보통주	1,648,887	0.96	1,648,887	0.96	-
구자영	최대주주의 친인척	보통주	611,531	0.35	611,531	0.35	-
구현모	최대주주의 친인척	보통주	129,654	0.08	129,654	0.08	-
구형모	최대주주의 친인척	보통주	1,041,857	0.60	1,041,857	0.60	-
구훤미	최대주주의 친인척	보통주	477,533	0.28	477,533	0.28	-
김서영	최대주주의 친인척	보통주	15,860	0.01	15,860	0.01	-
김서온	최대주주의 친인척	보통주	190,460	0.11	190,460	0.11	-

김선정	최대주주의 친인척	보통주	175,587	0.10	175,587	0.10	-
김선혜	최대주주의 친인척	보통주	1,299,851	0.75	1,299,851	0.75	-
김영식	최대주주의 친인척	보통주	7,253,100	4.20	7,253,100	4.20	-
김은미	최대주주의 친인척	보통주	94,299	0.05	94,299	0.05	-
김주영	최대주주의 친인척	보통주	2,300	0.00	2,300	0.00	-
유용선	최대주주의 친인척	보통주	84,955	0.05	84,955	0.05	-
유준선	최대주주의 친인척	보통주	57,224	0.03	57,224	0.03	-
유희영	최대주주의 친인척	보통주	117,093	0.07	117,093	0.07	-
이욱진	최대주주의 친인척	보통주	1,091,765	0.63	1,091,765	0.63	-
이재원	최대주주의 친인척	보통주	185,875	0.11	185,875	0.11	-
정기련	최대주주의 친인척	보통주	0	0.00	400	0.00	장내매수
최병민	최대주주의 친인척	보통주	591,594	0.34	534,594	0.31	장내매도
최현수	최대주주의 친인척	보통주	3,932	0.00	3,932	0.00	-
홍영순	최대주주의 친인척	보통주	0	0.00	400	0.00	장내매수
LG연암문화재단	최대주주의 특수관계법인	보통주	572,525	0.33	572,525	0.33	-
LG연암학원	최대주주의 특수관계법인	보통주	3,675,742	2.13	3,675,742	2.13	-
계		보통주	80,493,938	46.65	80,329,246	46.55	-
		우선주	-	-	-	-	-
		기타	-	-	-	-	-

〈부록 표 2.21〉 ㈜LG: 최대주주 및 특수관계인 주식 소유 현황, 2019년 6월

(기준일 : 2019년 06월 30일) (단위 : 주, %)

성 명	관 계	주식의 종류	소유주식수 및 지분율				비고
			기 초		기 말		
			주식수	지분율	주식수	지분율	
구광모	최대주주 본인	보통주	25,881,884	15.00	25,881,884	15.00	-
구미정	최대주주의 친인척	보통주	1,197,600	0.69	1,197,600	0.69	-
구본길	최대주주의 친인척	보통주	312,020	0.18	312,020	0.18	-
구본능	최대주주의 친인척	보통주	5,955,032	3.45	5,955,032	3.45	-
구본식	최대주주의 친인척	보통주	7,728,609	4.48	7,728,609	4.48	-
구본영	최대주주의 친인척	보통주	53,500	0.03	53,500	0.03	-
구본준	최대주주의 친인척	보통주	13,317,448	7.72	13,317,448	7.72	-
구연경	최대주주의 친인척	보통주	5,030,279	2.92	5,030,279	2.92	-
구연수	최대주주의 친인척	보통주	1,137,064	0.66	1,137,064	0.66	-
구연제	최대주주의 친인척	보통주	450,386	0.26	450,386	0.26	-
구자경	최대주주의 친인척	보통주	1,648,887	0.96	1,648,887	0.96	-
구자영	최대주주의 친인척	보통주	611,531	0.35	611,531	0.35	-
구현모	최대주주의 친인척	보통주	129,654	0.08	129,654	0.08	-
구형모	최대주주의 친인척	보통주	1,041,857	0.60	1,041,857	0.60	-
구훤미	최대주주의 친인척	보통주	477,533	0.28	477,533	0.28	-
김서영	최대주주의 친인척	보통주	15,860	0.01	15,860	0.01	-
김서온	최대주주의 친인척	보통주	190,460	0.11	190,460	0.11	-
김선정	최대주주의 친인척	보통주	175,587	0.10	175,587	0.10	-

김선혜	최대주주의 친인척	보통주	1,299,851	0.75	1,299,851	0.75	-
김영식	최대주주의 친인척	보통주	7,253,100	4.20	7,253,100	4.20	-
김은미	최대주주의 친인척	보통주	94,299	0.05	94,299	0.05	-
김주영	최대주주의 친인척	보통주	2,300	0.00	2,300	0.00	-
유용선	최대주주의 친인척	보통주	84,955	0.05	84,955	0.05	-
유준선	최대주주의 친인척	보통주	57,224	0.03	57,224	0.03	-
유희영	최대주주의 친인척	보통주	117,093	0.07	117,093	0.07	-
이욱진	최대주주의 친인척	보통주	1,091,765	0.63	1,091,765	0.63	-
이재원	최대주주의 친인척	보통주	185,875	0.11	185,875	0.11	-
정기련	최대주주의 친인척	보통주	400	0.00	400	0.00	-
최병민	최대주주의 친인척	보통주	534,594	0.31	534,594	0.31	-
최현수	최대주주의 친인척	보통주	3,932	0.00	3,932	0.00	-
홍영순	최대주주의 친인척	보통주	400	0.00	400	0.00	-
권영수	㈜LG 등기임원	보통주	0	0.00	5,000	0.00	장내매수
LG연암문화재단	최대주주의 특수관계법인	보통주	572,525	0.33	572,525	0.33	-
LG연암학원	최대주주의 특수관계법인	보통주	3,675,742	2.13	3,675,742	2.13	-
계		보통주	80,329,246	46.55	80,334,246	46.56	-
		우선주	-	-	-	-	-
		기타	-	-	-	-	-

[부록 3]

㈜두산의 친족 및 특수관계인 지분, 2000-2019년

〈부록 표 3.1〉 ㈜두산의 친족 및 특수관계인 지분, 2000-2019년 (%)

	친족			특수관계인				A+B
	최대 주주	친족	합 (A)	계열 회사	비영리 법인	임원	합 (B)	
2000	5.12	14.92	20.04	24.04	20.11		44.15	64.19
2001	5.00	13.48	18.48	22.92	19.66		42.58	61.06
2002	4.17	9.91	14.08	30.37	7.66		38.03	52.11
2003	4.14	12.00	16.14	30.16	2.29		32.45	48.59
2004	3.98	11.51	15.49	24.88	2.19		27.07	42.56
2005	3.70	13.68	17.38	19.78	2.04		21.82	39.20
2006	3.69	17.85	21.54	15.54	2.04		17.58	39.12
2007	3.63	31.88	35.51		2.01		2.01	37.52
2008	3.52	30.91	34.43		1.97	0.24	2.21	36.64
2009	3.46	30.78	34.24		1.95	0.21	2.16	36.40
2010	3.43	30.89	34.32		1.94	0.37	2.31	36.63
2011	1.05	33.66	34.71		2.27	0.36	2.63	37.34
2012	1.39	40.50	41.89		2.70	0.30	3.00	44.89
2013	1.38	40.46	41.84		2.70	0.30	3.00	44.84
2014	1.36	39.75	41.11		2.65	0.29	2.94	44.05
2015	1.36	39.31	40.67		3.09	0.29	3.38	44.05
2016	1.43	41.37	42.80		3.26	0.31	3.57	46.37
2017	1.51	43.55	45.06		3.42	0.32	3.74	48.80
2018	1.59	45.87	47.46		3.61	0.01	3.62	51.08
2019	7.41	36.21	43.62		3.61	0.01	3.62	47.24

출처: <표 3.3>.

1. 보통주 기준.

2. 1) 2000-2004년: 12월 현재.
   2) 2005년: 이듬해 3월 현재.
   3) 2006-2009년: 12월 현재.
   4) 2010-2011년: 이듬해 3월 현재.
   5) 2012-2018년: 12월 현재.
   6) 2019년: 6·7월 현재.

3. 최대주주
   1) 2000-2018년: 박용곤.
   2) 2019년: 박정원.

4. 친족
   1) 2000-2001년: 18명.
   2) 2002년: 17명.
   3) 2003-2004년: 15명.
   4) 2005-2006년: 16명.
   5) 2007년: 29명.
   6) 2008-2018년: 28명.
   7) 2019년: 27명.

5. 계열회사

1) 2000년: ㈜두산 0.02%, 두산건설 22.31%, 두산기업 1.71%.

2) 2001년: ㈜두산 0.02%, 두산건설 21.80%, 두산기업 1.10%.

3) 2002년: 두산건설 28.45%, 두산기업 1.92%.

4) 2003년: 두산건설 28.26%, 두산기업 1.90%.

5) 2004년: 두산산업개발 24.88%.

6) 2005년: 두산산업개발 11.38%, 두산엔진 6.30%, 두산인프라코어 2.10%.

7) 2006년: 두산건설 7.17%, 두산엔진 6.28%, 두산인프라코어 2.09%.

8) 두산산업개발 2004-2005년 = 두산건설 2006년.

6. 비영리법인

1) 2000년: 연강재단 2.45%, 두산신협 6.60%, ㈜두산신협 7.67%, 두산건설신협 1.89%, 두산테크팩신협 1.50%.

2) 2001년: 연강재단 2.40%, 두산신협 6.45%, ㈜두산신협 7.49%, 두산건설신협 1.85%, 두산테크팩신협 1.47%.

3) 2002년: 연강재단 2.30%, ㈜두산신협 3.96%, 두산건설신협 1.40%.

4) 2003-2014년: 연강재단 1.94-2.70%.

5) 2015년: 연강재단 2.65%, 동대문미래창조재단 0.44%.

6) 2016년: 연강재단 2.79%, 동대문미래창조재단 0.47%.

7) 2017년: 두산연강재단 2.93%, 동대문미래창조재단 0.49%.

8) 2018-2019년: 두산연강재단 3.09%, 동대문미래재단 0.52%.

9) 연강재단 = 두산연강재단, 동대문미래창조재단 = 동대문미래재단.

7. 임원

1) 2008-2011년: 2명.

2) 2012-2017년: 1명.

3) 2018-2019년: 2명.

8. 출처

<부록 표 3.2>: ㈜두산, 사업보고서 제64기 (2000.1.1.-12.31).

<부록 표 3.3>: ㈜두산, 사업보고서 제65기 (2001.1.1.-12.31).

<부록 표 3.4>: ㈜두산, 사업보고서 제66기 (2002.1.1.-12.31).

<부록 표 3.5>: ㈜두산, 사업보고서 제67기 (2003.1.1.-12.31).

<부록 표 3.6>: ㈜두산, 사업보고서 제68기 (2004.1.1.-12.31).

<부록 표 3.7>: ㈜두산, 사업보고서 제69기 (2005.1.1.-12.31).

<부록 표 3.8>: ㈜두산, 사업보고서 제70기 (2006.1.1.-12.31).

<부록 표 3.9>: ㈜두산, 사업보고서 제71기 (2007.1.1.-12.31).

<부록 표 3.10>: ㈜두산, 사업보고서 제72기 (2008.1.1.-12.31).

<부록 표 3.11>: ㈜두산, 사업보고서 제73기 (2009.1.1.-12.31).

<부록 표 3.12>: ㈜두산, 사업보고서 제74기 (2010.1.1.-12.31).

<부록 표 3.13>: ㈜두산, 사업보고서 제75기 (2011.1.1.-12.31).

<부록 표 3.14>: ㈜두산, 사업보고서 제76기 (2012.1.1.-12.31).

<부록 표 3.15>: ㈜두산, 사업보고서 제77기 (2013.1.1.-12.31).

<부록 표 3.16>: ㈜두산, 사업보고서 제78기 (2014.1.1.-12.31).

<부록 표 3.17>: ㈜두산, 사업보고서 제79기 (2015.1.1.-12.31).

<부록 표 3.18>: ㈜두산, 사업보고서 제80기 (2016.1.1.-12.31).

<부록 표 3.19>: ㈜두산, 사업보고서 제81기 (2017.1.1.-12.31).

<부록 표 3.20>: ㈜두산, 사업보고서 제82기 (2018.1.1.-12.31).

<부록 표 3.21>: ㈜두산, 반기보고서 제83기 (2019.1.1.-6.30).

〈부록 표 3.2〉 ㈜두산: 최대주주 및 특수관계인 주식 소유 현황, 2000년 12월

[2000년 12월 31일 현재] (단위 : 주)

성 명	관 계	주식의 종류	소유주식수 (지분율%)				변동원인
			기 초	증 가	감 소	기 말	
박용곤	본인	보통주	774,590	107,883	1,976	880,497	합병
		(지분율%)	4.67	0.63	0.00	5.12	장내매매
		우선주	12,543	-	-	12,543	
		(지분율%)	0.28	-	-	0.28	
박용오	제1호나목	보통주	544,840	88,422	48,477	584,785	합병
		(지분율%)	3.29	0.51	1.06	3.39	장내매매
		우선주	-	-	-	-	
		(지분율%)	-	-	-	-	
박용성	제1호나목	보통주	544,840	71,878	1,273	615,445	합병
		(지분율%)	3.29	0.42	0.00	3.58	장내매매
		우선주	-	-	-	-	
		(지분율%)	-	-	-	-	
박용현	제1호나목	보통주	544,840	62,922	1,202	606,560	합병
		(지분율%)	3.29	0.36	0.00	3.52	장내매매
		우선주	5,389	-	-	5,389	
		(지분율%)	0.12	-	-	0.12	
박용언	제1호나목	보통주	299,837	37,753	2,451	335,139	합병
		(지분율%)	1.81	0.22	0.00	1.95	장내매매
		우선주	-	-	-	-	
		(지분율%)	0.00	-	-	-	
박용만	제1호나목	보통주	283,326	39,342	1,686	320,982	합병
		(지분율%)	1.71	0.23	0.00	1.86	장내매매
		우선주	5,072	-	-	5,072	
		(지분율%)	0.11	-	-	0.11	
박정원	제1호나목	보통주	25,745	-	-	25,745	
		(지분율%)	0.16	-	-	0.15	
		우선주	12,705	-	-	12,705	
		(지분율%)	0.28	-	-	0.28	
박지원	제1호나목	보통주	13,388	-	-	13,388	
		(지분율%)	0.08	-	-	0.08	
		우선주	4,755	-	-	4,755	
		(지분율%)	0.10	-	-	0.10	
박혜원	제1호나목	보통주	3,784	-	-	3,784	
		(지분율%)	0.02	-	-	0.02	
		우선주	50,101	-	-	50,101	
		(지분율%)	1.10	-	-	1.10	
서경석	제1호나목	보통주	4,990	-	-	4,990	
		(지분율%)	0.03	-	-	0.03	
		우선주	2,378	-	-	2,378	
		(지분율%)	0.05	-	-	0.05	
박중원	제1호나목	보통주	8,080	-	-	8,080	
		(지분율%)	0.05	-	-	0.05	

		우선주	3,994	-	3,329	665	장내매도
		(지분율%)	0.09	-	0.07	0.00	
박경원	제1호나목	보통주	11,159	-	11,159	-	장내매도
		(지분율%)	0.07	-	0.01	0.00	
		우선주	5,516	-	919	-	장내매도
		(지분율%)	0.12	-	0.02	0.00	
박진원	제1호나목	보통주	10,582	-	-	10,582	
		(지분율%)	0.06	-	-	0.06	
		우선주	5,231	-	-	5,231	
		(지분율%)	0.11	-	-	0.11	
박석원	제1호나목	보통주	8,658	-	-	8,658	
		(지분율%)	0.05	-	-	0.05	
		우선주	4,281	-	-	4,281	
		(지분율%)	0.09	-	-	0.09	
박태원	제1호나목	보통주	7,695	8,885	-	16,580	장내매수
		(지분율%)	0.05	0.05	-	0.09	
		우선주	3,805	-	-	3,805	
		(지분율%)	0.08	-	-	0.08	
박형원	제1호나목	보통주	5,772	-	-	5,772	
		(지분율%)	0.03	-	-	0.03	
		우선주	2,854	-	-	2,854	
		(지분율%)	0.06	-	-	0.06	
박인원	제1호나목	보통주	5,772	-	-	5,772	
		(지분율%)	0.03	-	-	0.03	
		우선주	2,854	-	-	2,854	
		(지분율%)	0.06	-	-	0.06	
김형민	제1호나목	보통주	2,748	-	-	2,748	
		(지분율%)	0.02	-	-	0.02	
		우선주	1,358	-	-	1,358	
		(지분율%)	0.03	-	-	0.03	
김희정	제1호나목	보통주	481	-	481	-	장내매도
		(지분율%)	0.00	-	0.00	-	
		우선주	30,344	-	2,462	27,882	장내매도
		(지분율%)	0.67	-	0.06	0.61	
최원현	제1호나목	보통주	2,748	-	-	2,748	
		(지분율%)	0.02	-	-	0.02	
		우선주	1,358	-	-	1,358	
		(지분율%)	0.03	-	-	0.03	
박서원	제1호나목	보통주	-	-	-	-	
		(지분율%)	-	-	-	-	
		우선주	57,253	-	-	57,253	
		(지분율%)	1.26	-	-	1.26	
박재원	제1호나목	보통주	-	-	-	-	
		(지분율%)	0.00	-	-	0.00	
		우선주	46,843	-	-	46,843	
		(지분율%)	1.03	-	-	1.03	

〈부록 표 3.2〉 ㈜두산: 최대주주 및 특수관계인 주식 소유 현황, 2000년 12월 (계속)

김소영	제1호나목	보통주	-	-	-	-	
		(지분율%)	0.00	-	-	0.00	
		우선주	146,385	-	-	146,385	
		(지분율%)	3.22	-	-	3.22	
서지원	제1호나목	보통주	-	-	-	-	
		(지분율%)	0.00	-	-	0.00	
		우선주	97,589	-	-	97,589	
		(지분율%)	2.14	-	-	2.14	
서미경	제1호나목	보통주	-	-	-	-	
		(지분율%)	0.00	-	-	0.00	
		우선주	113,203	-	113,203	0	장내매도
		(지분율%)	2.49	-	2.49	0.00	
정윤주	제1호나목	보통주	-	-	-	-	
		(지분율%)	0.00	-	-	0.00	
		우선주	81,974	-	68,313	13,661	장내매도
		(지분율%)	1.80	-	1.50	0.30	
김엘리자베스	제1호나목	보통주	-	-	-	-	
		(지분율%)	0.00	-	-	0.00	
		우선주	107,349	-	-	107,349	
		(지분율%)	2.36	-	-	2.36	
정현주	제1호나목	보통주	-	-	-	-	
		(지분율%)	0.00	-	-	0.00	
		우선주	87,831	-	-	87,831	
		(지분율%)	1.93	-	-	1.93	
원보연	제1호나목	보통주	-	-	-	-	
		(지분율%)	0.00	-	-	0.00	
		우선주	78,071	-	-	78,071	
		(지분율%)	1.72	-	-	1.72	
최윤희	제1호나목	보통주	-	-	-	-	
		(지분율%)	0.00	-	-	0.00	
		우선주	58,553	-	-	58,553	
		(지분율%)	1.29	-	-	1.29	
이영림	제1호나목	보통주	-	-	-	-	
		(지분율%)	0.00	-	-	0.00	
		우선주	58,553	-	-	58,553	
		(지분율%)	1.29	-	-	1.29	
백예영	제1호나목	보통주	-	-	-	-	
		(지분율%)	0.00	-	-	0.00	
		우선주	27,881	-	-	27,881	
		(지분율%)	0.61	-	-	0.61	
연강재단	제1호차목	보통주	422,258	-	-	422,258	
		(지분율%)	2.55	-	-	2.45	
		우선주	234,325	-	-	234,325	
		(지분율%)	5.15	-	-	5.15	
두산신협	제1호차목	보통주	1,135,545	-	-	1,135,545	
		(지분율%)	6.85	-	-	6.60	

		우선주	137,245	-	22,874	114,371	장외매도
		(지분율%)	3.01	-	0.50	2.51	
㈜두산 신협	제1호차목	보통주	1,319,861	-	-	1,319,861	
		(지분율%)	7.96	-	-	7.67	
		우선주	218,823	-	36,470	182,353	장외매도
		(지분율%)	4.81	-	0.80	4.01	
두산건설 신협	제1호차목	보통주	325,498	-	-	325,498	
		(지분율%)	1.96	-	-	1.89	
		우선주	-	-	-	-	
		(지분율%)	0.00	-	-	0.00	
두산테크팩 신협	제1호차목	보통주	258,218	-	-	258,218	
		(지분율%)	1.56	-	-	1.50	
		우선주	3,052	-	-	3,052	
		(지분율%)	0.07	-	-	0.07	
두산건설	제1호차목	보통주	3,839,700	-	-	3,839,700	
		(지분율%)	23.16	-	-	22.31	
		우선주	1,135,442	59,344	-	1,194,786	장외매수
		(지분율%)	24.94	1.30	-	26.25	
(주)두산	제1호차목	보통주	2,791	3	-	2,794	
		(지분율%)	0.02	-	-	0.02	
		우선주	2,822	-	-	2,822	
		(지분율%)	0.06	-	-	0.06	
두산기업	제1호차목	보통주	-	293,849	-	293,849	
		(지분율%)	-	1.71	-	1.71	
		우선주	-	-	-	-	
		(지분율%)	-	-	-	0.00	
오리콤	제1호차목	보통주	-	293,849	293,849	-	
		(지분율%)	-	1.71	1.71	0.00	
		우선주	-	-	-	-	
		(지분율%)	-	-	-	0.00	
계		보통주	10,407,746	1,004,786	362,554	11,049,978	
		(지분율%)	63.00	5.84	7.96	64.19	
		우선주	2,847,732	-	192,823	2,654,909	
		(지분율%)	62.56	-	4.22	58.32	
		기타	-	-	-	-	
		(지분율%)	-	-	-	-	
		합 계	13,255,478	1,004,786	555,377	13,704,887	

최대주주명 : 박용곤 　　　　특수관계인의 수 : 39명

〈부록 표 3.3〉 ㈜두산: 최대주주 및 특수관계인 주식 소유 현황, 2001년 12월

[2001년 12월 31일 현재]　　　　(단위 : 주)

성 명	관 계	주식의 종류	소유주식수(지분율%)				변동 원인
			기 초	증 가	감 소	기 말	
박용곤	본인	보통주	880,497	-	-	880,497	
		(지분율%)	5.12	-	-	5.00	
		우선주	12,543	-	-	12,543	
		(지분율%)	0.28	-	-	0.28	
박용오	제1호나목	보통주	584,785	-	195,795	388,890	장내매도
		(지분율%)	3.39	-	-	2.21	
		우선주	-	-	-	-	
		(지분율%)	-	-	-	-	
박용성	제1호나목	보통주	615,445	-	-	615,445	
		(지분율%)	3.58	-	-	3.49	
		우선주	-	-	-	-	
		(지분율%)	-	-	-	-	
박용현	제1호나목	보통주	606,560	-	-	606,560	
		(지분율%)	3.52	-	-	3.44	
		우선주	5,389	-	-	5,389	
		(지분율%)	0.12	-	-	0.12	
박용언	제1호나목	보통주	335,139	-	-	335,139	
		(지분율%)	1.95	-	-	1.90	
		우선주	-	-	-	-	
		(지분율%)	-	-	-	-	
박용만	제1호나목	보통주	320,982	-	-	320,982	
		(지분율%)	1.86	-	-	1.82	
		우선주	5,072	-	-	5,072	
		(지분율%)	0.11	-	-	0.11	
박정원	제1호나목	보통주	25,745	-	-	25,745	
		(지분율%)	0.15	-	-	0.15	
		우선주	12,705	-	-	12,705	
		(지분율%)	0.28	-	-	0.28	
박지원	제1호나목	보통주	13,388	-	-	13,388	
		(지분율%)	0.08	-	-	0.08	
		우선주	4,755	-	-	4,755	
		(지분율%)	0.10	-	-	0.10	
박혜원	제1호나목	보통주	3,784	-	-	3,784	
		(지분율%)	0.02	-	-	0.02	
		우선주	50,101	-	-	50,101	
		(지분율%)	1.10	-	-	1.10	
서경석	제1호나목	보통주	4,990	-	-	4,990	
		(지분율%)	0.03	-	-	0.03	

		우선주 (지분율%)	2,378	-	-	2,378	
			0.05	-	-	0.05	
박중원	제1호나목	보통주 (지분율%)	8,080	-	-	8,080	
			0.05	-	-	0.05	
		우선주 (지분율%)	665	-	-	665	
			0.00	-	-	0.00	
박진원	제1호나목	보통주 (지분율%)	10,582	-	-	10,582	
			0.06	-	-	0.06	
		우선주 (지분율%)	5,231	-	-	5,231	
			0.11	-	-	0.11	
박석원	제1호나목	보통주 (지분율%)	8,658	-	-	8,658	
			0.05	-	-	0.05	
		우선주 (지분율%)	4,281	-	-	4,281	
			0.09	-	-	0.09	
박태원	제1호나목	보통주 (지분율%)	16,580	-	-	16,580	
			0.09	-	-	0.09	
		우선주 (지분율%)	3,805	-	-	3,805	
			0.08	-	-	0.08	
박형원	제1호나목	보통주 (지분율%)	5,772	-	-	5,772	
			0.03	-	-	0.03	
		우선주 (지분율%)	2,854	-	-	2,854	
			0.06	-	-	0.06	
박인원	제1호나목	보통주 (지분율%)	5,772	-	-	5,772	
			0.03	-	-	0.03	
		우선주 (지분율%)	2,854	-	-	2,854	
			0.06	-	-	0.06	
김형민	제1호나목	보통주 (지분율%)	2,748	-	-	2,748	
			0.02	-	-	0.02	
		우선주 (지분율%)	1,358	-	-	1,358	
			0.03	-	-	0.03	
김희정	제1호나목	보통주 (지분율%)	-	-	-	-	
			-	-	-	-	
		우선주 (지분율%)	27,882	-	-	27,882	
			0.61	-	-	0.61	
최원현	제1호나목	보통주 (지분율%)	2,748	-	-	2,748	
			0.02	-	-	0.02	
		우선주 (지분율%)	1,358	-	-	1,358	
			0.03	-	-	0.03	
박서원	제1호나목	보통주 (지분율%)	-	-	-	-	
			-	-	-	-	

〈부록 표 3.3〉 ㈜두산: 최대주주 및 특수관계인 주식 소유 현황, 2001년 12월 (계속)

		우선주	57,253	-	-	57,253	
		(지분율%)	1.26	-	-	1.26	
박재원	제1호나목	보통주	-	-	-	-	
		(지분율%)		-	-	0.00	
		우선주	46,843	-	-	46,843	
		(지분율%)	1.03	-	-	1.03	
김소영	제1호나목	보통주	-	-	-	-	
		(지분율%)		-	-	0.00	
		우선주	146,384	-	-	146,384	
		(지분율%)	3.22	-	-	3.22	
서지원	제1호나목	보통주	-	-	-	-	
		(지분율%)		-	-	0.00	
		우선주	97,589	-	-	97,589	
		(지분율%)	2.14	-	-	2.14	
서미경	제1호나목	보통주	-	-	-	-	
		(지분율%)	0.00	-	-	0.00	
		우선주	0	-	-	0	
		(지분율%)	0.00	-	-	0.00	
정윤주	제1호나목	보통주	-	-	-	-	
		(지분율%)	0.00	-	-	0.00	
		우선주	13,661	-	-	13,661	
		(지분율%)	0.30	-	-	0.30	
김엘리자베스	제1호나목	보통주	-	-	-	-	
		(지분율%)	0.00	-	-	0.00	
		우선주	107,349	-	-	107,349	
		(지분율%)	2.36	-	-	2.36	
정현주	제1호나목	보통주	-	-	-	-	
		(지분율%)	0.00	-	-	0.00	
		우선주	87,831	-	-	87,831	
		(지분율%)	1.93	-	-	1.93	
원보연	제1호나목	보통주	-	-	-	-	
		(지분율%)	0.00	-	-	0.00	
		우선주	78,071	-	-	78,071	
		(지분율%)	1.72	-	-	1.72	
최윤희	제1호나목	보통주	-	-	-	-	
		(지분율%)	0.00	-	-	0.00	
		우선주	58,553	-	-	58,553	
		(지분율%)	1.29	-	-	1.29	
이영림	제1호나목	보통주	-	-	-	-	
		(지분율%)	0.00	-	-	-	
		우선주	58,553	-	58,553	-	기타
		(지분율%)	1.29	-	-	-	
백애영	제1호나목	보통주	-	-	-	-	
		(지분율%)	0.00	-	-	0.00	

		우선주	27,881	-	-	27,881	
		(지분율%)	0.61	-	-	0.61	
연강재단	제1호차목	보통주	422,258	-	-	422,258	
		(지분율%)	2.45	-	-	2.40	
		우선주	234,325	-	-	234,325	
		(지분율%)	5.15	-	-	5.15	
두산신협	제1호차목	보통주	1,135,545	-	-	1,135,545	
		(지분율%)	6.60	-	-	6.45	
		우선주	114,371	-	-	114,371	
		(지분율%)	2.51	-	-	2.51	
(주)두산신협	제1호차목	보통주	1,319,861	-	-	1,319,861	
		(지분율%)	7.67	-	-	7.49	
		우선주	182,353	-	-	182,353	
		(지분율%)	4.01	-	-	4.01	
두산건설신협	제1호차목	보통주	325,498	-	-	325,498	
		(지분율%)	1.89	-	-	1.85	
		우선주	-	-	-	-	
		(지분율%)	0.00	-	-	0.00	
두산테크팩신협	제1호차목	보통주	258,218	-	-	258,218	
		(지분율%)	1.50	-	-	1.47	
		우선주	3,052	-	-	3,052	
		(지분율%)	0.07	-	-	0.07	
두산건설	제1호차목	보통주	3,839,700	-	-	3,839,700	
		(지분율%)	22.31	-	-	21.80	
		우선주	1,194,786	-	-	1,194,786	
		(지분율%)	26.25	-	-	26.25	
(주)두산	제1호차목	보통주	2,794	-	-	2,794	
		(지분율%)	0.02	-	-	0.02	
		우선주	2,822	-	-	2,822	
		(지분율%)	0.06	-	-	0.06	
두산기업	제1호차목	보통주	293,849	-	100,000	193,849	장내매도
		(지분율%)	1.71	-	0.57	1.10	
		우선주	-	-	-	-	
		(지분율%)	0.00	-	-	0.00	
계		보통주	11,049,978	-	295,795	10,754,183	
		(지분율%)	64.19	-	2.68	61.06	
		우선주	2,654,908	-	58,553	2,596,355	
		(지분율%)	58.32	-	1.29	57.03	
		기타	-	-	-	-	
		(지분율%)	-	-	-	-	
		합 계	13,704,886	-	354,348	13,350,538	

최대주주명 : 박용곤　　　　특수관계인의 수 : 37명

〈부록 표 3.4〉 ㈜두산: 최대주주 및 특수관계인 주식 소유 현황, 2002년 12월

[2002년 12월 31일 현재]　　　　(단위 : 주, %)

성 명	관 계	주식의 종류	소유주식수(지분율)						변동 원인
			기 초		증 가	감 소	기 말		
			주식수	지분율	주식수	주식수	주식수	지분율	
박용곤	본인	보통주	880,497	5.00			880,497	4.17	
박용곤	본인	우선주	12,543	0.28			12,543	0.22	
박용오	제1호나목	보통주	388,990	2.21			388,990	1.84	
박용오	제1호나목	우선주	0	0.00			0	0.00	
박용성	제1호나목	보통주	615,445	3.49	1,521		616,966	2.92	합병
박용성	제1호나목	우선주	0	0.00	1,972		1,972	0.03	합병
박용현	제1호나목	보통주	606,560	3.44			606,560	2.87	
박용현	제1호나목	우선주	5,389	0.12			5,389	0.09	
박용언	제1호나목	보통주	335,139	1.90		335,139	0	0.00	장내 매도
박용언	제1호나목	우선주	0	0.00			0	0.00	
박용만	제1호나목	보통주	320,982	1.82	43,280		364,262	1.73	합병
박용만	제1호나목	우선주	5,072	0.11	12,952		18,024	0.31	합병
박정원	제1호나목	보통주	25,745	0.15	1,713		27,458	0.13	합병
박정원	제1호나목	우선주	12,705	0.28	3,176		15,881	0.28	합병
박지원	제1호나목	보통주	13,388	0.08	1,332		14,720	0.07	합병
박지원	제1호나목	우선주	4,755	0.10	2,222		6,977	0.12	합병
박혜원	제1호나목	보통주	3,784	0.02	573		4,357	0.02	합병

박혜원	제1호나목	우선주	50,101	1.10	5,424		55,525	0.96	합병
서경석	제1호나목	보통주	4,990	0.03	380		5,370	0.03	합병
서경석	제1호나목	우선주	2,378	0.05	953		3,331	0.06	합병
박중원	제1호나목	보통주	8,080	0.05	638		8,718	0.04	합병
박중원	제1호나목	우선주	665	0.00	368		1,033	0.02	합병
박진원	제1호나목	보통주	10,582	0.06	836		11,418	0.05	합병
박진원	제1호나목	우선주	5,231	0.11	2,100		7,331	0.13	합병
박석원	제1호나목	보통주	8,658	0.05	684		9,342	0.04	합병
박석원	제1호나목	우선주	4,281	0.09	1,717		5,998	0.10	합병
박태원	제1호나목	보통주	16,580	0.09	608		17,188	0.08	합병
박태원	제1호나목	우선주	3,805	0.08	1,527		5,332	0.09	합병
박형원	제1호나목	보통주	5,772	0.03	456		6,228	0.03	합병
박형원	제1호나목	우선주	2,854	0.06	1,144		3,998	0.07	합병
박인원	제1호나목	보통주	5,772	0.03	456		6,228	0.03	합병
박인원	제1호나목	우선주	2,854	0.06	1,144		3,998	0.07	합병
김형민	제1호나목	보통주	2,748	0.02	217		2,965	0.01	합병
김형민	제1호나목	우선주	1,358	0.03	544		1,902	0.03	합병
김희정	제1호나목	보통주	0	0.00			0	0.00	
김희정	제1호나목	우선주	27,882	0.61	2,919		30,801	0.53	합병

〈부록 표 3.4〉 ㈜두산: 최대주주 및 특수관계인 주식 소유 현황, 2002년 12월 (계속)

최원현	제1호나목	보통주	2,748	0.02	217		2,965	0.01	합병
최원현	제1호나목	우선주	1,358	0.03	544		1,902	0.03	합병
박서원	제1호나목	보통주	0	0.00			0	0.00	
박서원	제1호나목	우선주	57,253	1.26	5,996		63,249	1.10	합병
박재원	제1호나목	보통주	0	0.00			0	0.00	
박재원	제1호나목	우선주	46,843	1.03	4,905		51,748	0.90	합병
김소영	제1호나목	보통주	0	0.00			0	0.00	
김소영	제1호나목	우선주	146,385	3.22	15,332	1	161,716	2.80	합병
서지원	제1호나목	보통주	0	0.00			0	0.00	
서지원	제1호나목	우선주	97,589	2.14	10,221		107,810	1.87	합병
정윤주	제1호나목	보통주	0	0.00			0	0.00	
정윤주	제1호나목	우선주	13,661	0.30	1,971		15,632	0.27	합병
김엘리자베스	제1호나목	보통주	0	0.00			0	0.00	
김엘리자베스	제1호나목	우선주	107,349	2.36	11,243		118,592	2.06	합병
정현주	제1호나목	보통주	0	0.00			0	0.00	
정현주	제1호나목	우선주	87,831	1.93	9,198		97,029	1.68	합병
원보연	제1호나목	보통주	0	0.00			0	0.00	
원보연	제1호나목	우선주	78,071	1.72	8,177		86,248	1.49	합병
최윤희	제1호나목	보통주	0	0.00			0	0.00	
최윤희	제1호나목	우선주	58,553	1.29	6,132		64,685	1.12	합병

백애영	제1호나목	보통주	0	0.00			0	0.00	
백애영	제1호나목	우선주	27,881	0.61	2,919		30,800	0.53	합병
연강재단	제1호차목	보통주	422,258	2.40	63,859		486,117	2.30	합병
연강재단	제1호차목	우선주	234,325	5.15	60,574		294,899	5.11	합병
㈜두산 신협	제1호차목	보통주	1,319,861	7.49	99,723	583,124	836,460	3.96	합병 /장내매도
㈜두산 신협	제1호차목	우선주	182,353	4.01	104,234		286,587	4.97	합병
두산건설 신협	제1호차목	보통주	325,498	1.85	19,434	50,000	294,932	1.40	합병 /장내매도
두산건설 신협	제1호차목	우선주	0	0.00	8,389		8,389	0.15	합병
두산테크팩 신협	제1호차목	보통주	258,218	1.47	58,658	316,876	0	0.00	합병 /장내매도
두산테크팩 신협	제1호차목	우선주	3,052	0.07	15,125		18,177	0.32	합병
두산건설	제1호차목	보통주	3,839,700	21.80	2,166,475		6,006,175	28.45	장외매수 /장내매수
두산건설	제1호차목	우선주	1,194,786	26.25			1,194,786	20.71	
(주)두산	제1호차목	보통주	2,794	0.02	928,681	931,475	0	0.00	합병단주외, 장외매도
(주)두산	제1호차목	우선주	2,822	0.06	196,608	1	199,429	3.46	합병
두산기업	제1호차목	보통주	193,849	1.10	485,944	275,000	404,793	1.92	합병 /장내매도
두산기업	제1호차목	우선주	0	0.00			0	0.00	
계		보통주	10,754,183	61.06	4,009,981	3,761,455	11,002,709	52.11	
		우선주	2,596,356	57.03	614,729	229,372	2,981,713	51.68	
		합 계	13,350,539	49.88	4,624,710	3,990,827	13,984,422	52.02	

최대주주명 : 박용곤　　　　특수관계인의 수 : 35명

〈부록 표 3.5〉 ㈜두산: 최대주주 및 특수관계인 주식 소유 현황, 2003년 12월

[2003년 12월 31일 현재]　　(단위 : 주, %)

성 명	관 계	주식의 종류	소유주식수(지분율)						변동원인
			기 초		증 가	감 소	기 말		
			주식수	지분율	주식수	주식수	주식수	지분율	
박용곤	본인	보통주	880,497	4.17	-	-	880,497	4.14	-
박용곤	본인	우선주	12,543	0.22	-	-	12,543	0.22	-
박용오	제1호나목	보통주	388,990	1.84	-	-	388,990	1.83	-
박용성	제1호나목	보통주	616,966	2.92	-	-	616,966	2.90	-
박용성	제1호나목	우선주	1,972	0.03	-	-	1,972	0.03	-
박용현	제1호나목	보통주	606,560	2.87	1,100	-	607,660	2.85	-
박용현	제1호나목	우선주	5,389	0.09	-	-	5,389	0.09	-
박용만	제1호나목	보통주	364,262	1.73	460,000	-	824,262	3.88	장내매수
박용만	제1호나목	우선주	18,024	0.31	-	-	18,024	0.31	-
박정원	제1호나목	보통주	27,458	0.13	-	-	27,458	0.13	-
박정원	제1호나목	우선주	15,881	0.28	-	-	15,881	0.28	-
박지원	제1호나목	보통주	14,720	0.07	-	-	14,720	0.07	-
박지원	제1호나목	우선주	6,977	0.12	-	-	6,977	0.12	-
박혜원	제1호나목	보통주	4,357	0.02	-	-	4,357	0.02	-
박혜원	제1호나목	우선주	55,525	0.96	-	-	55,525	0.96	-
서경석	제1호나목	보통주	5,370	0.03	-	-	5,370	0.03	-
서경석	제1호나목	우선주	3,331	0.06	-	-	3,331	0.06	-
박중원	제1호나목	보통주	8,718	0.04	-	-	8,718	0.04	-
박중원	제1호나목	우선주	1,033	0.02	-	-	1,033	0.02	-
박진원	제1호나목	보통주	11,418	0.05	-	-	11,418	0.05	-
박진원	제1호나목	우선주	7,331	0.13	-	-	7,331	0.13	-
박석원	제1호나목	보통주	9,342	0.04	-	-	9,342	0.04	-
박석원	제1호나목	우선주	5,998	0.1	-	-	5,998	0.10	-
박태원	제1호나목	보통주	17,188	0.08	-	-	17,188	0.08	-
박태원	제1호나목	우선주	5,332	0.09	-	-	5,332	0.09	-
박형원	제1호나목	보통주	6,228	0.03	-	-	6,228	0.03	-
박형원	제1호나목	우선주	3,998	0.07	-	-	3,998	0.07	-
박인원	제1호나목	보통주	6,228	0.03	-	-	6,228	0.03	-
박인원	제1호나목	우선주	3,998	0.07	-	-	3,998	0.07	-
김형민	제1호나목	보통주	2,965	0.01	-	-2,965	0	0.00	장내매도
김형민	제1호나목	우선주	1,902	0.03	-	-1,902	0	0.00	장내매도

김희정	제1호나목	보통주	30,801	0.53	-	-30,801	0	0.00	장내매도
최원현	제1호나목	우선주	2,965	0.01	-	-2,965	0	0.00	장내매도
최원현	제1호나목	보통주	1,902	0.03	-	-1,902	0	0.00	장내매도
박서원	제1호나목	우선주	63,249	1.1	-	-	63,249	1.10	-
박재원	제1호나목	우선주	51,748	0.9	-	-	51,748	0.90	-
김소영	제1호나목	우선주	161,716	2.8	-	-	161,716	2.80	-
서지원	제1호나목	우선주	107,810	1.87	-	-	107,810	1.87	-
정윤주	제1호나목	우선주	15,632	0.27	-	-	15,632	0.27	-
김엘리자베스	제1호나목	우선주	118,592	2.06	-	-	118,592	2.06	-
정현주	제1호나목	우선주	97,029	1.68	-	-	97,029	1.68	-
원보연	제1호나목	우선주	86,248	1.49	-	-	86,248	1.49	-
최윤희	제1호나목	우선주	64,685	1.12	-	-	64,685	1.12	-
백애영	제1호나목	우선주	30,800	0.53	-	-30,800	0	0.00	장내매도
연강재단	제1호차목	보통주	486,117	2.3	-	-	486,117	2.29	-
연강재단	제1호차목	우선주	294,899	5.11	-	-	294,899	5.11	-
㈜두산 신협	제1호차목	보통주	836,460	3.96	-	-836,460	0	0.00	장내매도
㈜두산 신협	제1호차목	우선주	286,587	4.97	-	-286,587	0	0.00	장내매도
두산건설 신협	제1호차목	보통주	294,932	1.4	-	-294,932	0	0.00	장내매도
두산건설 신협	제1호차목	우선주	8,389	0.15	-	-8,389	0	0.00	장내매도
두산테크팩 신협	제1호차목	보통주	0	0	-	0	0	0.00	-
두산테크팩 신협	제1호차목	우선주	18,177	0.32	-	-18,177	0	0.00	장내매도
두산건설	제1호차목	보통주	6,006,175	28.45	-	-	6,006,175	28.26	-
두산건설	제1호차목	우선주	1,194,786	20.71	-	-	1,194,786	20.71	-
(주)두산	제1호차목	우선주	199,429	3.46	-	-	199,429	3.46	-
두산기업	제1호차목	보통주	404,793	1.92	-	-	404,793	1.90	-
계		보통주	11,002,709	52.11	461,100	-1,137,322	10,326,487	48.59	-
		우선주	2,981,713	51.68	-	-378,558	2,603,155	45.12	
		합 계	13,984,422	52.02	-	-	12,929,642	47.85	

최대주주명 : 박용곤

특수관계인의 수 : 27명

〈부록 표 3.6〉 ㈜두산: 최대주주 및 특수관계인 주식 소유 현황, 2004년 12월

[2004년 12월 31일 현재] (단위 : 주, %)

성 명	관 계	주식의 종류	소유주식수(지분율)						변동 원인
			기 초		증 가	감 소	기 말		
			주식수	지분율	주식수	주식수	주식수	지분율	
박용곤	본인	보통주	880,497	3.98	-	-	880,497	3.98	-
박용곤	본인	우선주	12,543	0.22	-	-	12,543	0.22	-
박용오	제1호나목	보통주	388,990	1.76	-	-	388,990	1.76	-
박용성	제1호나목	보통주	616,966	2.79	-	-	616,966	2.79	-
박용성	제1호나목	우선주	1,972	0.03	-	-	1,972	0.03	-
박용현	제1호나목	보통주	607,660	2.74	-	-	607,660	2.74	-
박용현	제1호나목	우선주	5,389	0.09	-	-	5,389	0.09	-
박용만	제1호나목	보통주	824,262	3.72	-	-	824,262	3.72	-
박용만	제1호나목	우선주	18,024	0.31	-	-	18,024	0.31	-
박정원	제1호나목	보통주	27,458	0.12	-	-	27,458	0.12	-
박정원	제1호나목	우선주	15,881	0.28	-	-	15,881	0.28	-
박지원	제1호나목	보통주	14,720	0.07	-	-	14,720	0.07	-
박지원	제1호나목	우선주	6,977	0.12	-	-	6,977	0.12	-
박혜원	제1호나목	보통주	4,357	0.02	-	-	4,357	0.02	-
박혜원	제1호나목	우선주	55,525	0.96	-	-	55,525	0.96	-
서경석	제1호나목	보통주	5,370	0.02	-	-	5,370	0.02	-
서경석	제1호나목	우선주	3,331	0.06	-	-	3,331	0.06	-
박중원	제1호나목	보통주	8,718	0.04	-	-	8,718	0.04	-
박중원	제1호나목	우선주	1,033	0.02	-	-	1,033	0.02	-
박진원	제1호나목	보통주	11,418	0.05	-	-	11,418	0.05	-
박진원	제1호나목	우선주	7,331	0.13	-	-	7,331	0.13	-
박석원	제1호나목	보통주	9,342	0.04	-	-	9,342	0.04	-
박석원	제1호나목	우선주	5,998	0.10	-	-	5,998	0.10	-
박태원	제1호나목	보통주	17,188	0.08	-	-	17,188	0.08	-

박태원	제1호나목	우선주	5,332	0.09	-	-	5,332	0.09	-
박형원	제1호나목	보통주	6,228	0.03	-	-	6,228	0.03	-
박형원	제1호나목	우선주	3,998	0.07	-	-	3,998	0.07	-
박인원	제1호나목	보통주	6,228	0.03	-	-	6,228	0.03	-
박인원	제1호나목	우선주	3,998	0.07	-	-	3,998	0.07	-
박서원	제1호나목	우선주	63,249	1.10	-	-	63,249	1.10	-
박재원	제1호나목	우선주	51,748	0.90	-	-	51,748	0.90	-
김소영	제1호나목	우선주	161,716	2.80	-	-	161,716	2.80	-
서지원	제1호나목	우선주	107,810	1.87	-	-	107,810	1.87	-
정윤주	제1호나목	우선주	15,632	0.27	-	-	15,632	0.27	-
김엘리자베스	제1호나목	우선주	118,592	2.06	-	-	118,592	2.06	-
정현주	제1호나목	우선주	97,029	1.68	-	-	97,029	1.68	-
원보연	제1호나목	우선주	86,248	1.49	-	-	86,248	1.49	-
최윤희	제1호나목	우선주	64,685	1.12	-	-	64,685	1.12	-
연강재단	제1호차목	보통주	486,117	2.19	-	-	486,117	2.19	-
연강재단	제1호차목	우선주	294,899	5.11	-	-	294,899	5.11	-
두산 산업개발	제1호차목	보통주	6,006,175	27.12	104,793	-600,000	5,510,968	24.88	-
두산 산업개발	제1호차목	우선주	1,194,786	20.71	1,194,786	-1,194,786	1,194,786	20.71	-
두산기업	제1호차목	보통주	404,793	1.83		-404,793	0	0.00	-
두산기업	제1호차목	우선주	0	0.00	1,194,786	-1,194,786	0	0.00	-
계		보통주	10,326,487	46.62	104,793	-1,004,793	9,426,487	42.56	-
		우선주	2,403,726	41.66	2,389,572	-2,389,572	2,403,726	41.66	
		합 계	12,730,213	45.59	2,494,365	-3,394,365	11,830,213	42.37	

최대주주명 : 박용곤

특수관계인의 수 : 26명

〈부록 표 3.7〉 ㈜두산: 최대주주 및 특수관계인 주식 소유 현황, 2006년 3월

[2006년 03월 30일 현재] (단위 : 주, %)

성 명	관 계	주식의 종류	소유주식수(지분율)						변동 원인
			기 초		증 가	감 소	기 말		
			주식수	지분율	주식수	주식수	주식수	지분율	
박용곤	본인	보통주	880,497	3.70	-	-	880,497	3.70	-
박용곤	본인	우선주	12,543	0.22	-	-	12,543	0.22	-
박용오	제1호나목	보통주	388,990	1.63	-	-	388,990	1.63	-
박용성	제1호나목	보통주	616,966	2.59	-	-	616,966	2.59	-
박용성	제1호나목	우선주	1,972	0.03	-	-	1,972	0.03	-
박용현	제1호나목	보통주	607,660	2.55	-	-	607,660	2.55	-
박용현	제1호나목	우선주	5,389	0.09	-	-	5,389	0.09	-
박용만	제1호나목	보통주	824,262	3.46	-	-	824,262	3.46	-
박용만	제1호나목	우선주	18,024	0.31	-	-	18,024	0.31	-
박정원	제1호나목	보통주	27,458	0.12	134,720	-	162,178	0.68	시간외매수
박정원	제1호나목	우선주	15,881	0.28	-	-	15,881	0.28	-
박지원	제1호나목	보통주	14,720	0.06	89,840	3,970	100,590	0.42	시간외매수 장내매도
박지원	제1호나목	우선주	6,977	0.12	-	-	6,977	0.12	-
박혜원	제1호나목	보통주	4,357	0.02	44,880	-	49,237	0.21	시간외매수
박혜원	제1호나목	우선주	55,525	0.96	-	-	55,525	0.96	-
서경석	제1호나목	보통주	5,370	0.02	-	-	5,370	0.02	-
서경석	제1호나목	우선주	3,331	0.06	-	-	3,331	0.06	-
박중원	제1호나목	보통주	8,718	0.04	75,440	84,158	0	0	시간외매수 장내매도
박중원	제1호나목	우선주	1,033	0.02	-	1,033	0	0	장내매도
박진원	제1호나목	보통주	11,418	0.05	98,800	-	110,218	0.46	시간외매수
박진원	제1호나목	우선주	7,331	0.13	-	-	7,331	0.13	-
박석원	제1호나목	보통주	9,342	0.04	80,800	-	90,142	0.38	시간외매수
박석원	제1호나목	우선주	5,998	0.10	-	-	5,998	0.10	-

박태원	제1호나목	보통주	17,188	0.07	71,840	-	89,028	0.37	시간외매수
박태원	제1호나목	우선주	5,332	0.09	-	-	5,332	0.09	-
박형원	제1호나목	보통주	6,228	0.03	53,920	-	60,148	0.25	시간외매수
박형원	제1호나목	우선주	3,998	0.07	-	-	3,998	0.07	-
박인원	제1호나목	보통주	6,228	0.03	53,920	-	60,148	0.25	시간외매수
박인원	제1호나목	우선주	3,998	0.07	-	-	3,998	0.07	-
박서원	제1호나목	보통주	0	0.00	52,720	-	52,720	0.22	시간외매수
박서원	제1호나목	우선주	63,249	1.10	-	-	63,249	1.10	-
박재원	제1호나목	보통주	0	0.00	43,120	-	43,120	0.18	시간외매수
박재원	제1호나목	우선주	51,748	0.90	-	-	51,748	0.90	-
김소영	제1호나목	우선주	161,716	2.80	-	-	161,716	2.80	-
서지원	제1호나목	우선주	107,810	1.87	-	-	107,810	1.87	-
정윤주	제1호나목	우선주	15,632	0.27	-	15,632	0	0	장내매도
김엘리자베스	제1호나목	우선주	118,592	2.06	-	-	118,592	2.06	-
정현주	제1호나목	우선주	97,029	1.68	-	-	97,029	1.68	-
원보연	제1호나목	우선주	86,248	1.49	-	-	86,248	1.49	-
최윤희	제1호나목	우선주	64,685	1.12	-	-	64,685	1.12	-
연강재단	제1호차목	보통주	486,117	2.04	-	-	486,117	2.04	-
연강재단	제1호차목	우선주	294,899	5.11	-	-	294,899	5.11	-
두산산업개발	제1호차목	보통주	5,510,968	23.13	-	2,800,000	2,710,968	11.38	시간외매도
두산산업개발	제1호차목	우선주	1,194,786	20.71	-	-	1,194,786	20.71	-
두산엔진	제1호차목	보통주	0	0.00	1,500,000	-	1,500,000	6.30	시간외매수
두산 인프라코어	제1호차목	보통주	0	0.00	500,000	-	500,000	2.10	시간외매수
계		보통주	9,426,487	39.57	2,800,000	2,888,128	9,338,359	39.20	-
		우선주	2,403,726	41.66	-	16,665	2,387,061	41.37	
		합 계	11,830,213	39.98	2,800,000	2,904,793	11,725,420	39.62	

최대주주명 : 박용곤

특수관계인의 수 : 27명

〈부록 표 3.8〉 ㈜두산: 최대주주 및 특수관계인 주식 소유 현황, 2006년 12월

[2006년 12월 31일 현재] (단위 : 주, %)

성 명	관 계	주식의 종류	소유주식수(지분율)						변동 원인
			기 초		증 가	감 소	기 말		
			주식수	지분율	주식수	주식수	주식수	지분율	
박용곤	본인	보통주	880,497	3.70	-	-	880,497	3.69	-
박용곤	본인	우선주	12,543	0.22	-	-	12,543	0.22	-
박용오	제1호나목	보통주	388,990	1.63	-	-	388,990	1.63	-
박용성	제1호나목	보통주	616,966	2.59	-	-	616,966	2.58	-
박용성	제1호나목	우선주	1,972	0.03	-	-	1,972	0.03	-
박용현	제1호나목	보통주	607,660	2.55	-	-	607,660	2.55	-
박용현	제1호나목	우선주	5,389	0.09	-	-	5,389	0.09	-
박용만	제1호나목	보통주	824,262	3.46	-	-	824,262	3.45	-
박용만	제1호나목	우선주	18,024	0.31	-	-	18,024	0.31	-
박정원	제1호나목	보통주	162,178	0.68	185,950	-	348,128	1.46	시간외매매
박정원	제1호나목	우선주	15,881	0.28	-	-	15,881	0.28	-
박지원	제1호나목	보통주	100,590	0.42	123,960	-	224,550	0.94	시간외매매
박지원	제1호나목	우선주	6,977	0.12	-	-	6,977	0.12	-
박혜원	제1호나목	보통주	49,237	0.21	62,000	-	111,237	0.47	시간외매매
박혜원	제1호나목	우선주	55,525	0.96	-	-	55,525	0.96	-
서경석	제1호나목	보통주	5,370	0.02	-	-	5,370	0.02	-
서경석	제1호나목	우선주	3,331	0.06	-	-	3,331	0.06	-
박진원	제1호나목	보통주	110,218	0.46	136,360	-	246,578	1.03	시간외매매
박진원	제1호나목	우선주	7,331	0.13	-	-	7,331	0.13	-
박석원	제1호나목	보통주	90,142	0.38	111,570	-	201,712	0.85	시간외매매
박석원	제1호나목	우선주	5,998	0.10	-	-	5,998	0.10	-
박태원	제1호나목	보통주	89,028	0.37	99,170	-	188,198	0.79	시간외매매

박태원	제1호나목	우선주	5,332	0.09	-	-	5,332	0.09	-
박형원	제1호나목	보통주	60,148	0.25	74,380	-	134,528	0.56	시간외매매
박형원	제1호나목	우선주	3,998	0.07	-	-	3,998	0.07	-
박인원	제1호나목	보통주	60,148	0.25	74,380	-	134,528	0.56	시간외매매
박인원	제1호나목	우선주	3,998	0.07	-	-	3,998	0.07	-
박서원	제1호나목	보통주	52,720	0.22	72,730	-	125,450	0.53	시간외매매
박서원	제1호나목	우선주	63,249	1.10	-	-	63,249	1.10	-
박재원	제1호나목	보통주	43,120	0.18	59,500	-	102,620	0.43	시간외매매
박재원	제1호나목	우선주	51,748	0.90	-	-	51,748	0.90	-
김소영	제1호나목	우선주	161,716	2.80	-	-	161,716	2.80	-
서지원	제1호나목	우선주	107,810	1.87	-	-	107,810	1.87	-
김엘리자베스	제1호나목	우선주	118,592	2.06	-	-	118,592	2.06	-
정현주	제1호나목	우선주	97,029	1.68	-	-	97,029	1.68	-
원보연	제1호나목	우선주	86,248	1.49	-	-	86,248	1.49	-
최윤희	제1호나목	우선주	64,685	1.12	-	-	64,685	1.12	-
연강재단	제1호차목	보통주	486,117	2.04	-	-	486,117	2.04	-
연강재단	제1호차목	우선주	294,899	5.11	-	-	294,899	5.11	-
두산건설	제1호차목	보통주	2,710,968	11.38	-	1,000,000	1,710,968	7.17	시간외매매
두산건설	제1호차목	우선주	1,194,786	20.71	-	-	1,194,786	20.71	-
두산엔진	제1호차목	보통주	1,500,000	6.30	-	-	1,500,000	6.28	-
두산인프라코어	제1호차목	보통주	500,000	2.10	-	-	500,000	2.09	-
계		보통주	9,338,359	39.20	1,000,000	1,000,000	9,338,359	39.12	-
		우선주	2,387,061	41.37	-	-	2,387,061	41.37	
		합 계	11,725,420	39.62	1,000,000	1,000,000	11,725,420	39.56	

최대주주명 : 박용곤　　　　특수관계인의 수 : 25명

〈부록 표 3.9〉 ㈜두산: 최대주주 및 특수관계인 주식 소유 현황, 2007년 12월

[2007년 12월 31일 현재] (단위 : 주, %)

성 명	관 계	주식의 종류	소유주식수(지분율)						변동 원인
			기 초		증 가	감 소	기 말		
			주식수	지분율	주식수	주식수	주식수	지분율	
박용곤	본인	보통주	880,497	3.69	-	-	880,497	3.63	-
박용곤	본인	우선주	12,543	0.22	-	-	12,543	0.22	-
박용오	제1호나목	보통주	388,990	1.63	-	288,000	100,990	0.42	장내매도
박용성	제1호나목	보통주	616,966	2.58	-	1,200	615,766	2.54	증여
박용성	제1호나목	우선주	1,972	0.03	-	1,600	372	0	증여
박용현	제1호나목	보통주	607,660	2.55	-	-	607,660	2.51	-
박용현	제1호나목	우선주	5,389	0.09	-	-	5,389	0.09	-
박용만	제1호나목	보통주	824,262	3.45	-	-	824,262	3.4	-
박용만	제1호나목	우선주	18,024	0.31	-	-	18,024	0.31	-
강신애	제1호나목	보통주	0	0	2,696	-	2,696	0.01	장내매수
박정원	제1호나목	보통주	348,128	1.46	690,057	11,343	1,026,842	4.24	시간외매매 증여
박정원	제1호나목	우선주	15,881	0.28	-	-	15,881	0.28	-
박지원	제1호나목	보통주	224,550	0.94	459,991	-	684,541	2.82	시간외매매
박지원	제1호나목	우선주	6,977	0.12	-	-	6,977	0.12	-
박혜원	제1호나목	보통주	111,237	0.47	230,065	-	341,302	1.41	시간외매매
박혜원	제1호나목	우선주	55,525	0.96	-	-	55,525	0.96	-
서경석	제1호나목	보통주	5,370	0.02	-	5,370	0	0	증여
서경석	제1호나목	우선주	3,331	0.06	-	3,331	0	0	증여
박진원	제1호나목	보통주	246,578	1.03	506,041	-	752,619	3.10	시간외매매
박진원	제1호나목	우선주	7,331	0.13	-	-	7,331	0.13	-
박석원	제1호나목	보통주	201,712	0.85	414,033	-	615,745	2.54	시간외매매
박석원	제1호나목	우선주	5,998	0.10	-	-	5,998	0.10	-
박태원	제1호나목	보통주	188,198	0.79	368,030	-	556,228	2.29	시간외매매
박태원	제1호나목	우선주	5,332	0.09	-	-	5,332	0.09	-
박형원	제1호나목	보통주	134,528	0.56	276,022	-	410,550	1.69	시간외매매
박형원	제1호나목	우선주	3,998	0.07	-	-	3,998	0.07	-
박인원	제1호나목	보통주	134,528	0.56	276,022	-	410,550	1.69	시간외매매
박인원	제1호나목	우선주	3,998	0.07	-	-	3,998	0.07	-
박서원	제1호나목	보통주	125,450	0.53	278,788	-	404,238	1.67	시간외매매 장내매수
박서원	제1호나목	우선주	63,249	1.10	-	-	63,249	1.10	-
박재원	제1호나목	보통주	102,620	0.43	228,981	-	331,601	1.37	시간외매매 장내매수
박재원	제1호나목	우선주	51,748	0.90	-	-	51,748	0.90	-
김소영	제1호나목	우선주	161,716	2.80	-	-	161,716	2.80	-
서지원	제1호나목	우선주	107,810	1.87	-	-	107,810	1.87	-
김엘리자베스	제1호나목	우선주	118,592	2.06	-	-	118,592	2.06	-

정현주	제1호나목	우선주	97,029	1.68	-	-	97,029	1.68	-
원보연	제1호나목	우선주	86,248	1.49	-	-	86,248	1.49	-
최윤희	제1호나목	우선주	64,685	1.12	-	-	64,685	1.12	-
박상민	제1호나목	보통주	0	0.00	7,093	-	7,093	0.03	장내매수 수증
박상수	제1호나목	보통주	0	0.00	7,750	-	7,750	0.03	장내매수 수증
서주원	제1호나목	보통주	0	0.00	4,105	-	4,105	0.02	장내매수 수증
서주원	제1호나목	우선주	0	0.00	1,666	-	1,666	0.03	수증
서장원	제1호나목	보통주	0	0.00	4,105	-	4,105	0.02	장내매수 수증
서장원	제1호나목	우선주	0	0.00	1,665	-	1,665	0.03	수증
박상우	제1호나목	보통주	0	0.00	1,420	-	1,420	0.01	장내매수
박상진	제1호나목	보통주	0	0.00	1,420	-	1,420	0.01	장내매수
박상효	제1호나목	보통주	0	0.00	1,596	-	1,596	0.01	장내매수 수증
박상효	제1호나목	우선주	0	0.00	400	-	400	0	수증
박상인	제1호나목	보통주	0	0.00	1,596	-	1,596	0.01	장내매수 수증
박상인	제1호나목	우선주	0	0.00	400	-	400	0	수증
박상현	제1호나목	보통주	0	0.00	1,596	-	1,596	0.01	장내매수 수증
박상현	제1호나목	우선주	0	0.00	400	-	400	0	수증
박상은	제1호나목	보통주	0	0.00	1,596	-	1,596	0.01	장내매수 수증
박상은	제1호나목	우선주	0	0.00	400	-	400	0	수증
박윤서	제1호나목	보통주	0	0.00	4,280	-	4,280	0.02	장내매수
박상아	제1호나목	보통주	0	0.00	3,860	-	3,860	0.02	장내매수
박상정	제1호나목	보통주	0	0.00	3,860	-	3,860	0.02	장내매수
연강재단	제1호차목	보통주	486,117	2.04	-	-	486,117	2.01	-
연강재단	제1호차목	우선주	294,899	5.11	-	-	294,899	5.11	-
두산건설	제1호차목	보통주	1,710,968	7.17	-	1,710,968	0	0	시간외매매
두산건설	제1호차목	우선주	1,194,786	20.71	-	-	1,194,786	20.71	-
두산엔진	제1호차목	보통주	1,500,000	6.28	-	1,500,000	0	0	시간외매매
두산인프라코어	제1호차목	보통주	500,000	2.09	-	500,000	0	0	시간외매매
계		보통주	9,338,359	39.12	3,775,003	4,016,881	9,096,481	37.52	
		우선주	2,387,061	41.37	4,931	4,931	2,387,061	41.37	
		합 계	11,725,420	39.56	3,779,934	4,021,812	11,483,542	38.26	

최대주주명 : 박용곤 　　　　　　특수관계인의 수 : 39명

〈부록 표 3.10〉 ㈜두산: 최대주주 및 특수관계인 주식 소유 현황, 2008년 12월

[2008년 12월 31일 현재] (단위 : 주, %)

성 명	관 계	주식의 종류	소유주식수(지분율)						변동 원인
			기 초		증 가	감 소	기 말		
			주식수	지분율	주식수	주식수	주식수	지분율	
박용곤	본인	보통주	880,497	3.63	-	10,000	870,497	3.52	증여
박용곤	본인	우선주	12,543	0.22	-	-	12,543	0.22	-
박용오	친인척	보통주	100,990	0.42	-	100,990	0	0	장내매도
박용성	친인척	보통주	615,766	2.54	-	321	615,445	2.49	증여
박용성	친인척	우선주	372	0	-	372	0	0	증여
박용현	친인척	보통주	607,660	2.51	-	-	607,660	2.46	-
박용현	친인척	우선주	5,389	0.09	-	-	5,389	0.09	-
박용만	친인척	보통주	824,262	3.40	-	-	824,262	3.33	-
박용만	친인척	우선주	18,024	0.31	-	-	18,024	0.31	-
강신애	친인척	보통주	2,696	0.01	1,320	-	4,016	0.02	장내매수
박정원	친인척	보통주	1,026,842	4.24	-	-	1,026,842	4.15	-
박정원	친인척	우선주	15,881	0.28	-	-	15,881	0.28	-
박지원	친인척	보통주	684,541	2.82	-	-	684,541	2.77	-
박지원	친인척	우선주	6,977	0.12	-	-	6,977	0.12	-
박혜원	친인척	보통주	341,302	1.41	-	-	341,302	1.38	-
박혜원	친인척	우선주	55,525	0.96	-	-	55,525	0.96	-
박진원	친인척	보통주	752,619	3.10	-	-	752,619	3.04	-
박진원	친인척	우선주	7,331	0.13	-	-	7,331	0.13	-
박석원	친인척	보통주	615,745	2.54	-	-	615,745	2.49	-
박석원	친인척	우선주	5,998	0.10	-	-	5,998	0.10	-
박태원	친인척	보통주	556,228	2.29	-	-	556,228	2.25	-
박태원	친인척	우선주	5,332	0.09	-	-	5,332	0.09	-
박형원	친인척	보통주	410,550	1.69	-	-	410,550	1.66	-
박형원	친인척	우선주	3,998	0.07	-	-	3,998	0.07	-
박인원	친인척	보통주	410,550	1.69	-	-	410,550	1.66	-
박인원	친인척	우선주	3,998	0.07	-	-	3,998	0.07	-
박서원	친인척	보통주	404,238	1.67	774	-	405,012	1.64	장내매수
박서원	친인척	우선주	63,249	1.10	-	-	63,249	1.10	-
박재원	친인척	보통주	331,601	1.37	625	-	332,226	1.34	장내매수
박재원	친인척	우선주	51,748	0.90	-	-	51,748	0.90	-
김소영	친인척	우선주	161,716	2.8	-	27,918	133,798	2.32	장내매도
서지원	친인척	우선주	107,810	1.87	-	18,611	89,199	1.55	장내매도

김엘리자베스	친인척	우선주	118,592	2.06	-	20,473	98,119	1.70	장내매도
정현주	친인척	우선주	97,029	1.68	-	16,750	80,279	1.39	장내매도
원보연	친인척	우선주	86,248	1.49	-	14,889	71,359	1.24	장내매도
최윤희	친인척	우선주	64,685	1.12	-	11,166	53,519	0.93	장내매도
박상민	친인척	보통주	7,093	0.03	2,667	-	9,760	0.04	장내매수, 수증
박상수	친인척	보통주	7,750	0.03	3,667	-	11,417	0.05	장내매수, 수증
서주원	친인척	보통주	4,105	0.02	833	-	4,938	0.02	수증
서주원	친인척	우선주	1,666	0.03	-	-	1,666	0.03	-
서장원	친인척	보통주	4,105	0.02	834	-	4,939	0.02	수증
서장원	친인척	우선주	1,665	0.03	-	-	1,665	0.03	-
박상우	친인척	보통주	1,420	0.01	1,667	-	3,087	0.01	수증
박상진	친인척	보통주	1,420	0.01	1,666	-	3,086	0.01	수증
박상효	친인척	보통주	1,596	0.01	80	-	1,676	0.01	수증
박상효	친인척	우선주	400	0	93	-	493	0.01	수증
박상인	친인척	보통주	1,596	0.01	80	-	1,676	0.01	수증
박상인	친인척	우선주	400	0	93	-	493	0.01	수증
박상현	친인척	보통주	1,596	0.01	81	-	1,677	0.01	수증
박상현	친인척	우선주	400	0	93	-	493	0.01	수증
박상은	친인척	보통주	1,596	0.01	80	-	1,676	0.01	수증
박상은	친인척	우선주	400	0	93	-	493	0.01	수증
박윤서	친인척	보통주	4,280	0.02	2,250	-	6,530	0.03	장내매수
박상아	친인척	보통주	3,860	0.02	1,040	-	4,900	0.02	장내매수
박상정	친인척	보통주	3,860	0.02	1,040	-	4,900	0.02	장내매수
연강재단	재단	보통주	486,117	2.01	-	-	486,117	1.97	-
연강재단	재단	우선주	294,899	5.11	358,391	-	653,290	11.32	장내매수
두산건설	계열사	보통주	0	0	-	-	0	0.00	-
두산건설	계열사	우선주	1,194,786	20.71	-	248,584	946,202	16.4	장내매도
강태순	임원	보통주	14,213	0.06	32,000	-	46,213	0.19	스톡옵션행사
이태희	임원	보통주	0	0	13,100	-	13,100	0.05	스톡옵션행사
계		보통주	9,110,694	37.58	63,804	111,311	9,063,187	36.64	
		우선주	2,387,061	41.37	358,763	358,763	2,387,061	41.37	
		합 계	11,497,755	38.31	422,567	470,074	11,450,248	37.54	

최대주주명 : 박용곤　　　　특수관계인의 수 : 39명

〈부록 표 3.11〉 ㈜두산: 최대주주 및 특수관계인 주식 소유 현황, 2009년 12월

(2009년 12월 31일 현재) (단위 : 주, %)

성 명	관 계	주식의 종류	소유주식수(지분율)				변동 원인
			기 초		기 말		
			주식수	지분율	주식수	지분율	
박용곤	본인	보통주	870,497	3.52	860,497	3.46	증여
박용곤	본인	우선주	12,543	0.22	12,543	0.22	-
박용성	친인척	보통주	615,445	2.49	615,445	2.47	-
박용현	친인척	보통주	607,660	2.46	607,660	2.44	-
박용현	친인척	우선주	5,389	0.09	5,389	0.09	-
박용만	친인척	보통주	824,262	3.33	824,262	3.31	-
박용만	친인척	우선주	18,024	0.31	18,024	0.31	-
강신애	친인척	보통주	4,016	0.02	4,016	0.02	-
박정원	친인척	보통주	1,026,842	4.15	1,026,842	4.13	-
박정원	친인척	우선주	15,881	0.28	15,881	0.28	-
박지원	친인척	보통주	684,541	2.77	684,541	2.75	-
박지원	친인척	우선주	6,977	0.12	6,977	0.12	-
박혜원	친인척	보통주	341,302	1.38	341,302	1.37	-
박혜원	친인척	우선주	55,525	0.96	55,525	0.96	-
박진원	친인척	보통주	752,619	3.04	752,619	3.03	-
박진원	친인척	우선주	7,331	0.13	7,331	0.13	-
박석원	친인척	보통주	615,745	2.49	615,745	2.48	-
박석원	친인척	우선주	5,998	0.10	5,998	0.10	-
박태원	친인척	보통주	556,228	2.25	556,228	2.24	-
박태원	친인척	우선주	5,332	0.09	5,332	0.09	-
박형원	친인척	보통주	410,550	1.66	410,550	1.65	-
박형원	친인척	우선주	3,998	0.07	3,998	0.07	-
박인원	친인척	보통주	410,550	1.66	410,550	1.65	-
박인원	친인척	우선주	3,998	0.07	3,998	0.07	-
박서원	친인척	보통주	405,012	1.64	405,012	1.63	-
박서원	친인척	우선주	63,249	1.10	63,249	1.10	-
박재원	친인척	보통주	332,226	1.34	332,226	1.34	-
박재원	친인척	우선주	51,748	0.90	51,748	0.90	-
김소영	친인척	우선주	133,798	2.32	133,798	2.32	-
서지원	친인척	우선주	89,199	1.55	89,199	1.55	-
김엘리자베스	친인척	우선주	98,119	1.70	98,119	1.70	-
정현주	친인척	우선주	80,279	1.39	80,279	1.39	-

원보연	친인척	우선주	71,359	1.24	71,359	1.24	-
최윤희	친인척	우선주	53,519	0.93	53,519	0.93	-
박상민	친인척	보통주	9,760	0.04	11,760	0.05	수증
박상수	친인척	보통주	11,417	0.05	14,417	0.06	수증
서주원	친인척	보통주	4,938	0.02	5,772	0.02	수증
서주원	친인척	우선주	1,666	0.03	1,666	0.03	-
서장원	친인척	보통주	4,939	0.02	5,772	0.02	수증
서장원	친인척	우선주	1,665	0.03	1,665	0.03	-
박상우	친인척	보통주	3,087	0.01	4,753	0.02	수증
박상진	친인척	보통주	3,086	0.01	4,753	0.02	수증
박상효	친인척	보통주	1,676	0.01	1,676	0.01	-
박상효	친인척	우선주	493	0.01	493	0.01	-
박상인	친인척	보통주	1,676	0.01	1,676	0.01	-
박상인	친인척	우선주	493	0.01	493	0.01	-
박상현	친인척	보통주	1,677	0.01	1,677	0.01	-
박상현	친인척	우선주	493	0.01	493	0.01	-
박상은	친인척	보통주	1,676	0.01	1,676	0.01	-
박상은	친인척	우선주	493	0.01	493	0.01	-
박윤서	친인척	보통주	6,530	0.03	6,530	0.03	-
박상아	친인척	보통주	4,900	0.02	4,900	0.02	-
박상정	친인척	보통주	4,900	0.02	4,900	0.02	-
연강재단	재단	보통주	486,117	1.97	486,117	1.95	-
연강재단	재단	우선주	653,290	11.32	949,289	16.45	장내매수
두산건설	계열사	우선주	946,202	16.40	650,203	11.27	장내매도
강태순	임원	보통주	46,213	0.19	0	0.00	임원퇴임
이태희	임원	보통주	13,100	0.05	0	0.00	임원퇴임
이재경	임원	보통주	0	0.00	29,694	0.12	신규선임
이재경	임원	우선주	0	0.00	76	0.00	신규선임
제임스 비모스키	임원	보통주	0	0.00	22,200	0.09	스톡옵션행사
계		보통주	9,063,187	36.64	9,055,768	36.40	
		우선주	2,387,061	41.37	2,387,137	41.37	
		합 계	11,450,248	37.54	11,442,905	37.34	

최대주주명 : 박용곤　　특수관계인 수 : 37명

〈부록 표 3.12〉 ㈜두산: 최대주주 및 특수관계인 주식 소유 현황, 2011년 3월

(기준일: 2011년 03월 11일) (단위 : 주, %)

성 명	관 계	주식의 종류	소유주식수(지분율)				비고
			기 초		기 말		
			주식수	지분율	주식수	지분율	
박용곤	본인	보통주	860,497	3.46	860,497	3.43	-
박용곤	본인	우선주	12,543	0.22	12,543	0.22	-
박용성	친인척	보통주	615,445	2.47	615,445	2.45	-
박용현	친인척	보통주	607,660	2.44	607,660	2.42	-
박용현	친인척	우선주	5,389	0.09	5,389	0.09	-
박용만	친인척	보통주	824,262	3.31	859,962	3.43	장내매수
박용만	친인척	우선주	18,024	0.31	18,024	0.31	-
강신애	친인척	보통주	4,016	0.02	39,716	0.16	장내매수
박정원	친인척	보통주	1,026,842	4.13	1,026,842	4.10	-
박정원	친인척	우선주	15,881	0.28	15,881	0.28	-
박지원	친인척	보통주	684,541	2.75	684,541	2.73	-
박지원	친인척	우선주	6,977	0.12	6,977	0.12	-
박혜원	친인척	보통주	341,302	1.37	341,302	1.36	-
박혜원	친인척	우선주	55,525	0.96	55,525	0.96	-
박진원	친인척	보통주	752,619	3.03	752,619	3.00	-
박진원	친인척	우선주	7,331	0.13	7,331	0.13	-
박석원	친인척	보통주	615,745	2.48	615,745	2.46	-
박석원	친인척	우선주	5,998	0.1	5,998	0.10	-
박태원	친인척	보통주	556,228	2.24	556,228	2.22	-
박태원	친인척	우선주	5,332	0.09	5,332	0.09	-
박형원	친인척	보통주	410,550	1.65	410,550	1.64	-
박형원	친인척	우선주	3,998	0.07	3,998	0.07	-
박인원	친인척	보통주	410,550	1.65	410,550	1.64	-
박인원	친인척	우선주	3,998	0.07	3,998	0.07	-
박서원	친인척	보통주	405,012	1.63	405,012	1.62	-
박서원	친인척	우선주	63,249	1.1	63,249	1.10	-
박재원	친인척	보통주	332,226	1.34	334,796	1.34	장내매수
박재원	친인척	우선주	51,748	0.9	51,746	0.90	-
김소영	친인척	우선주	133,798	2.32	133,798	2.32	-
서지원	친인척	우선주	89,199	1.55	89,199	1.55	-
김엘리자베스	친인척	우선주	98,119	1.7	98,119	1.70	-
정현주	친인척	우선주	80,279	1.39	80,279	1.39	-

원보연	친인척	우선주	71,359	1.24	71,359	1.24	-
최윤희	친인척	우선주	53,519	0.93	53,519	0.93	-
박상민	친인척	보통주	11,760	0.05	13,882	0.06	장내매수
박상수	친인척	보통주	14,417	0.06	16,731	0.07	장내매수
서주원	친인척	보통주	5,772	0.02	6,009	0.02	장내매수
서주원	친인척	우선주	1,666	0.03	1,666	0.03	-
서장원	친인척	보통주	5,772	0.02	6,009	0.02	장내매수
서장원	친인척	우선주	1,665	0.03	1,665	0.03	-
박상우	친인척	보통주	4,753	0.02	6,540	0.03	장내매수
박상진	친인척	보통주	4,753	0.02	6,541	0.03	장내매수
박상효	친인척	보통주	1,676	0.01	1,764	0.01	장내매수
박상효	친인척	우선주	493	0.01	493	0.01	-
박상인	친인척	보통주	1,676	0.01	1,764	0.01	장내매수
박상인	친인척	우선주	493	0.01	493	0.01	-
박상현	친인척	보통주	1,677	0.01	1,765	0.01	장내매수
박상현	친인척	우선주	493	0.01	493	0.01	-
박상은	친인척	보통주	1,676	0.01	1,765	0.01	장내매수
박상은	친인척	우선주	493	0.01	493	0.01	-
박윤서	친인척	보통주	6,530	0.03	8,261	0.03	장내매수
박상아	친인척	보통주	4,900	0.02	6,185	0.02	장내매수
박상정	친인척	보통주	4,900	0.02	6,182	0.02	장내매수
연강재단	재단	보통주	486,117	1.95	486,117	1.94	-
연강재단	재단	우선주	949,289	16.45	1,148,352	19.90	장내매수
두산건설	계열사	우선주	650,203	11.27	0	0	장내매도
두산모터스	계열사	우선주	0	0	200,000	3.47	장내매수
동현 엔지니어링	계열사	우선주	0	0	100,000	1.73	장내매수
이재경	임원	보통주	29,694	0.12	64,994	0.26	장내매수, 스톡옵션행사
이재경	임원	우선주	76	0	76	0	-
제임스 비모스키	임원	보통주	22,200	0.09	27,200	0.11	장내매수
계		보통주	9,055,768	36.4	9,183,174	36.63	-
		우선주	2,387,137	41.37	2,235,997	38.75	-
		기 타	0	0	0	0	-

최대주주명 : 박용곤　　　특수관계인 : 39명

〈부록 표 3.13〉 ㈜두산: 최대주주 및 특수관계인 주식 소유 현황, 2012년 3월

(기준일: 2012년 03월 27일) (단위 : 주, %)

성 명	관 계	주식의 종류	소유주식수(지분율)				비고
			기 초		기 말		
			주식수	지분율	주식수	지분율	
박용곤	본인	보통주	860,497	3.43	260,497	1.05	증여
박용곤	본인	우선주	12,543	0.22	12,543	0.22	-
박용성	친인척	보통주	615,445	2.45	615,445	2.48	-
박용현	친인척	보통주	607,660	2.42	607,660	2.45	-
박용현	친인척	우선주	5,389	0.09	5,389	0.09	-
박용만	친인척	보통주	859,962	3.43	859,962	3.47	-
박용만	친인척	우선주	18,024	0.31	18,024	0.31	-
강신애	친인척	보통주	39,716	0.16	39,716	0.16	-
박정원	친인척	보통주	1,026,842	4.10	1,326,842	5.35	수증
박정원	친인척	우선주	15,881	0.28	15,881	0.28	-
박지원	친인척	보통주	684,541	2.73	884,541	3.57	수증
박지원	친인척	우선주	6,977	0.12	6,977	0.12	-
박혜원	친인척	보통주	341,302	1.36	441,302	1.78	수증
박혜원	친인척	우선주	55,525	0.96	55,525	0.96	-
박진원	친인척	보통주	752,619	3.01	752,619	3.04	-
박진원	친인척	우선주	7,331	0.13	7,331	0.13	-
박석원	친인척	보통주	615,745	2.46	615,745	2.48	-
박석원	친인척	우선주	5,998	0.10	5,998	0.10	-
박태원	친인척	보통주	556,228	2.22	556,228	2.24	-
박태원	친인척	우선주	5,332	0.09	5,332	0.09	-
박형원	친인척	보통주	410,550	1.64	410,550	1.66	-
박형원	친인척	우선주	3,998	0.07	3,998	0.07	-
박인원	친인척	보통주	410,550	1.64	410,550	1.66	-
박인원	친인척	우선주	3,998	0.07	3,998	0.07	-
박서원	친인척	보통주	405,012	1.62	405,012	1.63	-
박서원	친인척	우선주	63,249	1.10	63,249	1.10	-
박재원	친인척	보통주	334,796	1.34	334,796	1.35	-
박재원	친인척	우선주	51,748	0.90	51,748	0.90	-
김소영	친인척	우선주	133,798	2.32	133,798	2.32	-
서지원	친인척	우선주	89,199	1.55	89,199	1.55	-

김엘리자베스	친인척	우선주	98,119	1.70	98,119	1.70	-
정현주	친인척	우선주	80,279	1.39	80,279	1.39	-
원보연	친인척	우선주	71,359	1.24	71,359	1.24	-
최윤희	친인척	우선주	53,519	0.93	53,519	0.93	-
박상민	친인척	보통주	13,882	0.06	13,882	0.06	-
박상수	친인척	보통주	16,731	0.07	16,731	0.07	-
서주원	친인척	보통주	6,009	0.02	6,009	0.02	-
서주원	친인척	우선주	1,666	0.03	1,666	0.03	-
서장원	친인척	보통주	6,009	0.02	6,009	0.02	-
서장원	친인척	우선주	1,665	0.03	1,665	0.03	-
박상우	친인척	보통주	6,540	0.03	6,540	0.03	-
박상진	친인척	보통주	6,541	0.03	6,541	0.03	-
박상효	친인척	보통주	1,764	0.01	1,764	0.01	-
박상효	친인척	우선주	493	0.01	493	0.01	-
박상인	친인척	보통주	1,764	0.01	1,764	0.01	-
박상인	친인척	우선주	493	0.01	493	0.01	-
박상현	친인척	보통주	1,765	0.01	1,765	0.01	-
박상현	친인척	우선주	493	0.01	493	0.01	-
박상은	친인척	보통주	1,765	0.01	1,765	0.01	-
박상은	친인척	우선주	493	0.01	493	0.01	-
박윤서	친인척	보통주	8,261	0.03	8,261	0.03	-
박상아	친인척	보통주	6,185	0.02	6,185	0.02	-
박상정	친인척	보통주	6,182	0.02	6,182	0.02	-
연강재단	계열사	보통주	486,117	1.94	563,166	2.27	장내매수
연강재단	계열사	우선주	1,148,352	19.90	1,148,352	19.90	-
디에프엠에스 (두산모터스)	계열사	우선주	200,000	3.47	300,000	5.20	동현엔지니어링 합병
동현 엔지니어링	계열사	우선주	100,000	1.73	-	-	-
이재경	임원	보통주	64,994	0.14	61,994	0.25	장내매도
이재경	임원	우선주	76	0	76	0.00	-
제임스 비모스키	임원	보통주	27,200	0.11	27,200	0.11	-
계		보통주	9,183,174	36.63	9,257,223	37.34	-
		우선주	2,235,997	38.75	2,235,997	38.75	-
		기 타	0	0	0	0	-

최대주주명 : 박용곤 특수관계인 : 38명

〈부록 표 3.14〉 ㈜두산: 최대주주 및 특수관계인 주식 소유 현황, 2012년 12월

(기준일: 2012년 12월 31일) (단위 : 주, %)

성 명	관 계	주식의 종류	소유주식수 및 지분율				비고
			기 초		기 말		
			주식수	지분율	주식수	지분율	
박용곤	본인	보통주	260,497	1.05	289,165	1.39	-
박용곤	본인	우선주	12,543	0.22	12,543	0.23	-
박용성	친인척	보통주	615,445	2.48	634,558	3.04	-
박용현	친인척	보통주	607,660	2.45	626,773	3.00	-
박용현	친인척	우선주	5,389	0.09	5,389	0.10	-
박용만	친인척	보통주	859,962	3.47	870,155	4.17	-
박용만	친인척	우선주	18,024	0.31	18,024	0.33	-
강신애	친인척	보통주	39,716	0.16	39,716	0.19	-
박정원	친인척	보통주	1,326,842	5.35	1,337,013	6.41	-
박정원	친인척	우선주	15,881	0.28	15,881	0.29	-
박지원	친인척	보통주	884,541	3.57	891,321	4.27	-
박지원	친인척	우선주	6,977	0.12	6,977	0.13	-
박혜원	친인척	보통주	441,302	1.78	444,693	2.13	-
박혜원	친인척	우선주	55,525	0.96	55,525	1.03	-
박진원	친인척	보통주	752,619	3.04	760,078	3.64	-
박진원	친인척	우선주	7,331	0.13	105,450	1.95	-
박석원	친인척	보통주	615,745	2.48	621,847	2.98	-
박석원	친인척	우선주	5,998	0.10	5,998	0.11	-
박태원	친인척	보통주	556,228	2.24	561,652	2.69	-
박태원	친인척	우선주	5,332	0.09	5,332	0.10	-
박형원	친인척	보통주	410,550	1.66	414,618	1.99	-
박형원	친인척	우선주	3,998	0.07	3,998	0.07	-
박인원	친인척	보통주	410,550	1.66	414,618	1.99	-
박인원	친인척	우선주	3,998	0.07	3,998	0.07	-
박서원	친인척	보통주	405,012	1.63	408,990	1.96	-
박서원	친인척	우선주	63,249	1.10	63,249	1.17	-
박재원	친인척	보통주	334,796	1.35	338,050	1.62	-
박재원	친인척	우선주	51,748	0.90	51,748	0.96	-
김소영	친인척	우선주	133,798	2.32	133,798	2.48	-
서지원	친인척	우선주	89,199	1.55	89,199	1.65	-

김엘리자베스	친인척	우선주	98,119	1.70	0	0	-
정현주	친인척	우선주	80,279	1.39	80,279	1.49	-
원보연	친인척	우선주	71,359	1.24	71,359	1.32	-
최윤희	친인척	우선주	53,519	0.93	53,519	0.99	-
박상민	친인척	보통주	13,882	0.06	14,382	0.07	-
박상수	친인척	보통주	16,731	0.07	17,231	0.08	-
서주원	친인척	보통주	6,009	0.02	6,009	0.03	-
서주원	친인척	우선주	1,666	0.03	1,666	0.03	-
서장원	친인척	보통주	6,009	0.02	6,009	0.03	-
서장원	친인척	우선주	1,665	0.03	1,665	0.03	-
박상우	친인척	보통주	6,540	0.03	6,540	0.03	-
박상진	친인척	보통주	6,541	0.03	6,541	0.03	-
박상효	친인척	보통주	1,764	0.01	1,764	0.01	-
박상효	친인척	우선주	493	0.01	493	0.01	-
박상인	친인척	보통주	1,764	0.01	1,764	0.01	-
박상인	친인척	우선주	493	0.01	493	0.01	-
박상현	친인척	보통주	1,765	0.01	1,765	0.01	-
박상현	친인척	우선주	493	0.01	493	0.01	-
박상은	친인척	보통주	1,765	0.01	1,765	0.01	-
박상은	친인척	우선주	493	0.01	493	0.01	-
박윤서	친인척	보통주	8,261	0.03	8,261	0.04	-
박상아	친인척	보통주	6,185	0.02	6,185	0.03	-
박상정	친인척	보통주	6,182	0.02	6,182	0.03	-
연강재단	계열사	보통주	563,166	2.27	563,166	2.70	-
연강재단	계열사	우선주	1,148,352	19.90	1,148,352	21.28	-
디에프엠에스 (두산모터스)	계열사	우선주	300,000	5.20	-	-	-
이재경	임원	보통주	61,994	0.25	61,994	0.30	-
이재경	임원	우선주	76	0	76	0	-
계		보통주	9,257,223	37.34	9,362,805	44.89	-
		우선주	2,235,997	38.75	1,935,997	35.87	-

최대주주명 : 박용곤 특수관계인 : 35명

〈부록 표 3.15〉 ㈜두산: 최대주주 및 특수관계인 주식 소유 현황, 2013년 12월

(기준일: 2013년 12월 31일) (단위 : 주, %)

성 명	관 계	주식의 종류	소유주식수 및 지분율				비고
			기 초		기 말		
			주식수	지분율	주식수	지분율	
박용곤	본인	보통주	289,165	1.39	289,165	1.38	-
박용곤	본인	우선주	12,543	0.23	12,543	0.23	-
박용성	친인척	보통주	634,558	3.04	634,558	3.04	-
박용현	친인척	보통주	626,773	3.00	626,773	3.00	-
박용현	친인척	우선주	5,389	0.10	5,389	0.10	-
박용만	친인척	보통주	870,155	4.17	870,155	4.17	-
박용만	친인척	우선주	18,024	0.33	18,024	0.33	-
강신애	친인척	보통주	39,716	0.19	39,716	0.19	-
박정원	친인척	보통주	1,337,013	6.41	1,337,013	6.40	-
박정원	친인척	우선주	15,881	0.29	15,881	0.29	-
박지원	친인척	보통주	891,321	4.27	891,321	4.27	-
박지원	친인척	우선주	6,977	0.13	6,977	0.13	-
박혜원	친인척	보통주	444,693	2.13	444,693	2.13	-
박혜원	친인척	우선주	55,525	1.03	55,525	1.03	-
박진원	친인척	보통주	760,078	3.64	760,078	3.64	-
박진원	친인척	우선주	105,450	1.95	105,450	1.95	-
박석원	친인척	보통주	621,847	2.98	621,847	2.98	-
박석원	친인척	우선주	5,998	0.11	5,998	0.11	-
박태원	친인척	보통주	561,652	2.69	561,652	2.69	-
박태원	친인척	우선주	5,332	0.10	5,332	0.10	-
박형원	친인척	보통주	414,618	1.99	414,618	1.99	-
박형원	친인척	우선주	3,998	0.07	3,998	0.07	-
박인원	친인척	보통주	414,618	1.99	414,618	1.99	-
박인원	친인척	우선주	3,998	0.07	3,998	0.07	-
박서원	친인척	보통주	408,990	1.96	408,990	1.96	-
박서원	친인척	우선주	63,249	1.17	63,249	1.17	-
박재원	친인척	보통주	338,050	1.62	338,050	1.62	-
박재원	친인척	우선주	51,748	0.96	51,748	0.96	-

김소영	친인척	우선주	133,798	2.48	133,798	2.48	-
서지원	친인척	우선주	89,199	1.65	89,199	1.65	-
정현주	친인척	우선주	80,279	1.49	80,279	1.49	-
원보연	친인척	우선주	71,359	1.32	71,359	1.32	-
최윤희	친인척	우선주	53,519	0.99	53,519	0.99	-
박상민	친인척	보통주	14,382	0.07	14,382	0.07	-
박상수	친인척	보통주	17,231	0.08	17,231	0.08	-
서주원	친인척	보통주	6,009	0.03	6,009	0.03	-
서주원	친인척	우선주	1,666	0.03	1,666	0.03	-
서장원	친인척	보통주	6,009	0.03	6,009	0.03	-
서장원	친인척	우선주	1,665	0.03	1,665	0.03	-
박상우	친인척	보통주	6,540	0.03	6,540	0.03	-
박상진	친인척	보통주	6,541	0.03	6,541	0.03	-
박상효	친인척	보통주	1,764	0.01	1,764	0.01	-
박상효	친인척	우선주	493	0.01	493	0.01	-
박상인	친인척	보통주	1,764	0.01	1,764	0.01	-
박상인	친인척	우선주	493	0.01	493	0.01	-
박상현	친인척	보통주	1,765	0.01	1,765	0.01	-
박상현	친인척	우선주	493	0.01	493	0.01	-
박상은	친인척	보통주	1,765	0.01	1,765	0.01	-
박상은	친인척	우선주	493	0.01	493	0.01	-
박윤서	친인척	보통주	8,261	0.04	8,261	0.04	-
박상아	친인척	보통주	6,185	0.03	6,185	0.03	-
박상정	친인척	보통주	6,182	0.03	6,182	0.03	-
연강재단	계열사	보통주	563,166	2.70	563,166	2.70	-
연강재단	계열사	우선주	1,148,352	21.28	1,148,352	21.28	-
이재경	임원	보통주	61,994	0.30	61,994	0.30	-
이재경	임원	우선주	76	0.00	76	0.00	-
계		보통주	9,362,805	44.89	9,362,805	44.84	-
		우선주	1,935,997	35.87	1,935,997	35.87	-

최대주주명 : 박용곤 특수관계인 : 35명

〈부록 표 3.16〉 ㈜두산: 최대주주 및 특수관계인 주식 소유 현황, 2014년 12월

(기준일: 2014년 12월 31일) (단위 : 주, %)

성 명	관 계	주식의 종류	소유주식수 및 지분율				비고
			기 초		기 말		
			주식수	지분율	주식수	지분율	
박용곤	본인	보통주	289,165	1.38	289,165	1.36	-
박용곤	본인	우선주	12,543	0.23	12,543	0.23	-
박용성	친인척	보통주	634,558	3.04	634,558	2.98	-
박용현	친인척	보통주	626,773	3	626,773	2.95	-
박용현	친인척	우선주	5,389	0.1	5,389	0.10	-
박용만	친인척	보통주	870,155	4.17	870,155	4.09	-
박용만	친인척	우선주	18,024	0.33	18,024	0.33	-
강신애	친인척	보통주	39,716	0.19	39,716	0.19	-
박정원	친인척	보통주	1,337,013	6.4	1,337,013	6.29	-
박정원	친인척	우선주	15,881	0.29	15,881	0.29	-
박지원	친인척	보통주	891,321	4.27	891,321	4.19	-
박지원	친인척	우선주	6,977	0.13	6,977	0.13	-
박혜원	친인척	보통주	444,693	2.13	444,693	2.09	-
박혜원	친인척	우선주	55,525	1.03	55,525	1.03	-
박진원	친인척	보통주	760,078	3.64	760,078	3.57	-
박진원	친인척	우선주	105,450	1.95	105,450	1.95	-
박석원	친인척	보통주	621,847	2.98	621,847	2.92	-
박석원	친인척	우선주	5,998	0.11	5,998	0.11	-
박태원	친인척	보통주	561,652	2.69	561,652	2.64	-
박태원	친인척	우선주	5,332	0.1	5,332	0.10	-
박형원	친인척	보통주	414,618	1.99	414,618	1.95	-
박형원	친인척	우선주	3,998	0.07	3,998	0.07	-
박인원	친인척	보통주	414,618	1.99	414,618	1.95	-
박인원	친인척	우선주	3,998	0.07	3,998	0.07	-
박서원	친인척	보통주	408,990	1.96	408,990	1.92	-
박서원	친인척	우선주	63,249	1.17	63,249	1.17	-
박재원	친인척	보통주	338,050	1.62	338,050	1.59	-
박재원	친인척	우선주	51,748	0.96	51,748	0.96	-

김소영	친인척	우선주	133,798	2.48	133,798	2.48	-
서지원	친인척	우선주	89,199	1.65	89,199	1.65	-
정현주	친인척	우선주	80,279	1.49	80,279	1.49	-
원보연	친인척	우선주	71,359	1.32	71,359	1.32	-
최윤희	친인척	우선주	53,519	0.99	53,519	0.99	-
박상민	친인척	보통주	14,382	0.07	15,164	0.07	-
박상수	친인척	보통주	17,231	0.08	18,258	0.09	-
서주원	친인척	보통주	6,009	0.03	6,676	0.03	-
서주원	친인척	우선주	1,666	0.03	1,666	0.03	-
서장원	친인척	보통주	6,009	0.03	6,676	0.03	-
서장원	친인척	우선주	1,665	0.03	1,665	0.03	-
박상우	친인척	보통주	6,540	0.03	7,022	0.03	-
박상진	친인척	보통주	6,541	0.03	7,022	0.03	-
박상효	친인척	보통주	1,764	0.01	1,963	0.01	-
박상효	친인척	우선주	493	0.01	493	0.01	-
박상인	친인척	보통주	1,764	0.01	1,964	0.01	-
박상인	친인척	우선주	493	0.01	493	0.01	-
박상현	친인척	보통주	1,765	0.01	1,964	0.01	-
박상현	친인척	우선주	493	0.01	493	0.01	-
박상은	친인척	보통주	1,765	0.01	1,965	0.01	-
박상은	친인척	우선주	493	0.01	493	0.01	-
박윤서	친인척	보통주	8,261	0.04	8,940	0.04	-
박상아	친인척	보통주	6,185	0.03	6,689	0.03	-
박상정	친인척	보통주	6,182	0.03	6,685	0.03	-
연강재단	특수관계인	보통주	563,166	2.7	563,166	2.65	-
연강재단	특수관계인	우선주	1,148,352	21.28	1,148,352	21.28	-
이재경	특수관계인	보통주	61,994	0.3	61,994	0.29	-
이재경	특수관계인	우선주	76	0	76	0.00	-
계		보통주	9,362,805	44.84	9,369,395	44.05	-
		우선주	1,935,997	35.87	1,935,997	35.87	-

최대주주명 : 박용곤 특수관계인 : 35명

〈부록 표 3.17〉 ㈜두산: 최대주주 및 특수관계인 주식 소유 현황, 2015년 12월

(기준일: 2015년 12월 31일) (단위 : 주, %)

성 명	관 계	주식의 종류	소유주식수 및 지분율				비고
			기 초		기 말		
			주식수	지분율	주식수	지분율	
박용곤	본인	보통주	289,165	1.36	289,165	1.36	-
박용곤	본인	우선주	12,543	0.23	12,543	0.23	-
박용성	친인척	보통주	634,558	2.98	634,558	2.98	-
박용현	친인척	보통주	626,773	2.95	626,773	2.95	-
박용현	친인척	우선주	5,389	0.10	5,389	0.10	-
박용만	친인척	보통주	870,155	4.09	776,155	3.65	-
박용만	친인척	우선주	18,024	0.33	18,024	0.33	-
강신애	친인척	보통주	39,716	0.19	39,716	0.19	-
박정원	친인척	보통주	1,337,013	6.29	1,337,013	6.29	-
박정원	친인척	우선주	15,881	0.29	15,881	0.29	-
박지원	친인척	보통주	891,321	4.19	891,321	4.19	-
박지원	친인척	우선주	6,977	0.13	6,977	0.13	-
박혜원	친인척	보통주	444,693	2.09	444,693	2.09	-
박혜원	친인척	우선주	55,525	1.03	55,525	1.03	-
박진원	친인척	보통주	760,078	3.57	760,078	3.57	-
박진원	친인척	우선주	105,450	1.95	105,450	1.95	-
박석원	친인척	보통주	621,847	2.92	621,847	2.92	-
박석원	친인척	우선주	5,998	0.11	5,998	0.11	-
박태원	친인척	보통주	561,652	2.64	561,652	2.64	-
박태원	친인척	우선주	5,332	0.10	5,332	0.10	-
박형원	친인척	보통주	414,618	1.95	414,618	1.95	-
박형원	친인척	우선주	3,998	0.07	3,998	0.07	-
박인원	친인척	보통주	414,618	1.95	414,618	1.95	-
박인원	친인척	우선주	3,998	0.07	3,998	0.07	-
박서원	친인척	보통주	408,990	1.92	408,990	1.92	-
박서원	친인척	우선주	63,249	1.17	63,249	1.17	-
박재원	친인척	보통주	338,050	1.59	338,050	1.59	-
박재원	친인척	우선주	51,748	0.96	51,748	0.96	-
김소영	친인척	우선주	133,798	2.48	133,798	2.48	-
서지원	친인척	우선주	89,199	1.65	89,199	1.65	-

정현주	친인척	우선주	80,279	1.49	80,279	1.49	-
원보연	친인척	우선주	71,359	1.32	71,359	1.32	-
최윤희	친인척	우선주	53,519	0.99	53,519	0.99	-
박상민	친인척	보통주	15,164	0.07	15,164	0.07	-
박상수	친인척	보통주	18,258	0.09	18,258	0.09	-
서주원	친인척	보통주	6,676	0.03	6,676	0.03	-
서주원	친인척	우선주	1,666	0.03	1,666	0.03	-
서장원	친인척	보통주	6,676	0.03	6,676	0.03	-
서장원	친인척	우선주	1,665	0.03	1,665	0.03	-
박상우	친인척	보통주	7,022	0.03	7,022	0.03	-
박상진	친인척	보통주	7,022	0.03	7,022	0.03	-
박상효	친인척	보통주	1,963	0.01	1,963	0.01	-
박상효	친인척	우선주	493	0.01	493	0.01	-
박상인	친인척	보통주	1,964	0.01	1,964	0.01	-
박상인	친인척	우선주	493	0.01	493	0.01	-
박상현	친인척	보통주	1,964	0.01	1,964	0.01	-
박상현	친인척	우선주	493	0.01	493	0.01	-
박상은	친인척	보통주	1,965	0.01	1,965	0.01	-
박상은	친인척	우선주	493	0.01	493	0.01	-
박윤서	친인척	보통주	8,940	0.04	8,940	0.04	-
박상아	친인척	보통주	6,689	0.03	6,689	0.03	-
박상정	친인척	보통주	6,685	0.03	6,685	0.03	-
연강재단	특수관계인	보통주	563,166	2.65	563,166	2.65	-
연강재단	특수관계인	우선주	1,148,352	21.28	1,148,352	21.28	-
이재경	특수관계인	보통주	61,994	0.29	61,994	0.29	-
이재경	특수관계인	우선주	76	0.00	76	0	-
동대문 미래창조재단	특수관계인	보통주	0	0	94,000	0.44	
계		보통주	9,369,395	44.05	9,369,395	44.05	-
		우선주	1,935,997	35.87	1,935,997	35.87	-

최대주주명 : 박용곤　　　　특수관계인 : 36명 (최대주주 포함)

〈부록 표 3.18〉 ㈜두산: 최대주주 및 특수관계인 주식 소유 현황, 2016년 12월

(기준일: 2016년 12월 31일) (단위 : 주, %)

성 명	관 계	주식의 종류	소유주식수 및 지분율				비고
			기 초		기 말		
			주식수	지분율	주식수	지분율	
박용곤	본인	보통주	289,165	1.36	289,165	1.43	-
박용곤	본인	우선주	12,543	0.23	12,543	0.23	-
박정원	친인척	보통주	1,337,013	6.29	1,337,013	6.62	-
박정원	친인척	우선주	15,881	0.29	15,881	0.29	-
박지원	친인척	보통주	891,321	4.19	891,321	4.41	-
박지원	친인척	우선주	6,977	0.13	6,977	0.13	-
박혜원	친인척	보통주	444,693	2.09	444,693	2.20	-
박혜원	친인척	우선주	55,525	1.03	55,525	1.03	-
박용성	친인척	보통주	634,558	2.98	634,558	3.14	-
박용현	친인척	보통주	626,773	2.95	626,773	3.10	-
박용현	친인척	우선주	5,389	0.10	5,389	0.10	-
박용만	친인척	보통주	776,155	3.65	776,155	3.84	-
박용만	친인척	우선주	18,024	0.33	18,024	0.33	-
박진원	친인척	보통주	760,078	3.57	760,078	3.76	-
박진원	친인척	우선주	105,450	1.95	105,450	1.95	-
박석원	친인척	보통주	621,847	2.92	621,847	3.08	-
박석원	친인척	우선주	5,998	0.11	5,998	0.11	-
박태원	친인척	보통주	561,652	2.64	561,652	2.78	-
박태원	친인척	우선주	5,332	0.10	5,332	0.10	-
박형원	친인척	보통주	414,618	1.95	414,618	2.05	-
박형원	친인척	우선주	3,998	0.07	3,998	0.07	-
박인원	친인척	보통주	414,618	1.95	414,618	2.05	-
박인원	친인척	우선주	3,998	0.07	3,998	0.07	-
박서원	친인척	보통주	408,990	1.92	408,990	2.02	-
박서원	친인척	우선주	63,249	1.17	63,249	1.17	-
박재원	친인척	보통주	338,050	1.59	338,050	1.67	-
박재원	친인척	우선주	51,748	0.96	51,748	0.96	-
박상민	친인척	보통주	15,164	0.07	15,164	0.08	-
박상수	친인척	보통주	18,258	0.09	18,258	0.09	-
서주원	친인척	보통주	6,676	0.03	6,676	0.03	-

서주원	친인척	우선주	1,666	0.03	1,666	0.03	-
서장원	친인척	보통주	6,676	0.03	6,676	0.03	-
서장원	친인척	우선주	1,665	0.03	1,665	0.03	-
박상우	친인척	보통주	7,022	0.03	7,022	0.03	-
박상진	친인척	보통주	7,022	0.03	7,022	0.03	-
박상효	친인척	보통주	1,963	0.01	1,963	0.01	-
박상효	친인척	우선주	493	0.01	493	0.01	-
박상인	친인척	보통주	1,964	0.01	1,964	0.01	-
박상인	친인척	우선주	493	0.01	493	0.01	-
박상현	친인척	보통주	1,964	0.01	1,964	0.01	-
박상현	친인척	우선주	493	0.01	493	0.01	-
박상은	친인척	보통주	1,965	0.01	1,965	0.01	-
박상은	친인척	우선주	493	0.01	493	0.01	-
박윤서	친인척	보통주	8,940	0.04	8,940	0.04	-
박상아	친인척	보통주	6,689	0.03	6,689	0.03	-
박상정	친인척	보통주	6,685	0.03	6,685	0.03	-
강신애	친인척	보통주	39,716	0.19	39,716	0.20	-
김소영	친인척	우선주	133,798	2.48	133,798	2.48	-
서지원	친인척	우선주	89,199	1.65	89,199	1.65	-
정현주	친인척	우선주	80,279	1.49	80,279	1.49	-
원보연	친인척	우선주	71,359	1.32	71,359	1.32	-
최윤희	친인척	우선주	53,519	0.99	53,519	0.99	-
이재경	특수관계인	보통주	61,994	0.29	61,994	0.31	-
이재경	특수관계인	우선주	76	0.00	76	0.00	-
연강재단	특수관계인	보통주	563,166	2.65	563,166	2.79	-
연강재단	특수관계인	우선주	1,148,352	21.28	1,148,352	21.28	-
동대문 미래창조재단	특수관계인	보통주	94,000	0.44	94,000	0.47	-
계		보통주	9,369,395	44.05	9,369,395	46.37	-
		우선주	1,935,997	35.87	1,935,997	35.87	-

〈부록 표 3.19〉 ㈜두산: 최대주주 및 특수관계인 주식 소유 현황, 2017년 12월

(기준일: 2017년 12월 31일) (단위 : 주, %)

성 명	관 계	주식의 종류	소유주식수 및 지분율				비고
			기 초		기 말		
			주식수	지분율	주식수	지분율	
박용곤	본인	보통주식	289,165	1.43	289,165	1.51	-
박용곤	본인	우선주식	12,543	0.23	12,543	0.23	-
박정원	친인척	보통주식	1,337,013	6.62	1,337,013	6.96	-
박정원	친인척	우선주식	15,881	0.29	15,881	0.29	-
박지원	친인척	보통주식	891,321	4.41	891,321	4.64	-
박지원	친인척	우선주식	6,977	0.13	6,977	0.13	-
박혜원	친인척	보통주식	444,693	2.20	444,693	2.32	-
박혜원	친인척	우선주식	55,525	1.03	55,525	1.03	-
박용성	친인척	보통주식	634,558	3.14	634,558	3.31	-
박용현	친인척	보통주식	626,773	3.10	626,773	3.26	-
박용현	친인척	우선주식	5,389	0.10	5,389	0.10	-
박용만	친인척	보통주식	776,155	3.84	776,155	4.04	-
박용만	친인척	우선주식	18,024	0.33	18,024	0.33	-
박진원	친인척	보통주식	760,078	3.76	760,078	3.96	-
박진원	친인척	우선주식	105,450	1.95	105,450	1.95	-
박석원	친인척	보통주식	621,847	3.08	621,847	3.24	-
박석원	친인척	우선주식	5,998	0.11	5,998	0.11	-
박태원	친인척	보통주식	561,652	2.78	561,652	2.93	-
박태원	친인척	우선주식	5,332	0.10	5,332	0.10	-
박형원	친인척	보통주식	414,618	2.05	414,618	2.16	-
박형원	친인척	우선주식	3,998	0.07	3,998	0.07	-
박인원	친인척	보통주식	414,618	2.05	414,618	2.16	-
박인원	친인척	우선주식	3,998	0.07	3,998	0.07	-
박서원	친인척	보통주식	408,990	2.02	408,990	2.13	-
박서원	친인척	우선주식	63,249	1.17	63,249	1.17	-
박재원	친인척	보통주식	338,050	1.67	338,050	1.76	-
박재원	친인척	우선주식	51,748	0.96	51,748	0.96	-
박상민	친인척	보통주식	15,164	0.08	15,164	0.08	-
박상수	친인척	보통주식	18,258	0.09	18,258	0.10	-
서주원	친인척	보통주식	6,676	0.03	6,676	0.03	-

서주원	친인척	우선주식	1,666	0.03	1,666	0.03	-
서장원	친인척	보통주식	6,676	0.03	6,676	0.03	-
서장원	친인척	우선주식	1,665	0.03	1,665	0.03	-
박상우	친인척	보통주식	7,022	0.03	7,022	0.04	-
박상진	친인척	보통주식	7,022	0.03	7,022	0.04	-
박상효	친인척	보통주식	1,963	0.01	1,963	0.01	-
박상효	친인척	우선주식	493	0.01	493	0.01	-
박상인	친인척	보통주식	1,964	0.01	1,964	0.01	-
박상인	친인척	우선주식	493	0.01	493	0.01	-
박상현	친인척	보통주식	1,964	0.01	1,964	0.01	-
박상현	친인척	우선주식	493	0.01	493	0.01	-
박상온	친인척	보통주식	1,965	0.01	1,965	0.01	-
박상온	친인척	우선주식	493	0.01	493	0.01	-
박윤서	친인척	보통주식	8,940	0.04	8,940	0.05	-
박상아	친인척	보통주식	6,689	0.03	6,689	0.03	-
박상정	친인척	보통주식	6,685	0.03	6,685	0.03	-
강신애	친인척	보통주식	39,716	0.20	39,716	0.21	-
김소영	친인척	우선주식	133,798	2.48	133,798	2.48	-
서지원	친인척	우선주식	89,199	1.65	89,199	1.65	-
정현주	친인척	우선주식	80,279	1.49	80,279	1.49	-
원보연	친인척	우선주식	71,359	1.32	71,359	1.32	-
최윤희	친인척	우선주식	53,519	0.99	53,519	0.99	-
이재경	특수관계인	보통주식	61,994	0.31	61,994	0.32	-
이재경	특수관계인	우선주식	76	0.00	76	0.00	-
두산연강재단	특수관계인	보통주식	563,166	2.79	563,166	2.93	-
두산연강재단	특수관계인	우선주식	1,148,352	21.28	1,148,352	21.28	-
동대문 미래 창조재단	특수관계인	보통주식	94,000	0.47	94,000	0.49	-
계		보통주식	9,369,395	46.37	9,369,395	48.80	-
		우선주식	1,935,997	35.87	1,935,997	35.87	-

〈부록 표 3.20〉 ㈜두산: 최대주주 및 특수관계인 주식 소유 현황, 2018년 12월

(기준일: 2018년 12월 31일) (단위 : 주, %)

성 명	관 계	주식의 종류	소유주식수 및 지분율				비고
			기 초		기 말		
			주식수	지분율	주식수	지분율	
박용곤	본인	보통주식	289,165	1.51	289,165	1.59	-
박용곤	본인	우선주식	12,543	0.23	12,543	0.23	-
박정원	친인척	보통주식	1,337,013	6.96	1,337,013	7.33	-
박정원	친인척	우선주식	15,881	0.29	15,881	0.29	-
박지원	친인척	보통주식	891,321	4.64	891,321	4.89	-
박지원	친인척	우선주식	6,977	0.13	6,977	0.13	-
박혜원	친인척	보통주식	444,693	2.32	444,693	2.44	-
박혜원	친인척	우선주식	55,525	1.03	55,525	1.03	-
박용성	친인척	보통주식	634,558	3.31	634,558	3.48	-
박용현	친인척	보통주식	626,773	3.26	626,773	3.44	-
박용현	친인척	우선주식	5,389	0.10	5,389	0.10	-
박용만	친인척	보통주식	776,155	4.04	776,155	4.26	-
박용만	친인척	우선주식	18,024	0.33	18,024	0.33	-
박진원	친인척	보통주식	760,078	3.96	760,078	4.17	-
박진원	친인척	우선주식	105,450	1.95	105,450	1.95	-
박석원	친인척	보통주식	621,847	3.24	621,847	3.41	-
박석원	친인척	우선주식	5,998	0.11	5,998	0.11	-
박태원	친인척	보통주식	561,652	2.93	561,652	3.08	-
박태원	친인척	우선주식	5,332	0.10	5,332	0.10	-
박형원	친인척	보통주식	414,618	2.16	414,618	2.27	-
박형원	친인척	우선주식	3,998	0.07	3,998	0.07	-
박인원	친인척	보통주식	414,618	2.16	414,618	2.27	-
박인원	친인척	우선주식	3,998	0.07	3,998	0.07	-
박서원	친인척	보통주식	408,990	2.13	408,990	2.24	-
박서원	친인척	우선주식	63,249	1.17	63,249	1.17	-
박재원	친인척	보통주식	338,050	1.76	338,050	1.85	-
박재원	친인척	우선주식	51,748	0.96	51,748	0.96	-
박상민	친인척	보통주식	15,164	0.08	17,926	0.10	장내매수
박상수	친인척	보통주식	18,258	0.10	21,530	0.12	장내매수
서주원	친인척	보통주식	6,676	0.03	6,676	0.04	-

서주원	친인척	우선주식	1,666	0.03	1,666	0.03	-
서장원	친인척	보통주식	6,676	0.03	6,676	0.04	-
서장원	친인척	우선주식	1,665	0.03	1,665	0.03	-
박상우	친인척	보통주식	7,022	0.04	7,022	0.04	-
박상진	친인척	보통주식	7,022	0.04	7,022	0.04	-
박상효	친인척	보통주식	1,963	0.01	1,963	0.01	-
박상효	친인척	우선주식	493	0.01	493	0.01	-
박상인	친인척	보통주식	1,964	0.01	1,964	0.01	-
박상인	친인척	우선주식	493	0.01	493	0.01	-
박상현	친인척	보통주식	1,964	0.01	1,964	0.01	-
박상현	친인척	우선주식	493	0.01	493	0.01	-
박상온	친인척	보통주식	1,965	0.01	1,965	0.01	-
박상온	친인척	우선주식	493	0.01	493	0.01	-
박윤서	친인척	보통주식	8,940	0.05	8,940	0.05	-
박상아	친인척	보통주식	6,689	0.03	6,689	0.04	-
박상정	친인척	보통주식	6,685	0.03	6,685	0.04	-
강신애	친인척	보통주식	39,716	0.21	39,716	0.22	-
김소영	친인척	우선주식	133,798	2.48	133,798	2.48	-
서지원	친인척	우선주식	89,199	1.65	89,199	1.65	-
정현주	친인척	우선주식	80,279	1.49	80,279	1.49	-
원보연	친인척	우선주식	71,359	1.32	71,359	1.32	-
최윤희	친인척	우선주식	53,519	0.99	53,519	0.99	-
이재경	특수관계인	보통주식	61,994	0.32	0	0.00	특수관계인 제외
이재경	특수관계인	우선주식	76	0.00	0	0.00	특수관계인 제외
동현수	특수관계인	보통주식	0	0.00	1,200	0.01	특수관계인 추가
김민철	특수관계인	보통주식	0	0.00	800	0.00	특수관계인 추가
두산연강재단	특수관계인	보통주식	563,166	2.93	563,166	3.09	-
두산연강재단	특수관계인	우선주식	1,148,352	21.28	1,148,352	21.28	-
동대문미래재단	특수관계인	보통주식	94,000	0.49	94,000	0.52	-
계		보통주식	9,369,395	48.80	9,315,435	51.08	-
		우선주식	1,935,997	35.87	1,935,921	35.87	-

〈부록 표 3.21〉 ㈜두산: 최대주주 및 특수관계인 주식 소유 현황, 2019년 6월

(기준일: 2019년 06월 30일) (단위 : 주, %)

성 명	관 계	주식의 종류	소유주식수 및 지분율				비고
			기 초		기 말		
			주식수	지분율	주식수	지분율	
박용곤	본인	보통주식	289,165	1.59	289,165	1.59	-
박용곤	본인	우선주식	12,543	0.23	12,543	0.23	-
박정원	친인척	보통주식	1,337,013	7.33	1,206,843	6.62	장내매도
박정원	친인척	우선주식	15,881	0.29	15,881	0.29	-
박지원	친인척	보통주식	891,321	4.89	804,541	4.41	장내매도
박지원	친인척	우선주식	6,977	0.13	6,977	0.13	-
박혜원	친인척	보통주식	444,693	2.44	401,303	2.20	장내매도
박혜원	친인척	우선주식	55,525	1.03	55,525	1.03	-
박용성	친인척	보통주식	634,558	3.48	634,558	3.48	-
박용현	친인척	보통주식	626,773	3.44	626,773	3.44	-
박용현	친인척	우선주식	5,389	0.10	5,389	0.10	-
박용만	친인척	보통주식	776,155	4.26	776,155	4.26	-
박용만	친인척	우선주식	18,024	0.33	18,024	0.33	-
박진원	친인척	보통주식	760,078	4.17	664,618	3.64	장내매도
박진원	친인척	우선주식	105,450	1.95	105,450	1.95	-
박석원	친인척	보통주식	621,847	3.41	543,747	2.98	장내매도
박석원	친인척	우선주식	5,998	0.11	5,998	0.11	-
박태원	친인척	보통주식	561,652	3.08	492,232	2.70	장내매도
박태원	친인척	우선주식	5,332	0.10	5,332	0.10	-
박형원	친인척	보통주식	414,618	2.27	362,558	1.99	장내매도
박형원	친인척	우선주식	3,998	0.07	3,998	0.07	-
박인원	친인척	보통주식	414,618	2.27	362,558	1.99	장내매도
박인원	친인척	우선주식	3,998	0.07	3,998	0.07	-
박서원	친인척	보통주식	408,990	2.24	358,080	1.96	장내매도
박서원	친인척	우선주식	63,249	1.17	63,249	1.17	-
박재원	친인척	보통주식	338,050	1.85	296,400	1.63	장내매도
박재원	친인척	우선주식	51,748	0.96	51,748	0.96	-
박상민	친인척	보통주식	17,926	0.10	17,926	0.10	-

박상수	친인척	보통주식	21,530	0.12	21,530	0.12	-
서주원	친인척	보통주식	6,676	0.04	6,676	0.04	-
서주원	친인척	우선주식	1,666	0.03	1,666	0.03	-
서장원	친인척	보통주식	6,676	0.04	6,676	0.04	-
서장원	친인척	우선주식	1,665	0.03	1,665	0.03	-
박상우	친인척	보통주식	7,022	0.04	7,022	0.04	-
박상진	친인척	보통주식	7,022	0.04	7,022	0.04	-
박상효	친인척	보통주식	1,963	0.01	1,963	0.01	-
박상효	친인척	우선주식	493	0.01	493	0.01	-
박상인	친인척	보통주식	1,964	0.01	1,964	0.01	-
박상인	친인척	우선주식	493	0.01	493	0.01	-
박상현	친인척	보통주식	1,964	0.01	1,964	0.01	-
박상현	친인척	우선주식	493	0.01	493	0.01	-
박상은	친인척	보통주식	1,965	0.01	1,965	0.01	-
박상은	친인척	우선주식	493	0.01	493	0.01	-
박윤서	친인척	보통주식	8,940	0.05	8,940	0.05	-
박상아	친인척	보통주식	6,689	0.04	6,689	0.04	-
박상정	친인척	보통주식	6,685	0.04	6,685	0.04	-
강신애	친인척	보통주식	39,716	0.22	39,716	0.22	-
김소영	친인척	우선주식	133,798	2.48	133,798	2.48	-
서지원	친인척	우선주식	89,199	1.65	89,199	1.65	-
정현주	친인척	우선주식	80,279	1.49	80,279	1.49	-
원보연	친인척	우선주식	71,359	1.32	71,359	1.32	-
최윤희	친인척	우선주식	53,519	0.99	53,519	0.99	-
두산연강재단	특수관계인	보통주식	563,166	3.09	563,166	3.09	-
두산연강재단	특수관계인	우선주식	1,148,352	21.28	1,148,352	21.28	-
동대문미래재단	특수관계인	보통주식	94,000	0.52	94,000	0.52	-
동현수	특수관계인	보통주식	1,200	0.01	1,200	0.01	-
김민철	특수관계인	보통주식	800	0.00	800	0.00	-
계		보통주식	9,315,435	51.08	8,615,435	47.24	-
		우선주식	1,935,921	35.87	1,935,921	35.87	-

참고문헌

* 금융감독원 전자공시시스템 (http://dart.fss.or.kr) 자료

GS홀딩스 사업보고서 (2004).
㈜LG 사업보고서 - LG화학 (1998-2000), ㈜LGCI (2001), ㈜LG (2002-2018); 반기보고서 (2019.6); 최대주주 변경 (2019.11).
㈜LGEI 사업보고서 - LG전자 (1998-2001), ㈜LGEI (2002).
LG건설 사업보고서 (1998-2004).
LG디스플레이 사업보고서 (1998-2018), 반기보고서 (2019.6).
LG상사 사업보고서 (1998-2018), 반기보고서 (2019.6).
LG생활건강 사업보고서 (2001-2018), 반기보고서 (2019.6).
LG유플러스 사업보고서 (1998-2018), 반기보고서 (2019.6).
LG전선 사업보고서 (1998-2003).
LG전자 사업보고서 (2002-2018), 반기보고서 (2019.6).
LG칼텍스정유 사업보고서 (1998-2004).
LG패션 사업보고서 (2006-2007).
LG화재해상보험 사업보고서 (1998-1999).
LG화학 사업보고서 (2001-2018), 반기보고서 (2019.6).

㈜두산 사업보고서 (2000-2018), 반기보고서 (2019.6), 최대주주 변경 (2019.7).
두산건설 사업보고서 (2004-2018), 반기보고서 (2019.6).
두산밥캣 사업보고서 (2006-2018), 반기보고서 (2019.6).
두산인프라코어 사업보고서 (2005-2018), 반기보고서 (2019.6).
두산중공업 사업보고서 (2000-2018), 반기보고서 (2019.6).
오리콤 사업보고서 (2000-2018), 반기보고서 (2019.6).

* 공정거래위원회 홈페이지(www.ftc.go.kr) 자료

'99년도 대규모기업집단 지정' (1999.4.6).
'2000년도 대규모기업집단 지정' (2000.4.17).

'2001년도 대규모기업집단 지정' (2001.4.2).
'2002년도 출자총액제한대상 기업집단 지정' (2002.4.3).
'2003년도 상호출자제한기업집단 등 지정' (2003.4.2).
'2004년도 상호출자제한기업집단 등 지정' (2004.4.2).
'2005년도 상호출자제한기업집단 등 지정' (2005.4).
'2006년도 상호출자제한기업집단 등 지정' (2006.4.14).
'2007년도 상호출자제한기업집단 등 지정' (2007.4.13).
'2008년도 상호출자제한기업집단 등 지정' (2008.4.4).
'공정위, 자산 5조원 이상 48개 상호출자제한기업집단 지정' (2009.4.1).
'공정위, 자산 5조원 이상 53개 상호출자제한기업집단 지정' (2010.4.1).
'공정위, 자산 5조원 이상 상호출자제한기업집단으로 55개 지정' (2011.4.5).
'공정위, 자산 5조원 이상 상호출자제한기업집단으로 63개 지정' (2012.4.12).
'공정위, 자산 5조원 이상 상호출자제한기업집단 62개 지정' (2013.4.1).
'공정위, 자산 5조원 이상 상호출자제한기업집단 63개 지정' (2014.4.1.).
'공정위, 자산 5조원 이상 상호출자제한기업집단 61개 지정' (2015.4.1.).
'공정위, 65개 상호출자제한기업집단 지정' (2016.4.1.).
'공정위, 31개 상호출자제한기업집단 지정' (2017.5.1.).
'공정위, 57개 공시대상기업집단 지정' (2017.9.1.).
'공정위, 60개 공시대상기업집단 지정' (2018.5.1.).
'공정위, 59개 공시대상기업집단 지정' (2019.5.15.).
'대규모기업집단 소속회사 수 현황 (1987-1999)'.
'대규모기업집단 자산총액 현황 (1987-1999)'.
'대규모기업집단 자본총액·자본금 등 현황 (1987-1999)'.

'2012년 대기업집단 주식소유 현황 및 소유지분도에 대한 정보 공개' (2012.6.29).
'2013년 대기업집단 주식소유 현황 정보 공개' (2013.5.30).
'2014년 대기업집단 주식소유 현황 공개' (2014.7.10).
'2015년 대기업집단 주식소유 현황 공개' (2015.6.30).
'공정위, 2016년 상호출자제한기업집단 주식소유 현황 공개' (2016.7.7).
'공정위, 2017년 공시 대상 기업집단 주식 소유 현황 공개' (2017.11.30).
'2018년 공시 대상 기업집단 주식 소유 현황' (2018.8.27)
'2019년 공시 대상 기업집단 주식 소유 현황' (2019.9.5)

* 일반문헌

고종식 (2015), ‘박승직상점의 창업과 두산그룹의 성장요인으로서 박승직의 경영이념’, <경영사학> 30-1.

김동운 (2001), <박승직상점, 1882-1951년>, 혜안.

김동운 (2007), ‘LG그룹 지주회사체제의 성립과정과 의의’, <경영사학> 22-1.

김동운 (2012), ‘두산그룹 지주회사체제와 개인화된 소유지배구조의 강화, 1998-2011년’, <질서경제저널> 15-3.

김동운 (2011a), <한국재벌과 지주회사체제: LG와 SK>, 한국학술정보.

김동운 (2011b), ‘LG그룹 지주회사체제와 개인화된 지배구조의 강화, 2001-2010년’, <경영사학> 26-3.

김동운 (2013a), <한국재벌과 지주회사체제: CJ와 두산>, 한국학술정보.

김동운 (2013b), ‘두산그룹 지주회사체제와 개인화된 경영지배구조의 강화, 1998-2011년’, <질서경제저널> 16-1

김동운 (2015), ‘재벌오너 일가의 경영지배: GS그룹과 LS그룹의 사례’, <전문경영인연구> 18-4.

김동운 (2019a), <한국의 대규모기업집단> 전2권, 한국학술정보.

김동운 (2019b), ‘두산그룹과 4세 경영: 승계 과정 및 의의’, <경영사연구> 34-4.

김동운 (2019c), ‘LG그룹과 4세 경영’, <전문경영인연구> 22-4.

김동운 (2020), ‘한국재벌과 소유·경영 승계: LG와 두산의 비교’, <경영사연구>, 35-1.

김동운 외 (2005), <재벌의 경영지배구조와 인맥 혼맥>, 나남출판.

김인 외 (2011), ‘CFO의 전략가적인 역할의 사례연구: 두산그룹 지주사의 전문경영인 CFO를 중심으로’, <전문경영인연구> 14-1.

노기호 외 (2012), ‘60여 년을 이어온 지속 성장의 비밀: LG화학의 전략, 관리, 문화에 대한 종단적 사례 분석’, <전문경영인연구> 15-1.

네이버 인물 검색.

매일경제산업부 (2011), <재계 3세 대해부>, 매일경제신문사.

신태진 외 (2013), ‘장수기업의 기업변신을 위한 구조조정과 M&A전략: 두산그룹 사례를 중심으로’, <전문경영인연구> 16-2.

신현한 외 (2017), ‘두산 120년 – 적응과 변신의 역사’, <경영사학> 32-2.

이호영 외 (2015), ‘LG그룹 지주회사 전환과정과 소유구조 변화 사례연구’,

<회계저널> 24-4.
장용선 (2017), '그룹 정체성 변화: 두산그룹 사례', <전문경영인연구> 20-4.
전이영 외 (2015), '유교적 관점에서 본 리더십과 기업가정신 : 두산그룹 창업 과정을 중심으로', <리더십연구> 6-3.
조선일보 (2020.1.3.).

웹사이트 (www): ㈜두산 (doosan.com), 두산건설 (doosanenc.com), 두산인프라코어 (doosaninfracore.com), 두산중공업 (doosanheavy.com), 오리콤 (oricom.com), ㈜LG (lg.co.kr), LG디스플레이 (lgdisplay.com), LG상사 (leicorp.com), LG생활건강 (lghnh.com), LG유플러스 (uplus.co.kr), LG전자 (lge.co.kr), LG화학 (lgchem.com).

김동운

동의대학교 경제학과 교수
이메일: dongwoon@deu.ac.kr

한국경영사학회 부회장, 『경영사연구』 편집위원
한국전문경영인학회 이사

『한국의 대규모기업집단 30년, 1987-2016년 1』 (2019)
『한국의 대규모기업집단 30년, 1987-2016년 2』 (2019)
『한국재벌과 지주회사체제: 34개 재벌의 추세와 특징』 (2017)
『한국재벌과 지주회사체제: 34개 재벌의 현황과 자료』 (2016)
『한국재벌과 지주회사체제: GS와 LS』 (2015)
『한국재벌과 지주회사체제: CJ와 두산』 (2013)
『한국재벌과 지주회사체제: LG와 SK』 (2011)
『대한민국기업사 2』 (공저, 2010)
『Encyclopedia of Business in Today's World』 (공저, 2009)
『한국재벌과 개인적 경영자본주의』 (2008)
『대한민국기업사 1』 (공저, 2008)
『재벌의 경영지배구조와 인맥 혼맥』 (공저, 2005)
『A Study of British Business History』 (2004)
『The Oxford Encyclopedia of Economic History』 (공저, 2003)
『박승직상점, 1882-1951년』 (2001)
『한국 5대 재벌 백서, 1995-1997』 (공저, 1999)
『한국재벌개혁론』 (공저, 1999)

구광모와 박정원:

재벌 4세의
소유·경영 승계

초판인쇄 2020년 04월 19일
초판발행 2020년 04월 19일

지은이 김동운
펴낸이 채종준
펴낸곳 한국학술정보㈜
주소 경기도 파주시 회동길 230(문발동)
전화 031) 908-3181(대표)
팩스 031) 908-3189
홈페이지 http://ebook.kstudy.com
전자우편 출판사업부 publish@kstudy.com
등록 제일산-115호(2000. 6. 19)

ISBN 978-89-268-9864-2 93330

책에 대한 더 나은 생각, 끊임없는 고민, 독자를 생각하는 마음으로 보다 좋은 책을 만들어갑니다.